Das »Paradies 2« Projekt

Integral-Verlag – Hausmitteilung für Unsterbliche bzw. Neugierige

*Stellen Sie sich vor, Sie sind unsterblich.
Und niemand merkt es.
Außer, natürlich, Sie selbst – während Sie weiterlesen…*

Dieses Buch ändert also Ihr Denken und bereichert dadurch Ihr Leben. Sie meinen zunächst vielleicht, das sei utopisch. Aber wenn Sie weiterlesen und das Material auf sich wirken lassen, wird es auch Ihnen zu einer durchaus sinnvollen Vorstellung werden!

Der Verlag haftet indes nicht für Folgen jeder Art und Dimension, die sich aus Ihrer Neugierde und/oder erwachenden Lebens-Lust ergeben. Sie sollen, wie immer, für Ihr eigenes Tun bzw. Lassen auch weiterhin selbst verantwortlich sein.
*Wenn Sie erfahrene pädagogische Begleitung auf einem vielleicht ungewöhnlich erscheinenden, jedenfalls noch ungewohnten Weg suchen, finden Sie Adressen am Ende dieses Buches, an die Sie sich wenden können, u.a. auch für Auskünfte über Seminare zum Thema Unsterblichkeit. Die Literaturhinweise in diesem Buch, ebenso wie in Peter Kelders Die Fünf »Tibeter« mögen Ihnen weitere
Anregungen geben.*

Sondra Ray

Das »Paradies 2« Projekt

Bewußt im Körper leben – solange Sie wollen

Übersetzung
und Vorwort
zur deutschen Ausgabe
von Mushin J. Schilling

INTEGRAL

LebensReiseFührer

sind Bücher, Tonträger, Videos
für Energie – Lebenskunst – Horizonterweiterung
aus dem Integral Verlag

Die Deutsche Bibliothek – CIP-Einheitsaufnahme
Ray , Sondra:
Das „Paradies 2" Projekt : bewusst im Körper leben – solange
Sie wollen / Sondra Ray. Übers. und Vorw. zur dt. Ausg. von
Mushin J. Schilling. – Wessobrunn : Integral, 1991
(Lebensreiseführer)
Einheitssacht.: How to be chic, fabulous and live forever <dt.>
ISBN 3-89304-397-7

– 1991 1992 1993   8. 7. 6. 5. 4. 3. 2.   Auflage –

Deutsche Erstausgabe
veröffentlicht 1991 als „Lebensreiseführer"
im Integral Verlag, Walserstraße 6, W-8129 Wessobrunn
© 1991 Integral Verlag, Wessobrunn
Das Werk einschließlich aller seiner Teile
ist urheberrechtlich geschützt.
Alle Rechte vorbehalten.
Änderungen sowie Irrtum vorbehalten.
Originaltitel: „How to be chic, fabulous and live forever"
Erschienen bei Celestial Arts, Berkeley, California, USA
© 1990 by Sondra Ray
©1985 by Herb Kawainui Kane für das Bild „Pele" S. 214.
Der Integral Verlag dankt den Rechteinhabern aller ausdrücklich
zitierter Werke für Ihre Einwilligung zur Verwendung der
benutzten Textpassagen im Rahmen dieses Buches.
Herausgeber für die deutsche Ausgabe:
Volker Zahedra Karrer

Realisierung: Das Integral Energiefeld
Lektorat: Ralf Lay
Korrekturen: Dr. Birgit Petrick-Sedlmeier
Umschlaggestaltung: Zembsch' Werkstatt, München
unter Verwendung des Gemäldes „Tropicbird"
von Patrick Ching, Hanalei, Hawaii, USA
Umschlag-Litho: Lange-Repro, Kaufbeuren
Satz: McTYPE Fotosatz, Ingolstadt
Druck und Verarbeitung: Franz Spiegel Buch, Ulm
Printed in Germany
ISBN 3-89304-**397**-7

Ich könnte hierbleiben
und Tag für Tag über den Tod nachdenken.
Aber ich will das Leben suchen
– das ewige Leben –
für mich und alle anderen, die ich
zu lieben gelernt habe!

Thomas R.P. Mielke: *Gilgamesch, König von Uruk*

Inhalt

Vorwort zur deutschen Ausgabe von Mushin J. Schilling 9
Vorwort von Bob Mandel 15
Ein Gebet zu Anfang 19
Einleitung von Frederic Lehrmann 21

TEIL I

Ewig leben, aber wie?

Kapitel 1:	Die Alternative zum Tod 27	
	Wozu nach physischer Unsterblichkeit streben? 39	
	Und was ist mit anderen Möglichkeiten? 40	
Kapitel 2:	Todesursachen Zusammenfassung 49	
	Die Wahrheit hinter der Unsterblichkeit? 54	
	Argumente gegen physische Unsterblichkeit 61	
Kapitel 3:	Der Tod meiner Todessehnsucht 69	
Kapitel 4:	Wissenschaft und Unsterblichkeit? 81	
	Neues Wissen 86	
Kapitel 5:	Gesundheit und Unsterblichkeit 89	
	Zur Homöopathie 94	
	Zum Ayurveda 94	
Kapitel 6:	Ernährung und Unsterblichkeit 97	
	Das – vorläufig – letzte Wort über Ernährung und Unsterblichkeit 103	
Kapitel 7:	Beziehungen und Unsterblichkeit 107	
Kapitel 8:	Die Physische Unsterblichkeit meistern 113	
	Die Philisophie der Unsterblichkeit 113	
	Familiäre „Todestradition" und eigene Todessehnsucht 115	
	Den Körper meistern 116	
	Übungen, die das Älterwerden umkehren 117	

Kapitel 9: Die Physische Unsterblichkeit beibehalten *121*
Läuterungstechniken, die Physische
Unsterblichkeit fördern *121*
Kapitel 10: Die Verwandlung des Körpers: De- und
Rematerialisierung *167*

TEIL II
Wie es ist, chic und fabelhaft zu sein

Kapitel 11: Chic und fabelhaft sein *183*
Kapitel 12: Selbst fabelhaft und berühmt sein *189*
Kapitel 13: Eine reiche Frau sein *193*
Kapitel 14: Die Kunst des erleuchteten Einkaufens *195*
Kapitel 15: Vitalität und Magie in der Einrichtung *199*
Kapitel 16: Der Planet als sauberer Ort *203*

TEIL III
Abschluß

Kapitel 17: Etwas Außerirdisches zum Schluß *207*
Kapitel 18: Epilog: Erfahrungen beim Schreiben
dieses Buches *213*
Pele, die Göttin der Vulkane auf Hawaii *213*
Kapitel 19: Die Familie der Immortalisten *227*
Anhang A: Erklärte Immortalisten *235*
Anhang B: Robert Coons Lehre *245*
Anhang C: Die Wiederauferstehung verstehen *259*
Anhang D: Krieg verhindern und Weltfrieden erlangen *267*
Anhang E: Schönheit im New Age oder Die Kraft
persönlicher Gegenwart *275*
Anhang F: Heiliger Tanz *289*
Literaturverzeichnis *293*
Adressen *298*

Vorwort
zur deutschen Ausgabe

Von Mushin J. Schilling

Nicht, daß wir Leben an die Stelle des Todes setzen.
Die Buddha-Natur steht vielmehr über Geburt und Tod.
Das Wesentliche ist, Dinge nicht für gut oder schlecht
zu halten und dadurch eingeschränkt zu werden,
sondern dem Geiste, so wie er an sich ist,
Bewegungsfreiheit und die Möglichkeit zu lassen,
seine unerschöpfliche Wirksamkeit auszuüben.

Hui-Neng, zitiert von D.T. Suzuki[1]

Das Thema Unsterblichkeit hat eine lange Tradition: Die alten Germanen hatten den magischen Trank Todlos; die Speise der Unsterblichkeit hieß bei den Griechen Ambrosia, und bei den Indern war es der Trank Amrita; der sumerische Heros Gilgamesch versuchte das ewige Leben durch das Kraut des Lebens zu erlangen; die altchinesischen Taoisten umschrieben den Tod ihrer Priester mit der Verwandlung in einen Kranich. Auch das Judentum weiß von Unsterblichen zu berichten, eine Tradition, die das Christentum weitergetragen hat: „Wahrlich, wahrlich, ich sage euch: So jemand mein Wort wird halten, der wird den Tod nicht sehen ewiglich."

In: D.T. Suzuki, *Mushin – Das Wesen des Zen nach den Worten des Sechsten Patriarchen*, S. 42.

Dies ist ein Buch über Unsterblichkeit – Physische Unsterblichkeit –, und es zeigt gewissermaßen den Weg zur Quelle ewiger Jugend. Der englische Originaltitel lautet: *How to be chic, fabulous and live forever;* der deutsche Verleger hat sich für *Das »Paradies 2« Projekt* entschieden, denn genau darum geht es bei Sondra Rays Ausführungen: die Wiederherstellung des Paradieses auf Erden. Und weil sie Amerikanerin ist, sind die Unsterblichen im irdischen Himmelreich ihrer Darstellung chic, sehen fabelhaft aus – und wir sind es selbst, auch wenn wir es vielleicht noch nicht wissen, wissen wollen: Götter und Göttinnen „inkognito"!

Wer so mit uns Mitteleuropäern spricht, darf mit Widerstand rechnen. Für uns sind, so wir an sie glauben, die Götter heilig – und diejenigen, die einen „direkten Draht" zu ihnen haben, Heilige. Wenn wir an Engel denken, stellen wir uns blonde, weißgewandete weibliche, aber geschlechtslose Wesen vor, nicht chic gekleidete, schöne Wesen aus Fleisch und Blut. Wenn Sie jedoch einmal für einen Moment mit mir in die Welt der Phantasie eintauchen und sich vorstellen, Sie seien Gott unter Göttern: Würden Sie sich etwa dröge kleiden oder schlecht aussehen wollen?

Und schon sind wir mitten in dieser Reise, die uns mitnehmen kann in das Reich der Unsterblichen, wenn wir uns – und sei es auch vorerst nur als Experiment – einlassen auf den Grundgedanken, auf dem die Autorin ihre Weltanschauung aufbaut: Unser Denken zeitigt die Resultate, die wir unser Leben nennen. Oder: Was der Denker denkt, wird der Beweisführer beweisen.

Wir sehen die Welt durch die Brille unserer Begriffe. Ein positives Weltbild hält Leib und Seele gesund, ein negatives hingegen erregt Krankheit. Das ist so offensichtlich, daß es keiner „Beweisführung" bedarf. Der Umkehrschluß ist erlaubt: Krankheiten sind Symptome jener Aspekte unserer Weltanschauung, die wir negativ nennen. Man kann noch weiter gehen – das macht die Autorin – und sagen: Es gibt keine Zufälle, sondern wir ziehen mit unserer Denkweise Unfälle und Glücksfälle an. Beides versteht sie somit als Folge der eigenen Weltanschauung, als Symptome – und wenn wir sie korrekt lesen, wissen wir, wo wir stehen und was wir eigentlich denken, was wir von uns und der Welt halten. Der nächste folgerichtige Schritt gemäß dieser Betrachtungsweise ist also, nicht nur Verantwortung für das eigene Denken und Handeln zu übernehmen, sondern auch für alles, was uns geschieht – da es ja aus der eigenen Denkweise erwachsen ist.

An dieser Stelle setzt die Autorin mit dem Instrument der Affirmation und Imagination an, in dem sie zu Recht ein Mittel sieht, die eigene Betrachtungsweise bewußt zu ändern:Indem man immer und immer wieder erwünschte Gedanken und Vorstellungen vor das innere Auge zitiert, verankert man sie fest im eigenen Geist. Wer schon einmal ernsthafte Experimente auf diesem Gebiet durchgeführt hat, kann bestätigen, daß die „Welt" tatsächlich die Eigenschaft hat, unseren ernsthaften Absichten entgegenzukommen. Die Vielfalt der Kulturen und Religionen weltweit belegt, daß der Glaube wirklich Berge versetzt – oder Menschen auf den Mond und bald auch auf den Mars. Mit dem, was wir glauben, wovon wir überzeugt sind, greifen wir gestalterisch in das Leben ein. Das ganze Geheimnis liegt in der angewandten Erkenntnis, daß man mit seiner Aufmerksamkeit die gegebenen Energien – die psychischen und auf Dauer auch die physischen – lenken kann. Wer seine Weltsicht trüben will, betrachte, sooft er oder sie sich dessen entsinnt, das Trübe, und ich will wetten, daß nach einiger Zeit genügend unwiderlegbare Beweise für die Ansicht vorhanden sind, die Welt sei ein äußerst trüber Ort und das Leben insgesamt ein tristes Fristen im Jammertal. Wer dahingegen Vollkommenheit will, richte sein Augenmerk auf das Vollkommene in jeder Situation, und – die Wette gilt – er oder sie wird immer etwas Vollkommenes antreffen. Energie leistet der Aufmerksamkeit Folge – immer. Worauf Sie die meiste Aufmerksamkeit „verschwenden", charakterisiert Ihr Leben, und dorthin wird auch der Großteil Ihrer Energie, Ihrer Lebenskraft fließen.

Sondra Ray affirmiert das Leben; sie affirmiert das Leben so sehr, daß sie den Gedanken „Der Tod ist unausweichlich" verwirft, den wir, auch wenn wir ihn verdrängen, zumeist insgeheim hegen. Der Gedanke, daß jeder Mensch sterblich ist, scheint derart selbstverständlich zu sein, daß, wer ihn als Machwerk – mit langer Tradition zwar, aber immerhin – verwirft, in den Ruf eines „armen Irren" kommen muß. Den Tod für eine Ausgeburt verwirrten Denkens zu halten ist indes nicht irre, es ist schlicht Rebellion gegen eine widerspruchslos hingenommene Sterblichkeit und fordert zur Revolution im Denken auf. Gegen alle herkömmliche Vernunft sind die aufsässige Autorin und alle anderen Immortalisten davon überzeugt, physisch unsterblich zu sein, was übrigens nicht bedeutet, ewig den gleichen Körper behalten zu müssen. Wenn man ein wenig Zeit hat – und welcher Unsterbliche hat das nicht –, kann man lernen, wie man jede einzelne Zelle des Körpers und der Seele zum Göttlichen hin umwandelt.

Ich halte nicht viel von der Überzeugung, sei sie wissenschaftlich abgesegnet oder nicht, daß wir Endgültiges über uns selbst, die Welt, das Leben und den Tod sagen können. Was wir jedoch – trotz aller Vorläufigkeit unserer Überzeugungen und dem, was wir zu wissen meinen – immer machen können, ist, uns zumindest eine Zeitlang auf das Neue und andere einzulassen und uns in der Folge einzuverleiben, was wahr und schön ist, was uns aufblühen läßt, was uns die Möglichkeit gibt, unsere Lebendigkeit zu erweitern, was uns vitaler leben und intensiver erleben läßt, was, kurz gesagt, gut für Leib und Seele ist. *Unsterblichkeit ist schlicht und ergreifend gut für uns!*

In diesem Sinne habe ich mich auf dieses Buch und die darin enthaltenen Gedanken und Methoden eingelassen. Es hat mich veranlaßt, meine Weltanschauung wesentlich zu erweitern, damit sie Platz genug für Physische Unsterblichkeit bietet.

Ich hatte es für kurze Zeit vergessen, aber dank dieses Buches ist es mir wieder bewußt: Sie ist unsterblich, diese zauberhafte

Gegenwart, dieses Dasein von Augenblick zu Augenblick, das sich – in den zahllosen Wesen des gesamten Kosmos verkörpert – in Ewigkeit seiner Existenz, der Einheit und der Vielfalt erfreut.

Mushin J. Schilling
Berlin, im Juni 1991

Vorwort

Von Bob Mandel

Vor einiger Zeit hörte ich im Radio einen interessanten Werbespot über den neuen BMW. Die Werbung gipfelte in der Aussage, der BMW 325i sei vor allem deshalb sein Geld wert, weil er mit zunehmendem Alter immer besser würde. „Ja, Sie haben richtig gehört! Nach drei Jahren läuft der BMW 325i besser, als kurz nachdem Sie ihn gekauft haben!"
Diese Art zu argumentieren ist außergewöhnlich, denn sie verletzt die Grundregeln des Marktes anscheinend völlig. Ob es sich um Fernseher, Computer oder CD-Spieler handelt, normalerweise versucht man uns alles zu verkaufen, als wären die Sachen veraltet, bis wir die Gebrauchsanweisung zu Ende gelesen haben. Inzwischen höre ich sogar, daß junger Wein, da er aus besseren Rebsorten hergestellt worden sei, besser wäre als älterer.
Unsere Welt erscheint überschattet von Verwesung, Verfall und Tod. Egal worauf unser Auge fällt, es scheint dazu verdammt zu sein, überflüssig zu werden, und wer auf dem laufenden bleiben möchte, wer den neuesten Trends auf dem Gebiet der Technologie, Ernährung, Fitneß folgt, wer nicht als altmodisch gelten will, der tausche Hab und Gut so schnell wie möglich gegen das aktuelle Modell im brandneuen Design ein. Das vorliegende Buch kann nicht nur Ihre Konsumgewohnheiten grundlegend ändern, sondern darüber hinaus Ihr ganzes Leben. Würde der Gesundheitsminister einen Hinweis auf dieses Buch drucken, so lautete er wahrscheinlich: „Warnung! Dieses Buch gefährdet Ihre unbewußte Todessehnsucht.

Fortgesetztes Studium der folgenden Seiten verursacht bleibende Freude und ewiges Leben."
Mit unbewußter Todessehnsucht ist Ihr geheimes Verlangen gemeint, den eigenen Körper, in dem Sie sich gefangen fühlen, zu zerstören. Weil der Tod allgemein für unausweichlich gehalten wird, gilt es als „Wahrheit", daß unser Fahrzeug, der Körper, sozusagen nur mit einer Tankfüllung Benzin geboren wurde und wir also tunlichst sparsam fahren sollten, da wir ansonsten unserem Grab in kürzester Zeit „entgegenruckeln".
Alle Materie ist, gemäß dieser pseudowissenschaftlichen Mythe, in der Zeit gefangen und dazu verdammt, von Anfang bis Ende ein einziger trauriger Begräbniszug zu sein. Gekettet an dieses geschlossene Raum-Zeit-System, bewegen wir uns schnurstracks auf den Tod zu, während die Sandkörner der Zeit Korn für Korn gnadenlos durch das Stundenglas unseres Lebens laufen. Das Beste, was wir demnach tun können, ist, unsere „endlichen" Ressourcen nicht zu verprassen, uns gegen ein feindlich gesinntes Universum zu schützen, uns auf ein unglückseliges Ende vorzubereiten und uns gegen das Leben abzuschotten. Aus dieser Sicht ist das Leben letztlich ohne Hoffnung und alles sinnlos, ist Verzweiflung angebracht, Erschöpfung unausweichlich und Depression nur natürlich.
Die wahre Tragödie der unbewußten Todessehnsucht ist nicht nur, daß sie uns vor der Zeit sterben läßt, sondern auch, daß sie Widerstand gegen den Lebenswillen hervorruft. Durch diese Gegenwehr wird das Leben weniger attraktiv, und das verstärkt, weil man endlich aus diesem Leiden erlöst werden möchte, wiederum den Wunsch zu sterben. Ein Teufelskreis.
Eine Zivilisation, die den Tod als unausweichlich betrachtet, zeitigt weltweit Katastrophen. Im Glauben, daß nichts währt, projizieren wir insgeheim ebendiese Überzeugung auf den Planeten, der das Leben, wie wir es kennen, fördert. Daraus folgt, daß wir unsere lebenspendende Umwelt genauso konsumieren wie etwa einen Hamburger. Und der Planet, Mutter Erde, schwebt zwischen Gesundheit und Krankheit, Liebe und Angst, Frieden und Krieg, Schöpfung und Vernichtung. Das

wird sich auch nicht ändern, bis wir alle das zugrundeliegende Dilemma von Leben und Tod gelöst haben.

Das vorliegende Buch ist Teil der Gesamtlösung dieser Frage, denn es fördert das Leben hundertprozentig, erinnert uns an die Kindheitsträume und erweckt sie zu neuem Leben. Hier haben wir ein Buch, das den Irrsinn des Todes anschaulich erläutert und eine durchführbare Alternative bietet. Sie werden lernen, wie wichtig Ihr Bewußtsein für Ihren Körper ist (und für den Körper des Planeten), wie Familienmuster und Loyalitäten die Lebensspanne bestimmen können und wie neue Erkenntnisse, aber auch althergebrachte Weisheiten einen neuen Kontext herstellen können für ein Unsterbliches Leben.

Der Himmel auf Erden ist kein weltfremder Wunschtraum, sondern der unerläßliche Kontext für alle wichtigen Entscheidungen, sowohl die persönlichen wie auch die politischen. Denn isoliertes, individuelles Überleben verheißt nicht viel, bis wir das Überleben des gesamten Planeten als oberste persönliche Aufgabe betrachten, der wir uns gerne verpflichten. Wir stehen hier und jetzt vor der Entscheidung, dem Scheideweg. Und Leben und Tod sind Sache der Entscheidung; dieses Buch bringt das klar und deutlich zum Ausdruck. Es zeigt Ihnen, wie Sie das Unendliche durch Ihre eigene, ganz persönliche Leitung anzapfen können und es als Quelle ewigen Lebens zur Erweiterung des eigenen Wohlseins, das Ihrer Beziehungen und des Planeten, nutzen können. Hier liegt ein Buch vor, das es jedem ermöglicht, Verzweiflung, Schwermut und Hoffnungslosigkeit restlos hinter sich zu lassen, das zeigt, wie Langlebigkeit das folgerichtige Resultat eines Quantenlebens ist, was bedeutet, daß man sein Leben nicht auf der Überholspur, sondern in freier Wildbahn lebt, ein Leben frei von einschränkenden Gedanken.

In der Vergangenheit ließen sich die Sucher nach Unsterblichkeit von ihren Egos blenden. Faust beispielsweise strebte nach ewigem Leben, indem er einen Gott, den er als grausam betrachtete, zu besiegen suchte. Das Ego ist jener Part unserer Persönlichkeit, der auf dem Empfinden beruht, wir seien von

Gott – der Quelle, der Kraft, jenem universellen, intelligenten Kraftfeld, in dem wir existieren – getrennt und könnten den Tod niemals überwinden; dieses Empfinden ist nichts anderes als Kampf, und darauf beruht seine Existenz. Das vorliegende Buch hingegen bietet eine leichtverständliche spirituelle Grundlage für die Überzeugung, daß wir bewußt teilhaben können an unserer physischen Evolution. Es wird getragen von Einheit und nicht von Trennung, von praktischer Wirklichkeit und nicht von weltfremden Phantasien.

Ja, dies ist ein wildes Buch, denn Sondra Ray ist eine wilde Frau. Aber sie ist auch eine sorgfältige Frau, ein Bauernmädchen aus dem mittleren Westen Nordamerikas, und sie hat die Welt genügend bereist, so daß ihre heimatliche Weisheit sich mit globaler Kultur vermischt hat. Sondra Rays Reiz besteht auch darin, daß sie ihre wilde Kraft immer dämpft mit spiritueller Weisheit.

In diesem Buch leuchtet Sondra die feinen Details der Physischen Unsterblichkeit aus. Sowie wir uns mit dem Gedanken vertraut machen, ewig zu leben, empfinden wir ganz automatisch mehr Verantwortung für den gesamten Planeten. Wir schaffen unausweichlich Sachen von bleibendem Wert, da wir selbst auch bleiben wollen. Auch werden unsere Beziehungen liebevoller, denn wenn wir bleiben, dann wohl kaum, um uns gegenseitig das Leben schwerzumachen!

Und nicht zuletzt sind wir motiviert, uns dafür zu entscheiden, unser Unsterbliches Selbst überall und ständig zum Ausdruck zu bringen; was mich an einen populären Aufkleber mit folgenden Worten erinnert:

>   Unsterbliche tun es
>   bis in alle Ewigkeit!

Bob Mandel
LRT International Director

Ein Gebet zu Anfang

Lieber Babaji,

möge dieses Buch Gefallen bei Gott finden!
Zeige mir bitte die uneingeschränkte Wahrheit zu diesem Thema, so schnell es mir nur irgend möglich ist, ich bitte Dich inständig.
Oh, ich bitte Euch von ganzem Herzen, Jesus und all Ihr Unsterblichen Meister, möge ich offen sein für all Eure Unterweisungen; und möge ich lernen, wie die Wahrheit am besten zu vermitteln ist. Bitte befreit uns von jeglichem Unwissen.
O Heiliger, Göttlicher, Ewiger Meister, Verkörperung der Glückseligkeit und Schenker höchster Freude, ich gebe mich Dir ganz hin.
Erfülle uns mit Deiner Gnade.
Erleuchte mich, erfülle mich mit und erhalte mich in Deinem Atem.
Erlöse mich vom Tode.

In Liebe,
Sondra Ray

*ICH WIDME DIESES BUCH
ALLEN UNSTERBLICHEN DER WELT,
DIE DIE WAHRHEIT KENNEN,
MÖGET IHR ALLE ZUM VORSCHEIN KOMMEN,
UND
ALLEN VERWANDELTEN WESEN,
MÖGET IHR UNS DEN WEG ZEIGEN.*

Einleitung

Von Frederic Lehrman

Was das Universum und die vielen unbeantworteten Widersprüche des Lebens betrifft, herrscht ohne die große Idee der Physischen Unsterblichkeit ein heilloses Durcheinander. Sie ist der wahre Schlüssel zum Höheren Selbst. Die Verwirklichung Physischer Unsterblichkeit verlangt selbstverständlich kontinuierliche Arbeit an sich selbst. Diese Idee bringt Schicht nach Schicht Fragen ans Licht, und es werden so lange weiterführende Fragen auftauchen, bis *Physische Unsterblichkeit vollständig realisiert* ist.

Man kann sich wahrhaftig nicht vorstellen, wie weit diese Transformation reicht. Die Raupe weiß nichts über den Schmetterling. Eines Tages veranlaßt die instinktive Lebenskraft, daß sie sich in einen Kokon einspinnt; sie *zerfällt* in ihre Essenz und kommt als Schmetterling wieder zum Vorschein. Wenn man die eigene Todessehnsucht demontiert, jenes unbewußte Programm, das einen umbringt, handelt es sich dabei um denselben Prozeß.

Das herkömmliche Glaubenssystem[1] atmet in jeder Hinsicht den Hauch des Todes, deshalb fördert die Läuterung des Bewußtseins Furcht zutage: Das Ego fühlt, daß es ausgemustert wird. Kompromisse sind in diesem Prozeß nicht möglich. Haben Sie jedoch erst einmal das Ego hinter sich gelassen, sind

---

[1] Jedes Glaubenssystem beinhaltet eine Anzahl grundlegender Überzeugungen über sich selbst, über die Welt und Gott und formt die Basis dessen, was man „sein Leben" nennt: Es ist die Gesamtheit der eigenen Sichtweisen.

Sie weit mehr Sie selbst, als Sie es sich derzeit überhaupt vorstellen können.

Vor einigen Jahren unterhielt ich mich mit einem buddhistischen Freund über Physische Unsterblichkeit. In der Lehre des Buddha geht es vor allem darum, an nichts zu haften, und viele Buddhisten hängen deshalb ihre unbewußte Todessehnsucht an dieser Lehre auf und messen dem Leben wenig Wert bei. Mein Freund empörte sich über die Physische Unsterblichkeit und fand die Idee abstoßend, einfältig und gefährlich. Je mehr wir darüber redeten, desto mehr regte er sich auf; ein Zeichen dafür, wie sehr er an seiner Todessehnsucht hing. Schließlich rief er aus: „Was soll das ganze Gefasel über diese Idee? Der Tod stellt nichts dar. Ich bin unzählige Male in meinen Meditationen ‚gestorben'. Ich habe meinen Tod durchlebt. Ich fürchte mich nicht einmal im entferntesten davor. Der Tod ist nichts anderes, als wenn ich durch die Tür da drüben laufen würde."

Ich antwortete: „Darum geht es doch! Du meinst immer noch, es gäbe tatsächlich eine Tür, durch die du hindurchmußt!"

Ich denke oft an die Stelle in Jane Roberts' Buch *Gespräche mit Seth,* wo Seth sagt: „Du wirst nie mehr so tot sein wie in diesem Moment." Wäre der Tod eine Wirklichkeit, das Leben wäre unmöglich, das Universum hätte vor langer Zeit aufgehört zu existieren. Tatsache ist, daß trotz der unseligen wissenschaftlichen Überzeugung über die Entropie[2] alles lebendig ist. Ungeachtet der „Gesetze" der Thermodynamik tritt das Leben immer wieder in Erscheinung und erschafft immer komplexere Strukturen. Die Formen wandeln sich; das Leben dauert fort. Wer will, kann verhindern, erneut in den Zustand sozialer Trance zu verfallen, den man in der Kindheit von anderen übernommen hat, indem er oder sie ganz bewußt über die Idee

---

[2] Das zweite Gesetz der Thermodynamik: Jedes System hat die Tendenz auseinanderzufallen, jede komplexe Ordnung die Neigung, ihre Komplexität zu verlieren – ihre Struktur als Wärme zu verstrahlen, sozusagen den „Wärmetod" zu sterben.

Physischer Unsterblichkeit meditiert. Die Philosophie der Physischen Unsterblichkeit ist wie ein großer Besen, der breit genug ist, allen Staub aus Ihrem Bewußtsein zu fegen. Nichts kann ihm entrinnen. Sowie Sie sich unsicher fühlen, nehmen Sie diesen Besen zur Hand! Er wird seine Aufgabe tun. Fehler entstehen, wenn man vergißt, dem Leben zu vertrauen. Das Universum ist lebendig und äußerst kreativ, und es legt gerade erst los. Das Spiel, in dem wir uns befinden, wird noch Milliarden Jahre weitergehen. Physische Unsterblichkeit, wie wir sie gegenwärtig verstehen, ist die Startrampe für Erfahrungen, die uns weit über unseren Planeten hinaustragen werden. Keine Sorge also, daß es irgendwann nichts Interessantes mehr gäbe. Wir haben gerade erst angefangen.

Immer mehr Menschen sehen plötzlich, und vielleicht auch nur für einen Moment, was tatsächlich unter der Oberfläche der allgemein für wahr gehaltenen Wirklichkeit vorgeht. Einsichten tun sich auf, und wir erkennen die Wahrheit wieder. Mein Freund Terence McKenna drückt es so aus: „Wir sind die Geschöpfe des Großen Traums." Gedanken sind schöpferisch: Sie erträumen sich einen Gedanken, und der Traum wird wahr. Sie erträumen sich Ihre nächste Handlung, und dann handeln Sie so.

Der Körper ist der Prüfstand unserer Träume. Wir wünschen uns zum Beispiel, wie im Traum zu fliegen. Wir wissen innerlich, daß es möglich ist, wir kennen das Gefühl. Aber der Körper wird nicht fliegen, es sei denn, wir entlassen ihn in dieses Wissen. Sie erfahren immer nur die Gesamtheit Ihrer Überzeugungen. Krankheitssymptome werden vom Körper hervorgebracht, um Ihnen einen Konflikt in Ihrem Bewußtsein zu zeigen. Ohne Körper könnte man sich wahrscheinlich eine Menge Unsinn erlauben, aber der Körper hält uns ehrlich. Er ist das Spielbrett, das Übungsfeld.

Die Idee des ewigen Lebens geht über jede Identifikation mit einem Körper hinaus; der Körper formt keine Grenze, aber er kann nicht *zurückgelassen* werden, er darf nicht *außen vor* bleiben. Wäre der Körper vom ewigen Leben abgeschnitten, wäre er bereits tot, und das ist ganz offensichtlich Unsinn. Nur über „Unsterblichkeit" zu reden ist deshalb irreführend. Sie müssen von „Physischer Unsterblichkeit" reden, wenn Sie es wirklich ernst meinen.

Der Impuls des Bewußtseins ist, *Wissen zu verkörpern,* so daß die Seele körperlich Form annimmt und der Körper „ein frei von der Vorstellungskraft beherrschtes Objekt ist", wie Terence McKenna sagt. In Wirklichkeit ist das bereits der Fall, nur nehmen wir es nicht so wahr. Es gibt keine Trennung zwischen dem Physischen und Spirituellen. Wir *sind* unsere Träume. Um jedoch das Spiel des Lebens zu meistern, müssen wir uns gleichwohl bewußtmachen, daß wir Autor unseres Lebens sind. Aus diesem Grund beinhaltet die Praxis Physischer Unsterblichkeit Kunststücke wie Materialisierung, Dematerialisierung, Teleportation[3], Bilokation[4] und was Sie sich sonst noch vorstellen können.

Ich bin davon überzeugt, daß wir das alles bereits tun, uns jedoch fürchten, es ins Bewußtsein durchdringen zu lassen. Stück für Stück werden wir uns in dem Maße, wie wir selbst sicherer werden, daran erinnern, daß wir Dinge tun, die wir normalerweise immer sofort verdrängen oder vergessen. Versuchen Sie einfach, ein Gespür für das Gesagte zu bekommen. Zum Schluß: Es hat keinen Sinn, zu *versuchen,* physisch unsterblich zu werden. Bedenken Sie das Wunder des Lebens an sich, und Sie werden sehen, daß Sie bereits angekommen sind. Wir brauchen eigentlich nichts weiter zu tun, als damit aufzuhören, uns mit unserem Glauben an den Tod zu „töten".

Frederic Lehrman

---

[3] Gegenstände durch die reine Kraft der Psyche in Bewegung versetzen.
[4] Sich an zwei oder mehr Orten gleichzeitig befinden.

TEIL I

Ewig leben, aber wie?

UNSTERBLICHES BEWUSSTSEIN – GEIST
„ICH BIN"

Lebendigkeit
Liebe
Harmonie
Frieden
Sicherheit
Gewißheit
Glück

| Natürliches Wissen Intuition | (ZEITLOS) |

Akzeptanz	BEWEIST
Verwirrung	ZIEHT AN
Hoffnungslosigkeit	MANI-FESTIERT

STERBLICHES BEWUSSTSEIN – EGO
„ICH BIN NICHT"

Trennung
Konflikt
Angst
Wut
Sorge
Elend (Hoffnung)
Depression*

TOD

| Gründe | (ZEITGEBUNDEN) |

*) Eine Sammlung begrenzter Gedanken über sich selbst

© The LRT 1984

Das »Paradies 2« Projekt

Kapitel 1

Die Alternative zum Tod

Es gibt eine Alternative zum physischen Tod. Auch wenn man es uns anders beigebracht hat, so ist es dennoch möglich, ewig zu leben, ohne den physischen Körper „abzulegen". Schon heute leben Menschen unter uns, die das bereits erreicht haben. Der Gedanke der Unsterblichkeit, des ewigen Lebens, der ewigen Jugend – das heißt, bis in alle Ewigkeit das gleiche Alter beizubehalten – ist nicht neu. Wir halten diese Vorstellung allerdings normalerweise für eine Legende, einen Mythos oder ein Märchen.

Diese Idee war mit Gewißheit bereits vorhanden, als die ersten Schriften entstanden, denn die spirituellen Lehrer und Meister aller Traditionen vertreten sie schon seit Jahrtausenden. Es wäre nicht verwunderlich, wenn der Großteil der religiösen Literatur von *unsterblichen* Meistern inspiriert worden ist. Gemäß der Siddha-Tradition[1] in Indien beispielsweise warten seit Anbeginn der Evolution Wesen in menschlichen Körpern geduldig darauf, daß die Menschheit sich weit genug entwikkelt, so daß sie diese Idee entdecken kann. Und obgleich die gesamte religiöse Literatur voller Geschichten über Langlebigkeit und Unsterblichkeit ist, hält kaum jemand das für eine historische Realität.

Egal was Sie davon halten: Das ewige Leben kann im physischen Körper realisiert werden. Bevor Sie das allerdings wirk-

---

[1] Siddha-Yoga, das Yoga, mit dem „übernatürliche" Kräfte erlangt werden können: Levitation, Bilokation – an zwei Orten auf einmal sein –, Telepathie, Unsichtbarkeit usw.

lich ganz erfassen und den Gedanken eines Lebens ohne Ende dauerhaft aufgreifen können, müssen Sie einige grundlegende metaphysische Wahrheiten ganz klar verstehen:

1. Jeder Gedanke zeitigt Resultate im persönlichen Erleben (negative Gedanken zeitigen beispielsweise negative Resultate).
2. Ihr Körper folgt immer den Anweisungen Ihres Denkens (anders gesagt: Sie steuern mit Ihrer Art zu denken Ihren Körper, und zwar pausenlos und ununterbrochen).
3. In letzter Konsequenz bedeutet das: Jeder Tod ist selbstverursacht und somit eine Form von Selbstmord.

Erst wer diese grundlegenden metaphysischen Wahrheiten akzeptiert hat, kann die Bedeutung der *Physischen Unsterblichkeit* wirklich verstehen und ganz klar sehen, daß der Tod tatsächlich ein Glaubenssystem ist. Glaubenssysteme – und Überzeugungen – kann man aber ändern.
Auch zum Alterungsprozeß gibt es eine Alternative.* Dazu müssen Sie verstehen, daß die gleiche Gewohnheit, deren Macht (und Unausweichlichkeit) den Tod besiegelt, den Alterungsprozeß, Krankheiten und jene Erschöpfungszustände, die in den Tod münden, verursacht. Da man Ihnen Ihr ganzes Leben lang erzählt hat: „Du wirst älter werden und sterben", schenken Sie dieser Gedankengewohnheit Glauben.
Was also hat mehr Menschen getötet als alle anderen Todesursachen? Der *Gedanke,* der Tod sei unausweichlich.
Schon vor 2000 Jahren hat Jesus versucht, uns das klarzumachen: „Die Macht über Leben und Tod liegt in den Worten deines Mundes." Das bedeutet: Was Sie *aussprechen,* geschieht Ihnen. Jesus sagte: „Diesen Leib werde ich niederlegen und nach drei Tagen wieder auferstehen." Und genau das hat er

---
* vgl. dazu *Die Fünf »Tibeter«* von Peter Kelder und *Erfahrungen mit den Fünf »Tibetern«* herausgegeben von Wolfgang und Brigitte Gillessen (1989 bzw. 1991, Integral)

getan. Er ist *nicht* gestorben, sondern auferstanden, und zwar mitsamt seinem Körper.

Jeder kann selbst zum spirituellen Meister werden und dasselbe wie er realisieren. Sie sind dazu fähig, denn Sie *sind bereits* eins mit Gott. Sie sind nicht von Gott getrennt.

Der physische Tod wird seit langem gewohnheitsmäßig praktiziert. Gegenwärtig ist es offensichtlich beliebt, im Alter von etwa siebzig Jahren zu sterben. Die meisten Menschen möchten nicht an der Tradition des Todes rütteln, andere hingegen beginnen die Notwendigkeit eines physischen Todes zu hinterfragen, was sich unter anderem in einer stetig wachsenden Bücherflut zu diesem Thema zeigt, in der sogenannten „immortalistischen Literatur" (siehe Bibliographie). Wer sich mit ihr befaßt, wird nicht nur vitaler, glücklicher und wacher, sondern beginnt auch zu sehen, daß sie wirklich Sinn macht. Wenn in der Bibel steht: „Und der Tod ist der letzte Widersacher, der überwunden werden muß...", bedeutet das, daß er buchstäblich überwunden werden kann. Es stimmt natürlich, daß keine wissenschaftlichen Beweise vorhanden sind – der einzig gültige Beweis wäre ja, tatsächlich ewig zu leben. Und wie könnte man das messen?

Wie dem auch sei, betrachten Sie es doch einmal so: Es ist genauso möglich, die Philosophie Physischer Unsterblichkeit zu akzeptieren wie eine Philosophie, die den Tod predigt. Und ich bin sicher, daß es gesünder ist.

Sie würden es sicherlich ablehnen, jeden Tag hundertmal den Gedanken „Ich werde fürchterlich krank werden und sterben" zu wiederholen, oder? Intuitiv ist Ihnen klar, daß dieser Gedanke Realität würde. Im Gegensatz dazu macht es Spaß und wirkt belebend, über Physische Unsterblichkeit zu meditieren und an sie zu denken. Außerdem ist es eines der besten Spiele, die Menschen spielen können.

Der Gedanke, 500 Jahre lang zu leben – um vom ewigen Leben einmal ganz zu schweigen –, behagt Ihnen vielleicht nicht sonderlich. In dem Fall könnten Sie es ja mit der Vorstellung probieren: „Ich kann so lange im physischen Körper leben, *wie ich will."* (Das ist die eigentliche Bedeutung Physischer Unsterblichkeit.)

Die Physische Unsterblichkeit ist nichts Mystisches, was man eines schönen Tages erreichen kann, sondern sie ist *jetzt, jetzt* und *jetzt* bereits präsent. Es geht einzig und allein um die persönliche Entscheidung, im gegenwärtigen Moment völlig lebendig zu sein, das heißt: *jetzt*. Es macht keinen Sinn, eifrig herumzulaufen und darüber nachzudenken, wie man das erreichen kann, sondern man erfreut sich ihrer einfach im gegenwärtigen Moment. Sie leben jede Sekunde so total wie möglich und besiegeln damit die Physische Unsterblichkeit in Ihrem Herzen.

Der Bibel zufolge war Henoch der erste Mensch, der den Tod überwunden hat. Auch der Prophet Elias hat ihn, lange vor Jesus, überwunden. Jesus starb und stand auf von den Toten, weil die Menschheit die Botschaft immer noch nicht verstanden hatte. Er nutzte Autosuggestion, als er seinen Tod und die Wiederauferstehung inszenierte. Er überwand das Ego völlig und lehrte, daß es nicht wirklich existierte. Das war eine extreme Methode, um diese Botschaft zu vermitteln.

Man kann Physische Unsterblichkeit als endlose Existenz des physischen Körpers in fortwährender Gesundheit und Jugendlichkeit definieren – das heißt, solange man es wünscht.

Ich weiß, daß heute Menschen leben, die älter als 200 Jahre sind (mir sind einige in Indien begegnet, aber es leben bestimmt auch einige im Westen). Sie offenbaren ihr wirkliches Alter nicht, weil das bisher ein unsicheres Unterfangen war. Wenn jemand allerdings seinen physischen Körper gemeistert hat und ihn verjüngt oder bereits gelernt hat, wie das Altern verhindert werden kann, sieht er oder sie aus wie alle anderen (vielleicht würde man mehr Licht bei solchen Menschen wahrnehmen). Ich weiß natürlich nicht, wie ein Körper nach 500jähriger Meisterschaft aussieht. Ich kann mir vorstellen, daß er durchsichtiger und transparenter wäre; so wenigstens sah die 400jährige Frau, die ich in Indien getroffen habe, aus. Um sie herum saßen, in einem Kreis, fortwährend zwölf Hunde. Sie war nicht leicht zu erreichen. Ich glaube nicht, daß ich sie gefunden hätte, wenn ich eine Zweiflerin gewesen wäre. Der menschliche Körper brauchte für seine Entwicklung mehrere Millionen Jahre – und ist ein Wunderwerk. Die Intelligenz, die das gesamte physische Universum erschaffen hat, hat den Körper aus der gleichen Substanz erschaffen. Das bedeutet, daß der menschliche Körper – mithin der höchste Ausdruck jener schöpferischen Intelligenz – so lange verweilen kann wie das gesamte physische Universum. Beleidigt man nicht jene Intelligenz, die den Körper erschaffen hat, wenn man ihn zerstört, indem man stirbt?

Erinnern Sie sich immer daran: *Der physische Körper wird von Ihren Überzeugungen gesteuert.* Wer glaubt, den kleinen Finger nicht biegen zu können, kann es auch nicht. Wer es jedoch glaubt, kann es auch.

Ihr Körper hat die Fähigkeit, neue Zellen zu produzieren. Das ist gewiß nichts Neues für Sie. Sie haben sich bestimmt schon einmal geschnitten, und Ihr Körper hat neue Zellen produziert und den Schnitt repariert! Eine wissenschaftliche Theorie besagt, daß der Körper sich alle elf Monate vollständig erneuert. Wenn es darum geht, neue Zellen zu produzieren, stehen uns verschiedene Alternativen zur Verfügung:

1. Die Zellen erneuern sich genauso, wie sie waren.
2. Die Zellen reproduzieren eine abgeschwächte Version ihrer selbst.
3. Die Zellen reproduzieren eine stärkere Version ihrer selbst.
4. Die Zellen erneuern sich nicht.
5. Es werden völlig neue Zellen produziert.

Narbengewebe ist ein Beispiel für die Produktion von Zellen in einer abgeschwächten Version. Ein Beispiel für Zellen, die sich nicht erneuern, wäre Gewichtsverlust. Gewichtszunahme wäre ein Beispiel für völlig neue Zellen[2].

---

[2] Wie man ohne Diät sein Gewicht aufgeklärt in den Griff bekommt, habe ich in meinem Buch *Schlank durch positives Denken* beschrieben.

Welche der genannten Möglichkeiten auf uns zutreffen und welches Gewebe und welche Körperteile davon betroffen werden, entscheidet unsere Denkweise. Es liegt ganz an uns selbst. Wir können den Strom unseres Lebensflusses in Richtung Älterwerden oder in Richtung Verjüngung lenken.

Physische Unsterblichkeit setzt Verjüngung des Körpers voraus, das heißt, der Alterungsprozeß muß umgekehrt werden: An Ihrem Geburtstag werden Sie also jünger und nicht älter. Es ist empfehlenswert, am Geburtstag, genau zur Geburtsstunde, ein Rebirthing[3] zu machen.

Wenn Sie älter werden, ist Ihr Denken dafür verantwortlich. Mit anderen Worten, Ihr Geist produziert neue Zellen, deren Alter von Ihren Überzeugungen programmiert worden ist. Earl Nightingale war der Meinung, ein Mensch über vierzig habe das Gesicht, das er verdiene, und wie es am Morgen aussieht, hänge davon ab, worüber man am Vorabend nachgedacht hat!

Denken Sie einmal über Ihr Potential nach, jugendlich zu sein. Ein Neugeborenes kommt immer ganz „neu" auf die Welt, und zwar unabhängig vom Alter der Mutter. Sie könnten also einmal zehn oder zwanzig Jahre ausprobieren, wie es ist, immer jünger zu werden – und dann einige Jahrzehnte bei diesem Alter bleiben, sagen wir mal ein bis zwei Jahrhunderte. Anschließend möchten Sie dann vielleicht wieder ein wenig älter werden.

Es gibt spirituelle Meister, die sich nicht nur materialisieren und entmaterialisieren, sondern auch ihr Geschlecht umwandeln können. Mein Lehrer, Babaji, ist mir tatsächlich einmal in Gestalt eines Babys erschienen: In der ganzen ersten Nacht, nachdem ich ihn in Haidakhan, Indien, kennengelernt hatte, schwebte er als Baby mit dem Kopf eines alten Mannes über meinem Bett. Er ist mir auch als sehr altes Wesen und als Frau

---

[3] Rebirthing, wenn es richtig und von einem entsprechend geschulten Rebirther gemacht wird, ist ein natürlicher Verjüngungsprozeß, denn es überschwemmt Ihre Zellen mit Sauerstoff; siehe auch Kapitel 9.

erschienen.[4] Sie glauben vielleicht, solche Erfahrungen seien lediglich spirituellen Meistern vorbehalten. Doch wird in der heutigen Zeit jeder zum spirituellen Meister, und Tatsache ist, daß Sie bereits einer sind. Es liegt an Ihnen, das zu entdecken, und genau darum geht es beim Spiel des Lebens. Das ganze Leben ist ein Ashram[5], in dem Sie lernen können, sich wieder daran zu erinnern, wer Sie sind.
Wenn Sie glauben, der Tod sei unausweichlich, dann sterben Sie bereits jetzt, in diesem Moment.
Es ist gar nicht so einfach, den physischen Körper zu zerstören, und wenn wir diese Fähigkeit haben, verfügen wir auch über die Fähigkeit, ihn weiterhin zu erhalten. Manchmal sagt mir jemand: „Na gut, vielleicht gilt das für mich und meinen eigenen Körper, aber abstürzende Flugzeuge oder Erdbeben kann man nicht beeinflussen, das ist Schicksal und hat nichts mit der Fähigkeit zur Physischen Unsterblichkeit zu tun." Immortalisten[6] sehen das anders: Ein Immortalist würde kein Flugzeug besteigen, das abstürzen wird. Falls diese Gefahr für sie oder ihn bestünde, würde beispielsweise sein Flug storniert werden, oder das Taxi wäre nicht rechtzeitig am Flughafen. Oder wenn zum Beispiel die Erde bebt, wäre sie oder er weit entfernt vom Epizentrum. (Ein Mortalist[7] stünde vielleicht genau in dessen Mitte und würde von der Erde verschluckt.) Viele Menschen ertrinken, dennoch gibt es Yoga-Meister, die tagelang ohne Atemgerät unter Wasser bleiben, und hinterher geht es ihnen blendend. Es sind schon Menschen an einem Sturz von einer Treppenstufe gestorben. Aber eine Stewardeß, die aus einem explodierenden Flugzeug herausgeschleudert

---

[4] Falls Sie mehr über diese Fähigkeiten wissen möchten, können Sie die Bücher *Die Leben und Lehren der Meister im Fernen Osten* und *Autobiographie eines Yogi* lesen; siehe Bibliographie.
[5] Eine „klösterliche" Gemeinschaft von Menschen, die ihr Leben einem geistigen Ziel widmen. Meistens um einen spirituellen Meister zentriert.
[6] Menschen, die Physische Unsterblichkeit praktizieren.
[7] Menschen, die den Gedanken „Der Tod ist unausweichlich" praktizieren.

wurde, überlebte den Sturz, weil sie in ein frisch gepflügtes Feld fiel. Manche haben Todessehnsucht, andere Lebenswillen.
Diese Programmierungen – Todessehnsucht und Lebenswillen – spulen sich in Ihrem Kopf ab, zumeist ohne daß Sie sich dessen bewußt sind. Der Schlüssel zur Physischen Unsterblichkeit ist, sich einen großen Lebenswillen und Gedankengewohnheiten zu schaffen, die der Erneuerung dienlich sind. Ein guter erster Schritt in diese Richtung wäre, die nachfolgenden Fragen zu beantworten; es hilft Ihnen aufzudecken, welche Programmierungen Sie konkret abspulen:

> Woran werden Sie Ihrer Meinung nach sterben?
> In welchem Alter werden Sie sterben?

Denken Sie über diese beiden Fragen nach. Seien Sie sich der Programmierungen in Ihrem Kopf bewußt: Das sind Ihre Antworten auf die Fragen! Viele Leute hängen an der Vorstellung, daß sie bestimmte Krankheiten (oder Dispositionen, sie zu bekommen) geerbt haben. Sie meinen, das sei durch ihre Gene bestimmt. Meine Frage an diese Menschen lautet: „Wer ist verantwortlich für Ihre Gene?"
Sie selbst sind es! Der Gedanke „Das habe ich geerbt" bedeutet in Wirklichkeit: „Ich bin mit der Denkweise meiner Vorfahren einverstanden und werde sie nicht ändern." Aber weshalb sollten Sie an solchen Gedanken festhalten, wenn Sie selbst nicht nur Ihre Zellen und Gene, sondern einfach alles an sich ändern können? Sie brauchen niemandem diese althergebrachten Gedankenmuster abzunehmen.
Für mich war eine große Hilfe auf dem Weg zur Unsterblichkeit – und dabei, niemandem solche Gedankenmuster abzunehmen –, daß ich schon immer ein ziemlich rebellisches Kind war. Andernfalls hätte ich womöglich den Gedanken gehegt, daß ich selbst genauso kränklich sein müßte, wie mein Vater es gewesen ist. Glücklicherweise habe ich mich anderweitig orientiert.

Man sollte gegen die „todbringende" Mentalität rebellieren, sich dabei jedoch nicht gegen das Leben auflehnen. Das ist ein subtiler, aber entscheidender Unterschied, wenn man weiterleben möchte.

Es ist nützlich zu wissen, daß der Tod eines Mitglieds Ihrer Familie oder einer anderen geliebten Person die „unbewußte Todessehnsucht" aktivieren kann. Die Dinge in Ihrer Umgebung beginnen vielleicht „abzusterben": Haushaltgeräte gehen kaputt, Maschinen geben den Geist auf, unter Umständen sterben Pflanzen und Tiere in Ihrer Gegenwart. Es kann sein, daß Sie selber krank werden oder Kranke anziehen. Möglicherweise setzen Sie Geschäfte oder Investitionen in den Sand, oder Ihre Firma macht sogar Pleite.

Das mag alles wie „Pech" aussehen. In Wirklichkeit gibt es jedoch kein Pech, sondern in so einem Fall ist lediglich Ihre Todessehnsucht im Begriff zu wachsen. Sie fühlen sich traurig, deprimiert, haben kaum noch Energie und sind ausgelaugt. Dann brauchen Sie unbedingt eine spirituelle Läuterung[8]. Machen Sie so bald wie möglich ein Rebirthing, und begeben Sie sich in die Gesellschaft von Immortalisten[9].

Wenn Ihnen etwas dergleichen geschieht, haben Sie vielleicht das Gefühl, ganz allein damit zu sein, und wollen sich womöglich auch gar nicht mitteilen oder mit anderen zusammensein – obwohl Sie es in so einem Moment bräuchten. Den Grund für diesen Widerspruch hat Phil Laut in seinem Buch *Neu geboren werden – Rebirthing* folgendermaßen beschrieben: „... die Todessehnsucht hält Liebe deshalb auf Abstand, weil sie dadurch gewaltig ins Schwitzen kommt."

Auch wenn niemand in Ihrer unmittelbaren Umgebung gestorben ist, können Sie das beschriebene Gefühl haben: Verdrängte Todessehnsucht kann jederzeit auftauchen, und man weiß nie im voraus, wovon sie ausgelöst werden kann. Deshalb

---

[8] Siehe dazu Kapitel 5.
[9] Adressen des Loving Relationships Training Ohana finden Sie am Ende dieses Buches.

meinen wir, es sei besser, sie in der Sicherheit eines Rebirthing bewußt auszuatmen.

Manche Leute verstehen das Konzept der Physischen Unsterblichkeit schnell, denn sie haben ihre Todessehnsucht im wesentlichen bereits hinter sich gelassen – und sind zumeist durch eine harte Schule gegangen, mußten ernste Unfälle oder fast tödliche Krankheiten erleben oder haben dem Tod auf andere Weise ins Auge geblickt. Wenn sie das nicht verbittert hat, verfügen sie über einen starken Lebenswillen; solche Menschen lassen sich bereitwillig auf Rebirthing und Unsterblichkeit ein. Es kommen aber auch Leute zu uns, die glücklich sind und voller Lebenswillen, deren Todessehnsucht dennoch verdrängt ist; und weil sie zu gegebener Stunde im Rebirthing-Prozeß zutage tritt, stehen sie diese dann gemeinsam mit uns durch – allerdings nur dann, wenn sie sich wirklich sicher fühlen.

Ich selbst hatte entsetzliche Furcht vor dem Tod, als ich mit ansehen mußte, wie mein Vater starb, und auch durch den „Tod" meiner Ehe habe ich viel Angst erlebt. Dadurch war ich, als ich auf das Rebirthing stieß, ziemlich stark und konnte mich schnell darauf einlassen. Trotzdem war ich bisweilen erstaunt, wenn sich mein Alter vor meinen Augen wandelte. Manchmal hatte ich regelrecht einen „Altersrausch". Einmal hatte ich zwei Wochen lang Arthritis, ein anderes Mal, nach einer Rolfing[10]-Behandlung, war ich mehrere Tage senil – ich konnte nichts mehr hören, kaum laufen, war quasi geistesschwach und fühlte mich sehr alt. Das machte mir zu jener Zeit jedoch keine angst mehr, denn ich gehörte bereits zu einer Gemeinschaft Immortalisten und fühlte mich sicher bei ihnen; somit war es eher faszinierend. Auch heutzutage sehe ich manchmal aus, als sei ich ziemlich alt, besonders wenn mehrere hundert Menschen an einem meiner Gruppen-Rebirthings teilgenommen haben und ich Blitzableiter für ihre Todessehnsucht gewesen bin. Ich kann mich inzwischen jedoch

---

[10] Tiefengewebsmassage, siehe auch Kapitel 5.

nicht nur schnell wieder verjüngen – und mache das auch –, sondern ich sehe oft sehr jung aus. Mein Chiropraktiker[11] war erstaunt, als er meine Röntgenaufnahmen zu Gesicht bekam, denn meine Knochen seien wie die eines Teenagers, meinte er. Ich *bin* innerlich sehr jung. Manchmal sorge ich dafür, ein wenig älter auszusehen, damit Menschen mir meine Reife ansehen und dem, was ich zu sagen habe, besser zuhören. An manchen Tagen habe ich viele Falten, am Tag darauf sind die Falten wieder verschwunden. Gewöhnlich rede ich nicht über mein Alter, weil ich nicht in eine Schublade gesteckt werden will. Ich will *alterslos* sein.

Wenn ich nach meinem Alter gefragt werde, antworte ich: „Ich bin zeitlos" oder „Das interessiert mich nicht mehr". Ich versuche, mein Alter völlig zu vergessen. Hin und wieder kann ich mich buchstäblich nicht daran erinnern, wie alt ich bin, und es kümmert mich nicht. Ich weiß nur: Mit jedem Jahr erfahre ich mehr Energie, empfinde mehr Freude und größere Lebendigkeit und fühle mich physisch immer seltener unwohl. Und wieso auch nicht? Jahr für Jahr schwindet immer mehr von meinem Ego dahin ... und zwar deshalb, weil ich spirituelle Läuterung betreibe. Viele Menschen häufen eine Menge negative Gedanken und Überzeugungen an, und ihr Leben verläuft nicht, wie sie es sich wünschen, und dann klagen sie darüber, daß es immer schwieriger wird und sie sich zunehmend schlecht fühlen: Sie werden krank, fühlen sich miserabel, werden älter, und schließlich sterben sie. Das Älterwerden schafft man mit dem eigenen Kopf, und zwar für sich selbst. Und auf die gleiche Weise kann man das Jüngerwerden schaffen.

Unser Bewußtsein steuert das Älterwerden. Es geht nicht darum, den Körper andauernd zu verjüngen, sondern darum, daß er sich erneuern kann und wandelbar ist. Es geht darum,

---

[11] Chiropraktik: Methode, durch Wirbel- und Bandscheibenverschiebungen entstandene Krankheitszustände durch Massagehandgriffe zu beseitigen.

das Wesen des Körpers so zu transformieren, daß er unserer *höchsten* Essenz Ausdruck verleiht. Möglich, daß er schließlich völlig anders aussieht, vielleicht sogar die Gestalt eines Engels hat.
Möglicherweise wollen Sie jetzt wissen: „Was ist mit Menschen, die bereits gestorben sind? Ich kannte jemanden, der war sehr glücklich, liebte das Leben und hat nie geklagt. Er wollte wirklich leben und ist dennoch plötzlich bei einem Autounfall ums Leben gekommen. Wieso?" Gute Frage. Wenn Sie der Familiengeschichte eines solchen Menschen nachgehen, würden Sie dort wahrscheinlich auf entsprechende Hinweise stoßen. Vermutlich hat er das Muster eines Vorfahren ausagiert oder einen tiefen unbewußten Gedanken, der seit der Geburt vorhanden war und nie aufgedeckt worden ist. Er wurde zum Beispiel mit der Nabelschnur um den Hals geboren und hegte deshalb den Gedanken: „Ehe ich leben kann, muß ich sterben." Solch ein Gedanke wird meistens ein Leben lang verdrängt, bis etwas geschieht, das ihn aktiviert. Wenn man Bemerkungen, die John Lennon einige Jahre vor seinem Tod gemacht hat, betrachtet, wird einem genau ersichtlich, wie er seinen Tod angezogen hat. Seine größte Furcht war es, von einem Fan erschossen zu werden. Und schon in der Bibel heißt es: „Was du befürchtest, wird dir geschehen." Wir drücken den gleichen Gedanken so aus: „Was du befürchtest, ziehst du an."[12]
A Course in Miracles[13] stellt fest: „Du hast keine Angst vor Leiden, Schmerzen, vor Elend und Tod, denn du hast sie dir bereits über viele Lebzeiten hinweg erschaffen. Wovor du dich wirklich fürchtest, ist die Erlösung, das Leben und Gott!" Viele Menschen behaupten, Angst vor dem Tod zu haben, aber eigentlich haben sie Angst vor dem Leben. Einer der Gründe

---

[12] Die Bewußtseinsfaktoren beispielsweise, die zur Ermordung der Kennedys geführt haben, sind in dem Buch *From Here to Greater Happiness* von Champion Teutsch deutlich dargestellt worden.

[13] Siehe auch Anhang C.

dafür ist, daß wir meinen, das Leben würde uns letztlich umbringen. Dahinter steht der Gedanke: „Gott ist Leben und läßt die Menschen sterben, daher tötet uns das Leben." Das ist ein verrückter Gedanke, oder? Aber so verrückt ist unser Denken inzwischen geworden. Verwirrung folgt auf Verwirrung.

Wozu nach Physischer Unsterblichkeit streben?

Manche Kritiker meinen, Physische Unsterblichkeit sei die reinste Selbstverherrlichung. Der Gedanke ist nicht neu. Bereits für die Urform der chinesischen Alchemie war die Vorstellung „hedonistischer Unsterblichkeit" – die Anwendung sexuellen Yogas als Umwandlungsritus – charakteristisch. Die Alchemie insgesamt stand sicher schon immer im Zusammenhang mit der Unsterblichkeit.

John Lash erklärt in einem Artikel[14] die unterschiedlichen Betrachtungsweisen der Physischen Unsterblichkeit in der westlichen und in der östlichen Alchemie. Das Ziel westlicher Adepten war seiner Meinung nach „... die selbstlose Hingabe an eine Mission göttlichen Dienstes". Und weiter meint er:

> Sie wollten keine „todlosen Hexenmeister" sein mit der Freiheit einer zwar schelmischen, aber sinnlosen Existenz im ewigen Fluß des Tao, sondern der westliche Adept erstrebte Unsterblichkeit, da er sich zu einer Aufgabe verpflichtet hatte, zu deren Erfüllung er mehr Zeit brauchte. Für sie war Unsterblichkeit nicht das Ziel an sich, sondern vielmehr die optimale Verfassung, um ihr wahres Ziel zu verwirklichen: ihren Teil beizutragen zum Werk der Schöpfung.

---

[14] „The Parting of the Ways: Chinese and Western Alchemy in Contrast", *Gnosis,* Ausgabe Sommer 1988, S. 22–26.

In diesem Buch geht es auch vor allem darum, über die Vorstellung eines „persönlichen Gewinns" aus dem ewigen Leben hinauszugehen und ein aktives Instrument bei der Mitverwirklichung des Göttlichen Plans zu werden. Moderne Immortalisten aus Kreisen des New Age nennen das bisweilen „Verantwortung für den Planeten übernehmen". Und genau das ist Thema dieses Buches, zusammen mit der Fähigkeit, es zu *genießen,* mit dem eigenen Handeln die Schönheit der Unsterblichkeit auszudrücken und damit auch Erfolg zu haben. Hanuman Chalisa hat folgendes darüber zu sagen:

> Also sprach der Herr zu Hanuman: „Wer bereit ist, allen und jedem zu dienen als eine der vielen Göttlichen Manifestationen, wird unsterblich werden." Das Zeichen, an dem man den Göttlichen Zustand erkennen kann, ist – Unsterblichkeit.

Und was ist mit anderen Möglichkeiten?

Eines Tages sagte meine Mutter: „Sondra, meinst du nicht, wenn du von Physischer Unsterblichkeit sprichst, solltest du ‚vielleicht' sagen, anstatt mit dieser unwahrscheinlichen Gewißheit davon zu sprechen?"
Ich antwortete: „Mutter, unsterblich ist man, wenn man diese Gewißheit hat."
Wer denkt und sagt: „Man kann ja nie wissen, vielleicht ...", programmiert seine Zellen nicht, das Älterwerden zu verhindern. Was nicht heißen soll, daß Sie aufhören sollten, Ihre Zweifel dahingehend auszudrücken und aus dem Unbewußten zutage zu fördern. Sicherlich sollte man Zweifel und Befürchtungen äußern, sie betrachten, sich mit ihnen beschäftigen, sie ausatmen und in der Folge bewußt ändern, wenn man sich von ihnen lösen will. Sich allerdings an seine Zweifel zu klammern verursacht bestimmt keine Wandlung auf der physischen Ebene. Und auch die Idee der „Langlebigkeit" oder

„Lebensverlängerung" durchbricht nicht die genetische Programmierung, wie das Konzept der Physischen Unsterblichkeit das tut. Langlebigkeit heißt, daß man länger als seine Vorfahren leben kann; aber die Zellen sind dabei immer noch programmiert, eine begrenzte Zeit zu leben. Jesus sagte: „Man füllt auch nicht jungen Wein in alte Schläuche." In diesem Zusammenhang bedeutet das, wir sollen den Zellen sehr klare Botschaften übermitteln. Die Botschaft der Physischen Unsterblichkeit führt zu einer chemischen Veränderung der Zellen. Sie wandelt die Energie um und macht die Gene vitaler.
Die Christen glauben, daß die Menschen sterben und in den Himmel oder die Hölle gehen, ob sie das nun wollen oder nicht. Wer an die Wiedergeburt glaubt, meint, daß die Menschen sterben und wiedergeboren werden, ob sie das nun wollen oder nicht. Atheisten glauben, daß es nach dem Tod nichts mehr gibt, daß er das Ende ist – Geist, Seele und Körper gehen zugrunde, das individuelle Bewußtsein hört auf zu existieren. Wieder andere glauben an das Konzept der Astralwelt. Die Astralwelt ist ein Reich, in dem die Lebewesen in einem anderen Schwingungszustand parallel zur physischen Dimension leben. Man kann dort die verschiedensten Erfahrungen machen, angenehme bis äußerst unangenehme. Man könnte die Astralwelt als Welt des Geistes betrachten, wobei man immer mehr Gedanken (gebündelte Energie) auf ein bestimmtes Konzept richtet, bis es sich schließlich materialisiert, das heißt eigene Wirklichkeit erlangt. Da die Astralwelt die Welt des Geistes ist, brauchen Sie nirgendwohin zu gehen, um sie zu erreichen, denn sie ist ja hier! Egal ob Sie sich elend oder glücklich fühlen, das Bewußtsein sucht die ihm entsprechende Ebene, wenn es den Körper verläßt. Jesus sagt dazu in *A Course in Miracles*: „Hölle ist, was das Ego aus der Gegenwart macht."
Viele Menschen glauben an Reinkarnation – Wiedergeburt. Nun gut, es mag sie geben, aber weshalb sollte man immer und immer wieder ein Geburtstrauma durchleben? Man kann doch auch weiterkommen, indem man lediglich sein Denken

reinkarnieren läßt. Manche Menschen kennen sich mit dem Kreislauf von Geburt und Tod derart gut aus, daß er ihnen wohl schon zur Angewohnheit geworden ist! Man kann sich jedoch aus dem endlosen Kreislauf von Geburt und Tod befreien.
Bei der sogenannten „freiwilligen Besessenheit" übernimmt jemand anderer zeitweilig die Kontrolle über den eigenen Körper. Ich glaube jedoch nicht, daß man seinen Körper jemand anderem überlassen muß, damit man Zugang zu einer höheren Weisheit erlangt … besonders, da man selbst jederzeit Kanal für die Unendliche Intelligenz sein kann.[15]
Auch die Auferstehungen von den Toten sind eine Wirklichkeit. Es gibt viele Berichte von Menschen, die wieder aus ihren Gräbern hervorgekrochen sind, besonders wenn sie nahe an der Oberfläche begraben wurden. Unter religiösen Führern und wichtigen Leuten wurde es daher beliebt, sich einbalsamieren zu lassen, damit sie nicht derart in Verlegenheit gebracht wurden.[16]
Ich erwähne das alles, um deutlich zu machen, daß es viele Dinge gibt, von denen wir in der Schule nichts gelernt haben. Denken Sie darüber nach, und erforschen Sie, woran Sie selbst glauben. Denn Sie müssen in dem, was Sie Ihren Zellen erzählen, sehr klar sein, damit Sie sie nicht in Verwirrung stürzen. Das allerwichtigste ist: Die Entscheidung liegt bei Ihnen. Man hätte Ihnen das schon viel früher sagen sollen. Was Sie aussprechen, geschieht Ihnen auch körperlich. Es ist vollkommen in Ordnung zu sterben, falls Sie das möchten. Allerdings ist es sehr wichtig zu wissen, daß der Tod Ihrem Einfluß unterliegt und Sie alles, was Sie sich diesbezüglich wünschen, machen können. Sie haben die Wahl. Manche Menschen haben eventuell das Gefühl, es sei zu spät für sie, und sie möchten sich lieber reinkarnieren, oder sie wollen auf

---

[15] Wer zum Thema sogenannter „Walk-Ins" nähere Informationen haben möchte, sollte sich Ruth Montgomerys *Strangers Among Us* und *Aliens Among Us* nicht entgehen lassen.

[16] Lyall Watsons Buch *The Romeo Error* ist eine gute Informationsquelle zu diesem Thema.

der Astralebene verbleiben oder sich einfach dort aufhalten, wo die Sterbeerfahrung sie hinführen wird. Jeder hat das Recht, zu tun, was er oder sie wünscht. Der Wille ist frei.
Denken Sie über die Alternativen zur Physischen Unsterblichkeit zur Transformation Ihres Körpers nach.
Kabir, ein persischer Dichter des fünfzehnten Jahrhunderts, wurde zuletzt gesehen, als er völlig gesund das Alter von 120 Jahren erreicht hatte. Es heißt, daß er sich entmaterialisiert hat. Seine freudvollen Gedichte sind voller Kontroversen und unorthodoxer Meinungen. Zum Beispiel meinte er, daß der heilige Apostel Paulus, als er die Kirche darauf festlegte, das „Reich Gottes" als Gegensatz zum hiesigen Leben zu sehen, den Zweck der Erlösung völlig ins „jenseitige Leben" verlegte; Fehler dieser Art in der Auslegung haben ganze Religionen zerstört. In einem Gedicht hinterfragt Kabir diese Gegensätze:

> Zerreißt du deine Fesseln nicht, solange du lebendig bist,
> weshalb sollten die Geister
> es hiernach für dich tun?
> Was hier vorgefunden wird,
> wird auch dort zu finden sein.
> Wer jetzt und hier nichts findet, wird lediglich
> in einer Wohnung in der Totenstadt enden.
> Gesetzt, du schrubbst deine ethische Haut,
> bis sie glänzt,
> und in dir ist keine Musik, was dann?

Kapitel 2

Todesursachen

„Man stirbt, wenn es das Schicksal will"; „Es ist Gottes Wille, daß wir sterben"; „Der Teufel hat schuld daran"; „Es liegt in der Natur der Dinge, daß wir sterben"; an diese und ähnliche Aussagen glaubt man im allgemeinen. Wer gleichwohl davon überzeugt ist, der Tod sei gottgewollt, macht Gott zum Mörder. (Als ich noch in die Sonntagsschule ging, habe ich diese Frage dauernd mit meinen Lehrern diskutiert, und sie hatten keine befriedigenden Antworten!) Wer dem Teufel oder der Natur den Tod anlastet, der hält die *Fiktion* aufrecht, daß jemand oder etwas im weiten Universum da draußen einen ums Leben bringen wird beziehungsweise festgelegt hat, wie lange es währen soll.

Wenn man eine derartige Überzeugung Tag für Tag, Jahr für Jahr mit sich herumschleppt, kann man sich wohl kaum im physischen Universum entspannen.

Leonard Orr, der Begründer des Rebirthing, sagt es so: „Der Mensch ist ein Nervenbündel und sorgt sich: Wann wird der ‚göttliche Metzgermeister' mich erwischen?"[1] Und Alan Harrington[2] meint: „Menschen hassen Gott, weil er sie in ein geschlossenes Universum gestellt hat, in dem sie dem Tod nicht entrinnen können." Stanley Spears[3] prägte einen wunderbaren Satz: „Sterben ist ein tödlicher Irrtum!"

---

[1] Leonard Orr in *Rebirthing*.
[2] In seinem Buch *The Immortalist*.
[3] Im Buch *Stop Dying and Live Forever*.

Wie wurde der Tod Bestandteil des Lebens? Kurz gesagt, der Tod wurde erschaffen. Im *Course*[4] beschreibt Jesus das isolierte Selbst: „Es basiert auf dem Gedanken: Ich bin von Gott getrennt." Sich für diesen Gedanken zu entscheiden heißt, Gott den Krieg zu erklären. Das Ego ist schlicht ein falsches Selbst, mit der Absicht konstruiert, Gott zu ersetzen. Es ist die Entscheidung, weiterhin isoliert zu bleiben, geboren aus dem Gedanken: „Ich bin nicht."

Dieses „Verbrechen" führt zu einem tiefen Schuldgefühl. Weil wir uns schuldig fühlen, sind wir davon überzeugt, daß Gott uns strafen wird, und damit machen wir Gott zum Rächer. So machen wir aus dem Gott der Liebe einen Gott der Furcht und gehen ihm aus dem Weg. Gott aus dem Weg zu gehen ruft jedoch weitere Furcht hervor und führt wiederum zu der Angst, Gott werde uns deshalb umbringen müssen.

Diese Angst liegt allem zugrunde. Wir fühlen uns wertlos, unpassend, minderwertig und haben eine Menge dunkle, negative Gefühle, wodurch wir beispielsweise glauben: „Ich habe es nicht verdient zu leben" oder noch einfacher: „Am besten wäre ich schon tot."

In der Folge nimmt unsere Angst vor Gott weiter zu und damit einhergehend auch der Wunsch, von Gott getrennt zu bleiben. Das macht uns gleichwohl schwach, und unser Schutzbedürfnis wächst. Also wehren wir uns mit äußerster Wachsamkeit gegen diese Furcht. An diesem Punkt werden die Konsequenzen allerdings verheerend: Wir sitzen auf Bomben und stehen mitten in Kampf und Krieg. Das nun intensiviert wiederum unsere Schuld *erst recht,* denn intuitiv wissen wir, daß irgend etwas wirklich schiefgelaufen ist.

Wir fühlen uns schuldig, weil wir Bomben gebaut haben und Kriege führen, und schließlich glauben wir, unsere Schuld sei nie mehr gutzumachen. Es gibt anscheinend keine Hoffnung mehr für uns, und unser letzter Verteidigungsversuch besteht

---

[4] *A Course in Miracles:* Ab hier verkürzen wir den Titel dieses Buches, das noch oft zitiert werden wird, mit *Course.*

darin, das Urteil, das wir über uns selbst gefällt haben, nämlich daß wir uns fürchten und schuldig sind, unter Mangel leiden und von Gott getrennt sind, auf die Außenwelt zu projizieren – *die Welt erscheint nun als Ort der Verdammnis!*
Auf diese Art und Weise erschaffen wir uns eine lebendige Hölle – Hölle ist also, was das Ego aus der Gegenwart gemacht hat –, und nun meinen wir, wir hätten es verdient zu sterben. Der Tod ist scheinbar der einzige Ausweg. Wenn es nach dem Ego geht, haben wir es nicht verdient zu leben.
Im althergebrachten System bedarf Schuld der Sühne, und unsere Schuld ist so erheblich, daß nur der Tod ein ausreichend großes Sühneopfer dafür ist. Wir haben uns also des ewigen Lebens als unwürdig erwiesen. Der Ego-Fahrplan zur Erlösung führt nur in die Irre.
Der *Course* stellt ganz klar fest:

> Und der Tod ist die Folge des Gedankens, den wir Ego nennen, genau wie das Leben die Folge des Gedankens ist, der Gott heißt.[5]

Der Gedanke „Der Tod ist unvermeidlich" ist des Ego liebstes Kind!
Als die Menschen vergaßen, wer sie waren, und sich ein Ego schufen, erfanden sie den Tod. Die biblische Geschichte von Adam und Eva stellt die Erschaffung des Ego symbolisch dar: Es waren zwei Bäume in der Mitte des Gartens Eden – der Baum des Lebens und der Baum der Erkenntnis von Gut und Böse. Die Schlange lenkte Evas Aufmerksamkeit auf den Baum der Erkenntnis von Gut und Böse und lenkte sie ab vom Baum des Lebens:

> Da sprach die Schlange zum Weibe: Ihr werdet keineswegs des Todes sterben, sondern Gott weiß: an dem

---

[5] S. 388, der *Text*.

Tage, da ihr davon esset, werden eure Augen aufgetan, und ihr werdet sein wie Gott und wissen, was gut und böse ist.[6]

Das war sie also: die Versuchung zu glauben, sie selbst sei nicht Gott. In dem Moment, als Eva akzeptierte, daß sie nicht Gott war, akzeptierte sie die Vorstellung der Trennung – den Gedanken, Gott sei außerhalb ihrer selbst – und verleugnete damit ihre eigene Göttlichkeit. Sie war am Ende, noch bevor sie von der Frucht gegessen hatte.[7]

Hat man erst einmal die Vorstellung, von Gott getrennt zu sein, akzeptiert, geht es nur noch abwärts, und man wohnt nicht mehr im Garten Eden. Eine unendliche Anzahl Lügen müssen nun aufrechterhalten werden, um die Fiktion der Trennung abzustützen.

Dem Gedanken „Ich bin von Gott getrennt" – Ego – folgen Gedanken wie diese: „Ich bin kraftlos"; „Ich bin ein schwacher Mensch"; „Ich kann mich nicht selbst heilen"; „Was ich mir wünsche, kann ich nicht haben"; „Ich kann nicht ewig leben" und so weiter. Und seit langer, langer Zeit verharrt die Menschheit in dieser Haltung.

Anders gesagt: Die ursprüngliche Sünde, die sogenannte Erbsünde, ist der Gedanke, daß Sie *nicht* Gott sind. Diese Sünde vertreibt Sie aus dem Himmel. Damit Sie nicht Gott sind, brauchen Sie die Fähigkeit, sich aus seiner Gegenwart zu entfernen. Sie müssen also denken, daß Sie besser als Gott sind und ihn übertreffen können, indem Sie unvollkommen machen, was er vollkommen gemacht hat.

Das allerdings ist der Gipfel der Überheblichkeit! Wahrhaftig, das Ego ist überheblich! Anzuerkennen, daß Gott Sie nach seinem Ebenbild geschaffen hat, ist das Gegenteil der ursprünglichen Sünde, das Gegenteil von Überheblichkeit: Es ist

---

[6] 1. Mose 3:4-5
[7] Im Buch *Rebirthing in the New Age,* das ich zusammen mit Leonard Orr geschrieben habe, wird dieser Punkt näher erläutert.

Bescheidenheit und Erlösung. Adam und Eva wurde verheißen, daß sie erlöst würden. Die Erlösung des Körpers ist wesentlicher Bestandteil der Bibel.[8]

Was sollen Sie also mit dem Ego anfangen, das Sie sich erschaffen haben? Der *Course* empfiehlt, es dem Heiligen Geist zu überlassen, damit er es als Kommunikationsmedium verwenden kann. Dann ist es seiner Art entsprechend ein Instrument, um Sie daran zu erinnern, wer Sie sind und was Sie vergessen haben. Es ist der Zweck des Körpers, Ihnen wieder beizubringen, wer Sie sind, und Ihnen zu erlauben, Ihrer Göttlichkeit in ganzer Fülle Ausdruck zu verleihen.

Das Leben ist ein Ashram, in dem Sie die Gelegenheit haben, die Frequenz Ihrer Schwingungen immer weiter zu erhöhen. Dadurch erwachsen einem immer mehr Möglichkeiten, zu dienen und spirituelle Verantwortung zu tragen, und das bringt eine stets tiefer werdende Befriedigung mit sich. Je mehr Sie Ihre Schwingungsebene anheben, desto mehr werden Sie zu Licht und Liebe, und das geht immer so weiter, bis Sie zu reinem Bewußtsein geworden sind. Das ist vollkommene Freiheit; und unser Bruder, Jesus, ist der Inbegriff eines Menschen, der sich und seine Rolle zur Vollkommenheit gebracht hat. Es ist weise, ihm zu folgen, und es wäre unsinnig, das nicht zu tun. Jesus, Babaji und andere Unsterbliche Meister warten nur darauf, uns alle zu leiten.

Zusammenfassung

Todessehnsucht ist lediglich ein gegen das Leben gerichteter Gedanke und die Folge einer familiären und kulturellen Überlieferung. Gemäß Leonard Orr sind folgende Todesursachen ausschlaggebend:

---

[8] Diese Gedanken werden einem besonders nach Lektüre des Buches *A Course in Miracles* vertraut. (Deutsche Ausgabe Greuth Hof Verlag 1992, lt. Verlagsankündigung)

1. Die Abwertung der eigenen Göttlichkeit.
2. Mangelnde Unsterblichkeits-Philosophie.
3. Spezielle Glaubenssysteme, insbesondere Krankheiten und Lebensgewohnheiten, die damit einhergehen (wie beispielsweise Fettsucht).
4. Unkenntnis einfacher Praktiken spiritueller Läuterung.
5. Falsche Theologien.
6. Familientradition.
7. Ungelöste Spannungen und das Geburtstrauma, einhergehend mit entsprechend negativen Gedanken.

Unsere Gesellschaft hat eine todbringende Mentalität entwickelt. Wir wachsen mit dem Gedanken auf, daß der Tod unausweichlich ist. Wir sind mit der Vorstellung groß geworden, daß Wissenschaft, Technologie oder die Regierung schon für uns sorgen werden. Dabei ist das nichts als eine Projektion. Inzwischen blockiert die todbringende Mentalität unsere Kreativität, trennt uns von Gott und macht uns glauben, der Tod sei letztlich der einzige Ausweg.

Die Wahrheit hinter der Unsterblichkeit

Alle wahrhaft metaphysischen Bücher erinnern uns zunächst an die grundlegende Wahrheit hinter dem Denken: Jeder Gedanke zeitigt Resultate und hat Folgen für das eigene Leben.
Die große Unsterbliche Meisterin Annalee Skarin – die sich willentlich dematerialisieren und wieder materialisieren kann – stellt es am Anfang ihrer Schriften ganz klar heraus: Solange ein Mensch sich auf die Schwingungen negativer Gedanken einstimmt, kann er sich nicht ins Licht begeben. Sie schreibt:

> … damit man sich unentwegt in jenem Bereich hoher, singender, glorreicher Schwingungen und

> ewigen Lichtes aufhalten kann, muß man verstehen, worum es sich dabei handelt. Jeder einzelne wird lernen müssen, daß negative Gedanken und Gefühle ausnahmslos eine Last für den Körper und ein Hemmschuh für die Seele sind.[9]

Man muß Gottes höhere Gesetze verstehen und in der Lage sein, sie mit Kraft anzuwenden. Ja, im „Reich Gottes" gibt es Gesetze, und ja, es gilt, diese Gesetze, die man erlernen muß, richtig anzuwenden.

Annalee Skarin wird nicht müde zu erklären, welche Folgen makelhafte, negative Gedanken und Handlungen – und Emotionen wie Haß, Wut, Neid und so weiter – haben, nämlich Altertum, Krankheit und Tod. Lügen beispielsweise sind wahrnehmbar als desintegrierende Kraft, die sich auf jede Zelle und Faser Ihres Wesens auswirken.

Das wiederum ist ein Indiz dafür, wie die Schöpfung vonstatten geht – Ihr *Denkvermögen* ist das Medium, durch das der Geist schöpferisch wirksam ist. SATPREM beschreibt es so: „Der Geist erschafft den Körper und benutzt den Verstand als Medium dazu." Weil dem so ist, zeitigen Gedanken Resultate; anders gesagt: Der Denker kreiert mittels seiner Gedanken Ergebnisse. Dies ist eine fundamentale Wahrheit der Erleuchtung.

In allem, was ich schreibe, definiere ich Erleuchtung als die Gewißheit, daß Gedanken Resultate zeitigen. Deshalb müssen Sie die Verantwortung für Ihre Gedanken übernehmen und dafür, die Qualität Ihres Denkens zu steigern.

> Du magst der Meinung sein, daß du zwar für dein Handeln verantwortlich bist und nicht dafür, was dir durch den Kopf geht. In Wahrheit bist du verantwortlich für dein Denken, denn nur hier kannst du Entscheidungen treffen. Deine Handlungen folgen deinem Denken (S. 25).

---

[9] Aus *Secrets of Eternity* von Annalee Skarin.

> Wie ein Mensch denkt, so nimmt er wahr. Trachtet daher nicht danach, die Welt zu ändern, sondern ändert euer Denken über die Welt (S. 415).

> Der Sohn Gottes kann unmöglich lediglich durch das äußerliche Geschehen bedingt werden. Es ist unmöglich, daß das, was Ihm geschieht, nicht Seiner Entscheidung entsprochen hätte. Seine Entscheidungskraft ist der entscheidende Faktor in jeder Situation, in der Er Sich scheinbar – gewollt oder zufällig – befindet[10] (S. 418).

Der *Course* fragt immer wieder, weshalb wir wirres negatives Denken entschuldigen, wo wir doch jeden Moment Himmel oder Hölle erfahren können, je nachdem, für welches Denken wir uns entscheiden. Es steht Ihnen immer frei, sich auf den Geist (positives Denken) oder auf das Ego (negatives Denken) zuzubewegen. Glückseligkeit liegt nur einen Gedanken weit entfernt, und es liegt ganz bei Ihnen, ob Sie diesen Gedanken denken wollen:

> ICH BIN verantwortlich für das, was ich sehe. Ich entscheide mich für das Gefühl, das ich erfahre, und wähle das Ziel, das ich erreichen möchte. Und alles, was mir anscheinend geschieht, habe ich erbeten, und ich empfange, was ich erbeten habe.[11]

Das bedeutet natürlich, daß Sie weder hilflos noch Opfer dessen sind, was Ihnen geschieht.
Sie können viele, viele metaphysische Bücher lesen, und sie alle werden Ihnen dieselbe Wahrheit auf die eine oder andere Art unterbreiten. Jesus drückte sie folgendermaßen aus: „Wie

---

[10] *A Course in Miracles;* der *Text.* Anmerkung: Der *Course* meint die gesamte Menschheit, wenn er vom Sohn Gottes spricht, und nicht nur Jesus.
[11] *A Course in Miracles:* S. 418, der *Text.*

ein Mensch denkt, so ist er auch"; und: „Ihr seid Gefangene der Worte, die von euch ausgehen." Sie bekommen, was Sie sich erdacht haben, und was Sie sagen, werden Sie dereinst bekommen. Die Konsequenz liegt auf der Hand: Da Sie alles mit dem eigenen Geist erschaffen, erzeugen Sie in gleicher Weise Ihren Tod.

Man könnte es auch so erklären: Der Tod ist die Folge des Gedankens „Der Tod ist unausweichlich". Wenn Sie erst einmal mit diesem Gedanken einverstanden sind, kreieren Sie sich verschiedene Wege, ihn auszuagieren – verschiedene Arten, sich selbst zu töten.

Ihr Wille ist in jedem Moment frei, und Sie können sich entscheiden. Ordnen Sie Ihr Bewußtsein dem Gedankensystem des Ego (negative Gedanken) oder dem des Heiligen Geistes (positives Denken) unter? Bewegen Sie sich auf Negativität und Tod zu? Oder bewegen Sie sich auf Positivität und mehr Leben zu?

Ich möchte diesen Abschnitt mit einem Zitat von Ann und Peter Meyer abrunden:

> Es kann hilfreich sein, sich zu entsinnen, daß Geist, Denken und Körper wirklich die gleiche Substanz haben, wobei sie jedoch unterschiedlich aktiv sind, und zwar auf verschiedenen Schwingungsebenen – wie Dampf, Wasser und Eis ein und dasselbe Element sind, aber bei unterschiedlichen Temperaturen jeweils andere Eigenschaften haben.[12]

Ein Yogi sagte mir einmal: „Denken ist verdichteter Geist. Körper ist verdichtetes Denken. Deshalb ist der Körper im höchsten Sinne Geist." Wenn man das weiß, macht Physische Unsterblichkeit Sinn.

---

[12] Aus ihrem Buch *Being a Christ*, S. 64.

Widerstände gegen Physische Unsterblichkeit

Es ist gut möglich, daß diese Vorstellungen – oder einige davon – Widerstände bei Ihnen wecken. Natürlich ist es nie angenehm, die eigenen Überzeugungen ernsthaft hinterfragt zu wissen. Wenn man eine bestimmte Ansicht über den Tod hegt, widerstrebt man gewöhnlich jedem Versuch, sie zu ändern. Manche widersetzen sich sogar einer Änderung ihrer Überzeugung, wenn diese Überzeugung sie faktisch umbringt! Wenn es Ihnen so geht, dann entsinnen Sie sich, daß Sie selbst dieses Buch gekauft haben – beziehungsweise sich jemand geschaffen haben, der es Ihnen geschenkt hat. Das heißt, Ihr höheres Selbst hat Sie dazu geführt, und Sie sind eigentlich bereit, diese Widerstände loszulassen. Atmen Sie tief durch, und gehen Sie Schritt für Schritt weiter vor!
An dieser Stelle sind einige Bemerkungen über Glaubenssysteme angebracht. Unsere Wirklichkeit wird von den Glaubenssystemen bestimmt, denen wir uns verschrieben haben, und sie bieten uns den dafür erforderlichen Rahmen. Auf diese Weise erschaffen wir, was wir für wahr halten.
Wir halten unsere Glaubenssysteme für unabdingbar, denn sie vermitteln uns Sicherheit und erlauben uns, die Welt zu verstehen. Dennoch schränken sie uns auch immer ein, da sie das bereits Vergangene bestätigen und andere Betrachtungsweisen verstellen, indem sie unsere Gewohnheiten besiegeln. Was wir glauben, vermittelt uns nur zeitweilig Sicherheit – und deshalb eine falsche.
Was halten Sie von folgenden Aussagen: „Der Tod ist unausweichlich"; „Das Leben ist gefährlich"; „Schmerz ist etwas Natürliches"; „Alle machen mir das Leben schwer"; „Jeder muß altern und sterben" und so weiter? Inspirieren solche Glaubenssysteme einen etwa zu Freude und Freiheit?
Damit Sie über alle Glaubenssysteme hinausgelangen können, müssen Sie gewisse Wandlungen durchmachen – aber ich versichere Ihnen: Es ist die Mühe wert. Denn sind Sie erst einmal darüber hinaus, beginnen Sie Meisterschaft zu erfahren

und erkennen die Wirklichkeit unmittelbar. Das ist nicht nur ergreifend, es ist Ihr Geburtsrecht. Und Sie sind es selbst, Ihr Höheres Selbst. Sie fühlen sich vollkommen präsent und wirklich großartig.

Wenn Sie also wüßten, daß Sie ewig in Ihrem physischen Körper leben könnten, wären Sie glücklich darüber? Wenn nicht, haben Sie entweder nicht besonders viel Spaß am Leben, sind kein „Gewinner" im Spiel des Lebens, oder aber es geht Ihnen ganz gut, doch Sie denken immer noch, daß es etwas „Höheres" gibt.

Falls Sie keinen Spaß am Leben haben, denken Sie vielleicht: „Wozu sollte ich ewig leben wollen, wenn ich mich schon jetzt unwohl fühle?" Gute Frage; aber auch wenn es paradox klingt, Tatsache ist: Um sich wirklich gut zu fühlen, um glücklich und gesund zu sein, muß man seine Todessehnsucht aufgeben und das Leben so sehr lieben, daß einem die Vorstellung, ewig zu leben, gefallen würde.

Falls Sie zu denen gehören, denen es ganz gut geht: Stellen Sie sich einmal vor, wieviel besser, ja wie sensationell die Dinge für Sie laufen könnten, wenn Sie sich nicht an den Gedanken klammern würden, daß etwas „Höheres" besser für Sie wäre. Abgesehen davon ist der Tod keine „Lösung", und Sie erreichen das „Höhere" nicht zwangsläufig, indem Sie Ihren Körper ablegen.

In Ruby Nelsons schönem Büchlein *Das Tor zur Unendlichkeit* steht etwas Bemerkenswertes zu diesem Thema:

> Wenn man den Entschluß faßt zu sterben, befreit der Tod einen von der Schwerkraft, und die Seele löst sich zeitweilig von der irdischen Ebene. Der Tod wandelt allerdings die Bewußtseinsschwingung nicht, die man als Mensch hatte. Es gibt keinen anderen Ausweg aus dieser Eigenschwingung als die Praxis der Umwandlung von Gedanken. Es stimmt, der Tod läßt das durch ihn befreite Bewußtsein zu einer himmlischen Ebene aufsteigen, aber das Bewußtsein sucht sich, nachdem es den

Körper verlassen hat, automatisch das entsprechende Niveau.

Jedes Leben bietet erneut die Gelegenheit, erleuchtet und mit Licht gesalbt zu werden und über die Falle des Todes hinauszugelangen. Denn wer vereint ist mit Ihm, der unsterblich ist, wird auch selbst unsterblich sein.[13]

Es heißt: „Wenn man den *Entschluß* faßt zu sterben ..." Darin liegt der Schlüssel zum richtigen Verständnis. Wer stirbt, hat sich dazu entschlossen! Die Menschheit tut allerdings so, als sei dem *nicht* so.
Leonard Orr sagt dazu folgendes:

Physisch unsterblich zu sein heißt, grundlegend alle Verantwortung für das Schicksal des physischen Körpers zu übernehmen. Immortalisten verwerfen die Vorstellung, daß der Tod unausweichlich sei, und halten fest, daß der Tod dem Einfluß des individuellen Bewußtseins unterliegt. Sie bekräftigen die Vorstellung, daß der Körper so lange existieren kann wie der Rest des physischen Universums. Immortalisten halten Reinkarnation durchaus für möglich, ziehen es jedoch der traditionellen und populären Praktik, einzelne Körper als Abfall abzulegen, vor, lebendig zu bleiben. Die meisten Menschen glauben an die Unsterblichkeit der Seele nach dem Tode ... also ... wenn du den Tod sowieso überlebst, warum nicht einfach weiterhin hier bleiben?[14]

Wenn Sie sich im Gedankensystem des Ego (siehe Grafik auf Seite 26) aufhalten, leben Sie in einem auf den Tod zustrebenden Körper. Das sind nicht Sie. Das ist auch nicht Ihr wahrer Körper. Wenn Sie sich jedoch im Gedankensystem des Heili-

---

[13] Zitat auf S. 164.
[14] *The Common Sense of Physical Inmmortality*, S. 10.

gen Geistes aufhalten, erfahren Sie eine andersartige Ordnung, und zwar unmittelbar. Sie sind ein unsterblicher Körper. Bei diesem Thema müssen wir also immer darauf achten, in welchem Gedankensystem wir uns befinden.

Ich wiederhole: Man hat unablässig die Neigung, im Gedankensystem des Ego verhaftet zu bleiben. Man hängt nun mal an dem, was einem beigebracht wurde, und widersetzt sich deshalb jeglicher Veränderung.

Ein Beispiel, so geschehen, als ich dieses Buch schrieb: Ich war an einem hübschen, ruhigen Ferienort auf Big Island, der Hauptinsel Hawaiis. Ein Ehepaar mittleren Alters meldete sich zeitgleich mit mir an der Rezeption eines kleinen Hotels an. Die mit Stroh überdachte Eingangshalle vermittelte den Eindruck eines entspannten, hawaiianisch-polynesischen Zufluchtshafens. Niemand war in Eile. Die Frau war mir sympathisch, und wir kamen ins Gespräch. Ich meinte, eine neue Freundin gefunden zu haben. Zwei Tage später sah ich sie mit ihrem Mann am Swimmingpool zu Abend essen. Ich setzte mich zu ihnen, und wir redeten über meine Bücher. Ihr Mann entpuppte sich als Entbindungsarzt, und ich erzählte ihm von meinem Interesse an der Geburtsforschung. Er meinte, daß alle Babys mit einem Kaiserschnitt entbunden werden sollten und daß sie gegenwärtig daran arbeiteten, das zu verwirklichen. Ich war erschüttert, sowohl als ehemalige Kinderkrankenschwester wie als Rebirther. Vor meinem inneren Auge spulte sich blitzartig ab, was ich von Menschen wußte, die mit dem Kaiserschnitt zur Welt gekommen waren: das daraus resultierende Trauma, die Enttäuschung, die Angst vor Gewalt, die Art und Weise, wie das auf ihr Wesen Einfluß genommen hatte. War es seine Absicht, eine ganze Generation in die Welt zu setzen, unfähig, etwas zu Ende zu führen?

Es war mir sofort klar, wie stark er diesem *Glaubenssystem* verhaftet war! Und obwohl er nicht offen dafür war, konnte ich der Versuchung nicht widerstehen – ich bin nun einmal so – und sagte: „Wir befassen uns zur Zeit mit Unterwassergeburten, und es ist wunderbar und ..."

Er unterbrach mich abrupt: *„Das ist äußerst gefährlich."*
Ich ging. Später kehrte seine Frau mir den Rücken zu. Aus der möglichen Freundschaft wurde also nichts. Vielleicht hat er ihr verboten, mit mir zu reden. Ich war eine Bedrohung für seine Vorstellungen, sein Glaubenssystem und wahrscheinlich seine Geldbörse.
Hinterher sprach ich ein Gebet und versuchte dem Geschehen meinen Segen zu geben. Ich dankte Gott für alle hinreichend erleuchteten Entbindungsärzte, die den Mut hatten, mit Unterwassergeburten – die ganz offensichtlich Geburtstraumata minimieren – einen Anfang zu machen. Ich dankte Gott für die Delphine, die uns gezeigt hatten, wie wir furchtlose Wesen auf die Welt bringen können, indem sie unter Wasser entbunden werden.[15] Ich dankte Gott für all die mutigen Frauen und insbesondere die couragierten Ärzte, die auf ihrem jeweiligen Gebiet Pionierleistungen erbracht hatten. Ich dankte dafür, daß meine Verleger beherzt genug gewesen waren, mein Buch *Ideal Birth* zu veröffentlichen, in dem die neuere diesbezügliche Forschung zusammengefaßt ist. Ich dankte Gott für alle Vorreiter, die mutig einschränkende und unsere Gesellschaft hemmende Glaubenssysteme durchbrechen. Ich dankte ihm sogar für die Männer, die mit der Erfindung des Flugzeugs die Überzeugung widerlegt hatten, daß Menschen nicht fliegen können. Ich dankte dem Universum für den anstehenden Heimflug und dafür, daß er angenehm sein würde.
Natürlich glaubte der Entbindungsarzt, daß er sein Bestes gab, und ich mochte ihn deswegen auch. Er meinte, was er für richtig hielt, sei auch wirklich das Beste. Aber ist seine Überzeugung vom Kaiserschnitt der bestmögliche Gedanke über die Geburt? Unsere Forschung weist in eine andere Richtung. Er müßte willens sein, die Dinge anders zu betrachten. Und darum geht es mir.

---

[15] Wir haben entdeckt, daß Unterwassergeburten überhaupt nicht gefährlich sind, außer für Frauen, die sie für gefährlich halten und es trotzdem und unvorbereitet versuchen.

Man muß andere Perspektiven entwickeln wollen, wenn man beginnt, Physische Unsterblichkeit in Erwägung zu ziehen. Man kann das Denken nicht in „logisch-abgeschottete Räume" unterteilen. Man muß gewillt sein, auf Jesus zu hören, wenn er im *Course* die unverblümte Wahrheit spricht: „Dein gesamtes Wissen ist falsch; beginne also noch einmal von vorn." Wie kann er so etwas sagen? Nun, er sagt damit, daß Ihnen Ihr gesamtes bisheriges Wissen durch das Ego vermittelt worden ist und daß außerdem das Ego nicht einmal etwas Wirkliches ist: Somit basiert Ihr Wissen nur auf Mißverständnissen. Der Todesbegriff wurde Ihnen durch das Ego vermittelt. Und wenn der Kern eines Glaubenssystems auf Lüge beruht, führt die gesamte Philosophie in die Irre.

Der Entbindungsarzt und ich kamen aus zwei verschiedenen Welten. Ich funktioniere nicht mehr im Rahmen des medizinischen Glaubenssystems, obwohl ich vierzehn Jahre lang als diplomierte Krankenschwester gearbeitet habe, und auch nicht mehr in einem Gedankensystem, das den Tod zur Wirklichkeit erklärt. Es war also, als versuche man, Äpfel mit Birnen zu addieren, und das funktioniert nicht.

Man muß warten, bis die Offenheit gewachsen ist. Sie sind offen genug, dieses Buch zu lesen, und ich bin Ihnen dafür dankbar. Versuchen Sie jedoch niemals, Menschen, die nicht offen dafür sind, das Thema Physische Unsterblichkeit aufzudrängen – das wird Sie selbst zurückwerfen, und all Ihre Zweifel werden Ihnen ins Gesicht starren.

Manch einer wird dieses Buch nicht zu Ende lesen. Ich werte das nicht als Affront. Es ist meine Aufgabe, Menschen an die Quelle der Wahrheit heranzuführen; ich kann jedoch niemanden zwingen, daraus zu trinken. Ich kann allerdings weder mich selbst noch andere zurückhalten, daraus zu trinken, nur weil manche Leute dagegen sind.

Mein Lehrer, Babaji, hat immer wieder gesagt: „Mach dir keine Gedanken über Lob oder Tadel, sondern widme dich immer der Wahrheit, Liebe und Einfachheit und dem Dienst an der Menschheit." Ich habe das Gefühl, der Menschheit mit diesem

Buch zu dienen, und bete darum, daß, wer die Wahrheit wissen will, sie auch findet und daß die Lebensqualität auf Erden immer weiter angehoben wird.

Ich möchte an dieser Stelle noch anmerken, daß ich die Begebenheit in Hawaii auch erzählt habe, da in meinem Denken das Thema der Geburt unmittelbar mit Physischer Unsterblichkeit zusammenhängt. Viele Menschen möchten nicht ewig leben, weil ihre Körper mit Schmerzen behaftet sind. Ein Grund dafür liegt darin, daß sie das Geburtstrauma noch immer aus dem Bewußtsein verdrängen. Die Verarbeitung des Geburtstraumas lindert nicht nur Schmerzen, sondern steigert auch den Lebenswillen; man liebt das Leben mehr, will intensiver leben und auch die Lebensqualität der anderen steigern. Diese Erfahrung habe nicht nur ich in den letzten zehn Jahren als Rebirther gemacht, sondern auch meine Kollegen. Wenn Sie also noch immer Widerstand gegen diese Veränderung Ihres Denkens verspüren, liegt das womöglich an Ihrer Geburtserfahrung.

Als Sie entbunden wurden, durchlebten Sie eine enorme Veränderung: Sie kamen aus der Wärme der Gebärmutter in die kühle Luft, wurden aus dem Zwielicht ins Helle gezwungen, gedämpfte Geräusche wurden zu lauten Stimmen und so weiter. Und während Sie diese Veränderung durchmachten, wurden Ihnen Schmerzen zugefügt, und Sie fühlten sich bedroht. (Auf den Hintern geschlagen und kopfüber hochgehalten zu werden ist eine allgemein verbreitete und sehr schmerzhafte Erfahrung.) Also haben Sie womöglich beschlossen: „Jede Veränderung ist schmerzhaft" oder „Jede Veränderung ist gefährlich". Auch dies ist ein Glaubenssystem, das zur Zeit der Geburt vermutlich der Realität entsprach, aber jetzt nicht mehr unbedingt wahr ist. Wenn Sie diesen Glauben nicht losgelassen haben, widerstreben Sie womöglich beharrlich jeglicher Veränderung von Dingen, die Sie an und für sich hemmen, was Sie wiederum daran hindern kann, sich zu heilen.

Wir wollen also aufs neue bekräftigen: „Jede Veränderung kann sicher und angenehm sein" oder gar „Veränderung macht Spaß". Und wie wäre es mit „Ich heiße Veränderung willkommen"?

Aber vielleicht fürchten Sie sich, mit Ihren Verwandten und Vorfahren nicht einer Meinung zu sein. Doch in der gesamten Geschichte der Menschheit hat kaum jemand die Botschaft des ewigen Lebens begriffen. Ein Zitat:

> Warum blickst du gebannt auf ihre Methoden, in der Erwartung, mehr davon zu haben, als sie selbst jemals davon gehabt haben? Sind sie nicht allesamt in die Grube gefahren, auf die auch du dich zubewegst, wenn du in ihre Fußstapfen trittst?[16]

Dies will uns sagen: „Die Vergangenheit ist kein gutes Vorbild."

Argumente gegen Physische Unsterblichkeit

1. „Ist es nicht anmaßend, ewig leben zu wollen? Ist es nicht geradezu ein Ego-Trip?"

Das hängt davon ab, wie Sie Ego und Anmaßung definieren. *A Course in Miracles* – meines Erachtens das vollkommenste Buch, das gegenwärtig erhältlich ist – definiert das Ego wie folgt: „Es ist ein falsches Selbst, von uns mit dem Zweck erschaffen, an die Stelle Gottes zu treten. Es ist eine Überzeugung, die auf dem Gedanken basiert: ‚Ich bin von Gott getrennt.' Dieser Gedanke führte zu einer Anzahl negativer Gedanken; und wir haben sie alle selbst geschaffen. Die allergrößte Anmaßung ist der Glaube, wir könnten etwas von Gott vollkommen Erschaffenes durch etwas Unvollkommenes ersetzen. In Wahrheit sind wir eins mit Gott und nicht von Ihm getrennt. Gott ist *das Leben selbst,* das heißt

---

[16] *Das Tor zur Unendlichkeit* von Ruby Nelson, S. 46.

Geist, deshalb steht uns das Leben natürlich offen. Wir sind mit dem Leben eins und eins mit dem Geist. Der Körper ist vom Geist erschaffen ... nur die trennenden Gedanken halten uns von diesem Wissen ab."

Die eigentliche Frage müßte lauten: Wie sehen Sie den Körper? In welches Gedankensystem ordnen Sie ihn ein? Haben Sie ihn in das Gedankensystem des Ego eingeordnet, nutzen Sie ihn also als Instrument der Trennung – aus dieser Sicht ist der Glaube, der Tod sei unausweichlich, völlig richtig –, oder ordnen Sie den Körper in das Gedankensystem des Heiligen Geistes ein, wie Jesus es getan hat und tut? Dann ist der Körper ein Kommunikationsinstrument und dient dem Heiligen Geist, und Sie beginnen vielleicht zu verstehen, was Jesus mit den Worten meinte: „Ich und der Vater sind eins" und „Die Kraft über Leben und Tod liegt in den Worten deines Mundes" und „Wie der Mensch sinnt, so ist er" und „Ihr seid Gefangene der Worte, die ihr sprecht". Jesus wollte jedem zu der Gewißheit verhelfen, eins mit dem Vater zu sein. Aber nur wenige waren bereit, diese Botschaft anzunehmen.

2. *„Ewiges Leben ist nichts für mich, es würde zuviel Schmerzen mit sich bringen."*

Wer würde schon ewig in einem Körper leben wollen, der alt ist und gebrechlich und andauernd schmerzt? Niemand. Aber wußten Sie schon, daß der Körper Schmerzen hat, weil Sie sich an Ihre Todessehnsucht klammern? Mit der festen Überzeugung zu leben, der Tod sei unausweichlich, ist, als würden Sie Gas geben und gleichzeitig die Bremse treten. Das kann nicht funktionieren. Der Körper kann diesen mentalen Konflikt nicht lösen. Er bekommt wirre Instruktionen. Jeder Schmerz ist eine Anstrengung, die dadurch entsteht, daß man an negativen Gedanken festhält, und weil der schlimmste negative, gegen das Leben gerichtete – und ihm entgegengesetzte – Gedanke der Tod ist, können Sie nun verstehen, wie Gedanken an das Altern und den Tod zu Schmerzen führen. Dies wird erst dann wirklich ersichtlich, wenn uns ganz klar ist, daß Gedanken Resultate zeitigen, der Körper das Resultat des Denkvermögens ist und von ihm beherrscht wird.

3. *„Wie sollte man in einer völlig chaotischen Welt ewig leben wollen?"*

Die Welt ist chaotisch, weil wir sie durcheinandergebracht haben, indem wir unsere Egos – Negativität und Todessehnsucht – auf sie übertragen haben. Die Welt wird sich in dem Maße ändern, wie wir uns ändern. Genau darum geht es. Was Sie für wahr halten, erschaffen Sie auch. Ich kann Ihnen versichern – wie jeder Immortalist –, daß die Welt wirklich ein anderer Ort ist, sowie Sie Ihre Todessehnsucht losgelassen haben. Es ist so viel Freude, Glück, Gesundheit und Spaß vorhanden, wie Sie aushalten können. Die Menge ist unbegrenzt. Es ist endlos. Leben und Liebe sind endlos. Sie werden einfach lernen müssen, freudige Ergriffenheit auszuhalten!

4. *„Aber ich möchte mich auf eine höhere Ebene begeben."*

Wußten Sie, daß der Himmel kein Ort ist, sondern vollkommene Liebe und allumfassende Gedanken und das Gewahrsein vollkommener Einheit? Wußten Sie, daß Ihnen all das jederzeit zur Verfügung steht? Wußten Sie, daß Ihr Bewußtsein die ihm entsprechende Ebene sucht und Sie, wenn Sie Ihren Körper ablegen, sich immer noch auf derselben Bewußtseinsebene befinden, auf der Sie waren, als Sie noch einen Körper hatten? Der einzige Weg, sich auf eine höhere Ebene zu begeben, ist, Tag für Tag die eigenen Gedanken zu läutern.

5. *„Und wie steht es mit der Bevölkerungsexplosion, wenn alle Menschen ewig leben würden? Das wäre eine Katastrophe, oder?"*

Eine gute Frage ... aber trotzdem, stellen Sie es sich mal konkret vor! Wenn wir uns alle daran erinnerten, wer wir wirklich sind,

und die Physische Unsterblichkeit meisterten, könnten wir auch die anderen Probleme meistern. Auf Dauer würden nämlich nur Menschen überleben, die wirklich leben wollen, und sie werden wohl Lösungen finden. Vielleicht ernähren die Immortalisten sich mit Luft oder, wenn sie etwas essen wollen, materialisieren Nahrung, wie indische Meister es seit undenkbaren Zeiten gemacht haben. Ich war selbst 1983 Zeuge eines solchen Wunders. Mein Guru, Babaji, besuchte damals eine Stadt namens Wapi und veranstaltete dort ein Fest. Ich war bei dem Mann untergebracht, der für das Essen verantwortlich war. Man hatte mit fünfzehnhundert bis zweitausend Leuten gerechnet. Aber beinahe siebentausend kamen. Die Nahrung reichte jedoch nicht nur aus, sondern es wurde immer mehr. Babaji hat dafür gesorgt. Später sprach ich mit meinem Gastgeber darüber. Er sagte, es sei ein Wunder. Für ihn gab es keine andere Erklärung, als daß der Meister es materialisiert hat. Die Leute selbst hielten sich nicht damit auf, die Lage zu analysieren ... sie wußten ja nicht einmal, für wie viele Leute das Fest geplant worden war. Nur der verantwortliche Mann, ich und einige andere wußten Bescheid. Babajis Wunder waren für uns allerdings sowieso nichts Außergewöhnliches mehr, und wir machten keine große Sache daraus. Wir sagten lediglich: „O ja, natürlich."
Eine andere Möglichkeit wäre, daß wir in Zukunft ein ganz neues Gesellschaftssystem haben werden. Wieso auch nicht? Wir sind bereits auf dem Mond gelandet! Wenn man den Gedanken weiterspinnt, könnte das auch bedeuten, daß wir vielleicht in den Weltraum auswandern werden, wo Raumstationen uns neue Lebensbereiche eröffnen. Die möglichen Lösungen für das Problem der Bevölkerungsexplosion werden nur von unserer gegenwärtigen Vorstellungskraft begrenzt.

6. *„Nicht physischer Schmerz hält mich davon ab, mir das ewige Leben zu wünschen, sondern mein Leben an sich funktioniert nicht. Es verläuft einfach nicht optimal. Ich habe keine guten Beziehungen, meine Karriere verläuft nicht, wie sie sollte; das*

Leben ist ein großer Kampf ums Überleben. Was also ist so attraktiv an Physischer Unsterblichkeit?"

Diese Frage würde ich ähnlich beantworten wollen wie die zweite Frage, denn obwohl das Ego in diesem Fall nicht so sehr über den Körper agiert, manifestiert es sich doch in diesen Lebensbereichen ähnlich. Bis wir das Ego transformieren und uns von ihm lösen, gibt es immer mindestens einen Lebensbereich, in dem wir es ausagieren. Oftmals ist das der Körper, es können aber auch die Karriere, Beziehungen, Finanzen und Investitionen, die Kinder, geheime Wünsche und Phantasien sein, die einen nicht richtig funktionieren lassen; egal in welchem Bereich des Lebens Sie sich blockieren, Sie wollen damit beweisen, daß es keinen Gott gibt und daß das Leben ein Kampf ist.

Auch hier handelt es sich um unbewußte und ungeklärte Negativität. Das kann ein Geburtstrauma sein, unbewußte Todessehnsucht, fortwährender elterlicher Tadel, ein vorangegangenes Leben und was auch immer Sie sonst verdrängt haben und als Entschuldigung verwenden, Ihr Leben nicht funktionieren zu lassen. Kann sein, daß Sie unbewußt Ihre Beziehungen dazu auserwählt haben, das Drama Ihres Ego zu werden. Ihre schlechten Beziehungen sorgen dafür, daß Sie das Leben satt haben, es ist Ihnen alles egal, und deshalb wollen Sie auch nicht lange leben. *Sie haben es selbst zu dem gemacht, was es für Sie ist!* Die Welt hat Ihnen nicht „Ihr Leben vermiest". Sie sind nicht das Opfer. Sie sind für alles in Ihrem Leben verantwortlich – sei es fürchterlich oder großartig –, auch für all das, was Sie sich nicht gestattet oder gegeben haben. Es gibt kein Entrinnen vor sich selbst. Und der Tod ist keine Lösung. Ob mit oder ohne Körper, Ihr Bewußtsein befindet sich auf der ihm entsprechenden Ebene.

7. *„Wie sollte ich als gegeben annehmen, ich könne ewig leben, wenn Pflanzen und Tiere sterben und die Kreisläufe des Universums ‚naturgegeben' sind?"*

Gutes Argument. Dennoch werden die niederen Bereiche von unseren Gedanken beeinflußt. Sie gehorchen unseren mentalen Instruktionen. Sie werden sterben, solange wir den Tod fördern. Aber wußten Sie, daß es Pflanzen und Tiere gibt, die schlauer als unsere Programmierungen sind? Es gibt zum Beispiel in einigen zoologischen Gärten Fische, die nach Hunderten Jahren Gefangenschaft immer noch leben. Sie lassen sich von unserer Art zu denken nicht überzeugen. Andere Arten haben sich hingegen unserem Denken untergeordnet und ihre Lebenskraft uns überlassen. Sie werden sich wandeln, wenn wir das tun. Auch Menschen überlassen manchmal anderen ihre Kraft, wenn sie sie höher einschätzen als sich selbst.
Wem überlassen Sie Ihre Kraft? Welche Autoritäten schätzen Sie höher ein als sich selbst? Wem messen Sie mehr Bedeutung bei als der eigenen Verbindung zur Unendlichen Intelligenz? Gehen Sie zu einem Medium, einem Wahrsager, einem Wissenschaftler, einem Arzt, einem Guru? Ja, sogar wenn Sie Ihre Kraft einem Guru überlassen, sind Sie nicht, wer Sie sind. Auch ich habe das durchlebt. Manche glauben, wenn man zu einem Guru geht, sei das ein Zeichen der Schwäche, denn man überläßt ihm sein Leben. Aber in Wirklichkeit geht man zu einem Guru, um herauszufinden, wer man ist. Der Guru möchte nicht, daß man ihm seine Kraft überläßt, sondern daß man sich selbst findet. Wer das versteht, dem gibt dieses Verständnis mehr Kraft. Der Guru widerspiegelt einen selbst, und zwar in vielfacher Vergrößerung. Er möchte nichts anderes, als alles, was der Entdeckung, wer Sie wirklich sind, im Wege steht, schnell zu beseitigen. Ein wahrer Guru hilft Ihnen, selbst zum Guru zu werden.

8. *"Ein Argument gegen Physische Unsterblichkeit, besonders bei älteren Leuten, ist: ‚Ich habe meine Kinder großgezogen. Ich habe meine Arbeit gemacht. Wozu noch weiterleben?' Und oft, bei Frauen: ‚Ich bin in der Menopause.' Das entspräche bei Männern in etwa: ‚Ich bin in Rente, und meine Kinder sind erwachsen, wozu also noch länger leben?'"*

Um Lynn Andrews, Autorin des Buches *Die Medizinfrau*, zu zitieren: „Wenn Frauen diese Wandlung erleben, ist das der Moment, an dem sie wahrhaft zu den Wurzeln ihrer Kraft durchdringen." Viele Frauen erleben die Menopause, ohne zu wissen, was in ihrem System abläuft, in ihrem Körper, und sie haben das Gefühl, sie seien „über den Berg" und eigentlich sei jetzt alles vorbei. In Wirklichkeit sind lediglich die Jahre vorbei, in denen sie Kinder bekommen konnten, und sie können *nun in ihr spirituelles Leben hineinwachsen*.

Viele Menschen wachen, wenn sie fünfzig, sechzig, siebzig sind, morgens gegen vier oder fünf auf und denken, ihnen fehle etwas, weil sie „nicht mehr schlafen können". Sie wälzen Gedanken und wissen nichts mit ihrer Zeit anzufangen und nehmen deshalb Schlafmittel. Aber eigentlich hätten sie jetzt Zeit für spirituelle Arbeit. Und sie sollten arbeiten, sollten die Zeit nutzen ... *für spirituelle Aufgaben*.

Leider sind in unserer Zivilisation nur wenige bereit, diese Gabe anzunehmen und das Beste daraus zu machen. Es geht hier *keine Kraft verloren* – es ändert sich lediglich etwas. Sie haben jetzt Zeit für mehr spirituelle Arbeit, weil Sie weniger Aufgaben und Verantwortlichkeiten im Alltag haben.

Kapitel 3

Der Tod meiner Todessehnsucht

Offensichtlich war ich bereits bei meiner Geburt recht „lebenswillig". Ich wollte wirklich hier sein und wählte mir Eltern aus, die mich wirklich wünschten. (Meine Schwester hätte lieber einen Bruder gehabt, was meine Freude ein wenig dämpfte, denn ich hatte das Gefühl, sie enttäuscht zu haben.) Ich hatte das Glück, zu Hause geboren zu werden. Meine Mutter bekam keine Schmerz- oder Wehenmittel bei der Entbindung, also fühlte ich mich sehr lebendig. Mein Lebensanfang, in einer Kleinstadt im amerikanischen mittleren Westen, war ein großes Ereignis. Es gab sogar ein Wunder bei meiner Niederkunft. Mein Großvater war Patient in einer psychiatrischen Klinik und durfte zu dieser Gelegenheit nach Hause; mich zu erblicken heilte ihn völlig, und er mußte nicht mehr zurück.

Ich war also sehr lebendig und voller Energie. Natürlich dachte ich, es würde immer so weitergehen. Aber leider mußte ich mit der Tatsache klarkommen, daß die Todessehnsucht meines Vaters bereits aktiviert war. Er hatte als Kind schwere rheumatische Fieberanfälle erlitten, und dabei war sein Herz in Mitleidenschaft gezogen worden. Er mußte mit der Diagnose, ein rheumatisches Herzleiden zu haben, fertig werden. Nach ärztlicher Prognose würde er wohl nicht älter als fünfzig Jahre alt werden. Der Tod schwebte schon bei der Geburt über meinem Haupt.

Ich tat mein Bestes, nicht darauf einzugehen, und es gelang mir auch, eine wunderbare Kindheit zu verbringen. Ein Teil meiner selbst kannte die Wahrheit – daß ich, solange ich wollte, leben könnte –, und wenn ich altersschwache Frauen sah, die kaum mehr gehen konnten, sagte ich mir: „Das wird mir nicht geschehen."

In unserer Stadt bekamen wir immer schulfrei, wenn jemand gestorben war, und wir, die Schulkinder, mußten gemeinsam zum Friedhof marschieren. Beerdigungen waren „ein Muß", und die Toten wurden mit diesen Begräbnismärschen geehrt. Mir lag das absolut nicht. Irgend etwas stimmte nicht. Begräbnisse machten mir überhaupt keinen Spaß – aber wem machen sie das schon? Ich konnte es einfach nicht leiden, gezwungenermaßen einige Kilometer zu marschieren, um Tote zu begraben.

Es gab damals viele Sterbefälle, also mußten wir ziemlich oft antreten. An solchen Tagen wäre ich lieber in der Schule geblieben, auch wenn das sonst nicht so war. Später, als ich aufgewachsen war, wurde mir klar, daß die starken Wadenschmerzen, unter denen ich öfters litt, nichts anderes waren als die bei diesen Märschen angesammelte verdrängte Wut. (Das kam mir nach dem Tode meines Vaters ins Bewußtsein, als ich ein Jahr lang nicht schlafen konnte.)

Meine Lebensfreude als Kind wurde von alledem nicht beeinträchtigt, ich lernte jedoch langsam, aber sicher etwas über den Tod. Meine Großmutter sprach auch immer wieder vom Begräbnis ihres Sohnes – dem jüngeren Bruder meines Vaters. Er hatte in den zwanziger Jahren, als alle zum traditionellen *Fourth-of-July*[1]-Picknick auf den Wiesen vor der Stadt versammelt waren, einen Doppeldecker geflogen. Die ganze Stadt mußte mit ansehen, wie das Flugzeug am Himmel explodierte. Es war das größte Begräbnis in der Geschichte unserer Kirche, sagte Großmutter. Manche Leute hingen sogar an Dachbalken, um etwas sehen zu können. Als wäre die Zahl der Anwesenden etwas, worauf man stolz sein konnte. Jahr für Jahr veranstaltete sie eine private Zeremonie mit mir. Sie öffnete eine Schublade für Taschentücher in einem ganz besonderen Schrank. Ganz

---

[1] Der 4. Juli, amerikanischer Unabhängigkeitstag; Anm. d. Ü.

unten lag eine verkohlte Brieftasche. Sie hatte Onkel Marvin gehört, und sie sagte dann immer, die Brieftasche sei das einzige gewesen, was jemals von ihm aufgefunden wurde. Sie war schwer angesengt, bis auf das völlig unbeschädigte Bild seiner Verlobten, die sich in letzter Sekunde dagegen entschieden hatte mitzufliegen. Meine Großmutter brauchte es anscheinend, mir jedes Jahr diese Geschichte zu erzählen; und ich wußte nie, wie ich sie hätte trösten können.

Mein Vater war häufig krank, und er mußte immer öfter kurzzeitig ins Krankenhaus, weil er Bluttransfusionen brauchte. Die Einwohner des Städtchens mochten ihn sehr, und es hat tatsächlich Tage gegeben, an denen die gesamte Stadt dichtmachte und alle Geschäftsinhaber Blut für ihn spendeten. Ich wußte nie, ob er es schaffen würde: ein schlimmes Gefühl. Meistens kam er bald wieder nach Hause und mußte sich allerdings monatelang erholen. Für mich war es immer wieder schlimm, von der Schule nach Hause zu kommen und überrascht zu werden von einer Ambulanz, die ihn gerade abholte. Ich glaube, das alles begann, als ich vier oder fünf Jahre alt war, und es wurde im Laufe meiner Jugend immer schlimmer. Ich habe oft für ihn gesorgt ... Ich war schon im zarten Alter Krankenschwester. Meine schiere Vitalität schien ihn zu energetisieren. Ich wollte nichts sehnlicher, als ihn am Leben zu erhalten und völlig zu heilen.

Manchmal, abends, wenn meine Mutter weg war, rief er meinen Namen durch die Lüftungsschächte der Heizung. Ich rannte hinunter in den Keller, die Hände meines Vaters waren völlig verkrampft. Ich zog jeden Finger einzeln, bis er wieder gerade war, bisweilen ein langwieriges und mühseliges Unterfangen. Wenn ich nur damals schon etwas über Rebirthing gewußt hätte! Er hatte auch starke Krämpfe in den Beinen, wegen mangelnder Durchblutung. Ich wurde oft wach und hörte ihn schreien. Ich zog mir dann meistens das Kissen über den Kopf, bis ich es nicht mehr aushielt. Dann rannte ich hinunter und sah nach, was los war. Das Schauspiel, das sich mir bot, war durchweg erschreckend: Durch die starken

Krämpfe verknoteten sich seine Beine förmlich. Meine Mutter versuchte wenigstens kurzzeitig etwas Linderung zu erwirken, indem sie eine Milchflasche über die verkrampften Beine rollte. Ich fühlte mich völlig hilflos und konnte hinterher nicht mehr schlafen. Heute weiß ich, daß er einfach nur ein wenig Rebirthing und Rolfing gebraucht hätte, aber wir machten das Beste, was wir damals tun konnten.

Diese Ereignisse haben natürlich einen großen Einfluß auf mein Leben gehabt. Ich war fest entschlossen, herauszufinden, weshalb Menschen krank wurden. Die Diagnose, an rheumatischem Fieber zu leiden, hatte meinen Vater überzeugt. Als er später mit ansehen mußte, wie sein Bruder mitsamt Flugzeug explodierte, aktivierte das seine Todessehnsucht.

Dieser Unfall bestimmte das Schicksal unserer gesamten Familie entscheidend. Onkel Marvins Tod führte Großvater in eine akute Depression, und er verschwand in der Psychiatrie. Mein Vater mußte das College wenige Monate vor Abschluß verlassen und zu Hause der Familie beistehen. Mitten in diesem Geschehen heirateten dann meine Eltern. Als meine Schwester geboren wurde, wurde das alles noch ziemlich unter dem Deckel gehalten. Aber als ich auf die Welt kam, begann die Krankheit meines Vaters aufzublühen. Ich hatte lange Zeit das Gefühl, von ihm hintergangen worden zu sein, weil ich ihn eigentlich nie richtig gesund erlebt habe. Ich wollte ihn retten und gab mein Bestes. Mutter war in alledem sehr stark und stoisch. Unser Familienleben kreiste nur um Vaters Krankheit.

In Basketball war ich ein As. Unser Team gewann 34 Spiele hintereinander. Ich erinnere mich, wie ich eines Tages das Spielfeld verlassen mußte und nicht weiterspielen konnte, weil das Zuschauen meinen Vater so aufregte, daß sein Herz gefährdet war. Ich wollte nicht, daß er bei einem Spiel einen Herzanfall bekam. Es fiel mir nicht leicht.

Es war im Abschlußjahr an der Hochschule. Meine Schwester war bereits auf der Universität. Mein Vater litt schwer an asiatischer Grippe. Eines Tages ging ich in sein Zimmer, weil ich

Hilfe bei einem Algebraproblem brauchte. Er war ein Zahlengenie – die Leute meinten, er sei der klügste Mann der Stadt. Aber an diesem Tag konnte er mir nicht helfen. Er war völlig weggetreten. Ich erstarrte. Kurz darauf kam die Ambulanz. Und so wechselten in meiner letzten Hochschulwoche meine Mutter und ich uns an seinem Bett im Krankenhaus ab. Ich hätte eigentlich für meine Prüfungen lernen müssen. Statt dessen saßen wir nun neben dem Menschen, den wir am meisten liebten, während dieser dem Tod entgegenstrebte. Er war im Koma. Und ich auch.

Er starb am Tag meiner Abschiedsfeier. Wie gewöhnlich löste ich meine Mutter am Bett ab. Sie sagte: „Vater ist gestorben." Ich ging ins Badezimmer und übergab mich. Es gab nichts zu sagen. Dann erinnerte sie sich auf einmal daran, daß er seine Augen der Transplantationschirurgie zur Verfügung gestellt hatte. Davon hatte er mir nie etwas gesagt. Ich war überrascht, aber dann verstand ich: Das war seine Art, sich allen, die ihm Blut gespendet hatten, erkenntlich zu zeigen.[2]

In erdrückender Stille fuhren wir die zwanzig Kilometer nach Hause. Die ganze Stadt wußte sofort Bescheid – Nachrichten verbreiten sich in Kleinstädten wie mit Lichtgeschwindigkeit. Bei der Abschlußfeier der Hochschule sollte ich die traditionelle Rede halten mit dem Titel: „Eine Botschaft an Eltern". Mein zukünftiger Schwager hatte mir geholfen, sie zu schreiben. Ich stand vor den ganzen Leuten und erstarrte. Ich habe keine Erinnerungen an die Rede. Ich kann mich nur noch daran erinnern, daß alle weinten. Mein Schulabschluß war eine vorgezogene Beerdigungsfeier.

Ich habe heute die Gewißheit, daß das damalige Schauspiel die Geschichte ändern wird, denn dadurch mußte ich unbedingt herausfinden, weshalb Menschen starben.

---

[2] Später arbeitete ich einmal für einen der besten Augenchirurgen der Welt – er hatte u. a. einen Preis für Hornhauttransplantationen bekommen –, und ich fragte mich immer: „Wer hat die Augen meines Vaters bekommen?"

Meine Mutter hielt uns alle aufrecht, bis es darum ging, den Sarg zu kaufen. Da brach sie zusammen und bat mich, diese Aufgabe zu übernehmen. Ich war fünfzehn Jahre, und der Verkäufer kannte alle Tricks. Er pries nur die teuersten Särge an: „Natürlich könntest du einen billigen Sarg nehmen – sie stehen da drüben in der Ecke. Aber du möchtest für deinen Vater bestimmt nur das Beste, oder täusche ich mich etwa?" Damit hatte er mich. Ich wollte immer nur das Beste. Ich wählte einen aus Kupfer, den wir uns nicht erlauben konnten; eine Entscheidung, die uns noch jahrelang zu schaffen machen sollte.

Als ich aufs College ging, war ich ziemlich angeschlagen. Scheinbar war mein Vater solange am Leben geblieben, wie ich zu Hause war, und nun, da ich fortging, war auch er „fortgegangen". Was hatte das zu bedeuten? War ich verantwortlich? Mein Kopf war randvoll mit „Wiesos" und „Warums". Ich war wie betäubt, als ich mit der Ausbildung als Krankenschwester begann. Dennoch wollte ich auch weiterhin nur Bestnoten haben. Ich wollte überleben. Ich versuchte, alles, was ich empfand, „wegzustecken". In der Folge litt ich unter schwerer Schlaflosigkeit. Vielleicht hatte ich Angst zu sterben, wenn ich die Augen schloß.

Ich bekam ausgezeichnete Noten und – litt unter Schlaflosigkeit. Schließlich forderte das seinen Zoll, und ich entwickelte merkwürdige Symptome. Die Ärzte konnten keine Ursachen entdecken. Dann nahm ich an einer Gruppentherapie teil, um den Tod meines Vaters zu verarbeiten. Das half. Trotzdem interessierte ich mich in dem Jahr nicht für Männer. Wenn ich einen Mann über das Universitätsgelände laufen sah, wechselte ich die Straßenseite, um nicht in seine Nähe zu kommen.

An dieser Universität war Kirchenbesuch Pflicht. Das ging mir völlig gegen den Strich. Religiöse Menschen brachten mich total durcheinander. Und wenn sie behaupteten: „Der Herr hat ihn zu sich geholt", fragte ich: „Soll das heißen, daß Gott Menschen umbringt? Hat Gott meinen Vater getötet? Und ihr wollt, daß ich mich zum Christentum bekenne?" Darauf gab es offensichtlich keine befriedigende Antwort. Schließlich rebellierte ich vollkommen. Ich mußte weg aus dem mittleren Westen, raus aus der Kirche. Ich mußte geistige Gesundheit finden. Irgend jemand beschützte mich, indem er meine Anmeldung im Stanley Hotel in Estes Park, Colorado, unterstützte. Dort konnte man einen Sommer lang unter wunderbaren Umständen arbeiten. Fünftausend Studenten meldeten sich an. Nur dreißig schafften es, und ich war eine davon! Das stärkte mein Selbstvertrauen. Der Sommer war sehr erholsam. Inzwischen war ich eine richtige Rebellin geworden, und so ging ich an die berüchtigtste „Party-Uni" in ganz Amerika – die Universität von Florida hatte, den damaligen Ausgaben der Illustrierten *Playboy* zufolge, diesen Namen. Außerdem war sie weit genug entfernt vom mittleren Westen. Dort konnte man den Sommer über Geld verdienen und immer noch seinen Abschluß als Krankenschwester machen. Es war glückliche Fügung des Schicksals und eine gute Entscheidung: Ich war an einer der allermodernsten Ausbildungsstätten für Krankenschwestern im ganzen Land. Dort traf ich auch meinen zukünftigen Ehemann. Er war natürlich auch Rebell und – entpuppte sich als richtiger Atheist. Für mich war das in Ordnung. Ich war wütend auf Gott, weil er Menschen sterben ließ. Ich nahm meinen Mann mit nach Hause, vielleicht, um meine Familie herauszufordern. Sie akzeptierten ihn zwar, beteten jedoch ständig für uns.

Das Sternbild Jungfrau, unter dem ich geboren bin, hat einen inneren Trieb zu dienen – bei mir gedieh er prächtig. Kellnerin und Krankenschwester war ich bereits gewesen. Was konnte ich noch machen? Präsident Kennedy faszinierte mich mit einer Ansprache über das Peace Corps[3]. Das schien mir die perfekte Aufgabe zu sein – ich konnte dort mein natürliches Verlangen zu dienen mit meiner beharrlichen Rebellion ver-

---

[3] Eine Art nichtreligiöser „Heilsarmee" für Länder der Dritten Welt, von Präsident Kennedy Anfang der sechziger Jahre ins Leben gerufen, um das rebellische Potential der aufbegehrenden Jugend in positive Kanäle zu lenken; Anm. d. Ü.

binden. Also traten mein Mann und ich dem Peace Corps bei. Am Tag unserer Abschlußprüfung – man mußte auch beim Peace Corps eine Ausbildung machen – wurde Kennedy erschossen. Und wieder holte es mich ein: Immer wenn ich einen Abschluß machte, überschattete der Tod alles. Gerade erst begann ich mich halbwegs normal zu fühlen, da fing es von neuem an.
Das Peace Corps schickte uns nach Peru. Dort bin ich dem Tod öfters von der Schippe gesprungen. Damals dachte ich, es wären „Abenteuer"; mir war nicht klar, daß meine Todessehnsucht *wütete*. Wir dachten, wir wären ganz schön schlau. Schließlich starb mein „Ex" fast an Amöbenruhr. Ihm fielen alle Haare aus, und wir mußten früher als gedacht nach Hause. Im darauffolgenden Jahr arbeitete ich als Operationsschwester. In einem Flügel des Krankenhauses wurden Hornhauttransplantationen durchgeführt. Manche Leute konnten tatsächlich zum *ersten Mal* im Leben Licht sehen! Ich hatte zumeist mit Leuten zu tun, die an Kehlkopfkrebs litten. Vielen war der Adamsapfel herausoperiert worden, und zahllose standen kurz vor dem Tod. Trotzdem ließen sie sich von Verwandten Zigaretten ins Krankenhaus schmuggeln und rauchten durch ihre künstlichen Atemeingänge! Es war schrecklich. Aber eins war sicher: Niemand starb, wenn ich Schicht hatte – auch mein Vater starb nicht in meiner Gegenwart. Vielleicht sind sie fünf Sekunden nach dem Schichtwechsel gestorben, aber mein Lebenswille bestand unerbittlich darauf, daß niemand starb, wenn ich zugegen war. So weit, so gut.
Wir fühlten uns inzwischen wieder wild und rebellisch. Ich überredete meinen Mann, einen Job beim Smithsonian Institute anzunehmen, wo er die Umlaufbahn von Satelliten verfolgte. Eigentlich wollte ich nur so weit wie möglich weg. Wir hatten wieder ein ziemlich aufregendes Leben – immer auf und davon, auf der Flucht vor dem Tod, auf der Flucht vor dem Leben, auf der Flucht vor einem Zuhause. (Ein Zuhause gehörte für mich zu Krankheit und Tod, also konnte ich nirgendwo

länger bleiben.) Ich war damals wie besessen und hatte ein recht eigenartiges Verhältnis zu dem, was man „seinen Spaß haben" nennt. Meine Todessehnsucht vermischte sich mit einer intensiven Leidenschaft für das Leben. Heute bin ich dankbar für diese Zeit; ich begann, ein globales Bewußtsein zu entwickeln. Natürlich mußte letztlich auch meine Ehe „absterben". Und schließlich, als ich meinen *Abschluß* im letzten Jahr an der Universität von Arizona machte, geschah es wieder: der *Tod* meiner Ehe. Mein Mann verließ die Wohnung am Tag meiner Prüfung! Mein dritter Abschluß war ruiniert. Wir liebten uns, konnten aber nicht mehr miteinander reden. Es war vorbei. *Tot.*
Erneut das Gefühl, als müsse ich selbst auch bald sterben, was mir diesmal zwar keine schlaflosen Nächte bereitete, wohl aber Haarausfall. Ich hatte fast eine Glatze. „Nichts wie weg", dachte ich mir, und so wurde ich Krankenschwester bei der Luftwaffe. Ich hatte die Hoffnung, einen Standort weit entfernt zu bekommen, aber statt dessen stationierten sie mich in Arizona.
Ich verbrachte das Jahr zum Großteil damit, in der Kinderklinik der Luftwaffe schwerkranke Babys und später dann Frauen in der Entbindungsklinik und der Gynäkologie zu versorgen. Viele Frauen brachen zusammen, weil ihre Männer im Krieg in Vietnam umkamen oder Affären hatten – oder weil sie selbst Affären hatten. Den Rest der Zeit war ich in Therapie oder mußte Menschen eine Todesnachricht überbringen. Der Computer wählte aus den Leuten, die „auf Abruf" standen, anscheinend immer mich! Dann mußte ich zu Familien hin und ihnen sagen, daß ihr Sohn oder Ehemann erschossen worden war. Wir gingen immer zu dritt: der Kaplan des Stützpunktes, der Colonel und ich, alle drei Offiziere in Galauniform. Unnötig zu sagen, daß, sowie wir uns einer Wohnung auf dem Stützpunkt näherten und die Leute uns erblickten, sie wußten, was geschehen war. Es war *schrecklich.* Der Tod begleitete mich überallhin. Ich war verzweifelt, hatte keine Fluchtmöglichkeit mehr, anscheinend keinen Ausweg – als den Tod selbst. Ich fing an mit

dem Gedanken zu spielen, mich selbst umzubringen. Was war mit meinem Leben los? Der Tod war überall ... Ich wohnte in einem Haus am Rande der Wüste von Arizona – so kam ich mir auch vor, um mich herum nichts als der Tod.

Ich mußte jeden Tag zwanzig Minuten durch diese Wüste fahren. Mir war alles egal geworden, ich war in meiner Todessehnsucht gefangen. Sie war auf einem Höhepunkt, und ich hatte nicht die geringste Ahnung, wie ich damit umgehen sollte. Anfangs schien es mir nicht schwer zu sein, mich umzubringen. Aber bei näherer Betrachtung war es dann doch nicht ganz so einfach. Es gab keine hohen Türme, von denen man sich hätte hinunterstürzen können. Es mußte also wirklich durchdacht geschehen. Ich befürchtete, halbtot aufgefunden und dann doch noch gerettet zu werden. Pillen waren wohl das beste. Es war ziemlich einfach, sie aus dem Krankenhaus zu schmuggeln. Schließlich hatte ich genügend Pillen zusammen, etwa dreißig Valium, dreißig Darvon, dreißig davon, dreißig hiervon und so weiter.

Eines Abends legte ich die ganze Pillensammlung vor mir auf einen Tisch. Mir sind die vielen bunten Farben noch im Gedächtnis. Ich saß einige Stunden wie betäubt davor. Irgendwie nahm ich das Telefon zur Hand und wählte die Nummer eines Freundes an der Universität von Arizona. Er entnahm meiner Stimme am Telefon, was los war. Ich brauchte nicht einmal zu sagen: „Ich habe vor, heute Schluß zu machen."

Er sagte lediglich: „Ich bin gleich da."

Zwei Stunden später kam er. Ich hatte mich nicht vom Fleck gerührt und saß immer noch vor den ganzen bunten Pillen. Ich kann mich nicht erinnern, was in diesen zwei Stunden vorgefallen ist. Er verhielt sich wirklich meisterhaft. Er schrie mich erst an und lachte mich dann aus.

„Du bist ja ganz schön dumm ... Wenn es dir wirklich ernst gewesen wäre mit deinem Selbstmord, hättest du hundert Pillen einer einzigen Sorte genommen und nicht diesen bunten Cocktail. Du weißt doch genau, daß du so eine Kombination einfach auskotzen und weiterleben würdest." Ich schaute ihn an und begann hysterisch zu lachen. Er hatte recht. Ich fiel auf den Boden vor lauter Lachen. Ich danke dir, Dr. Peter Goudinoff, Professor für Politische Wissenschaften an der Universität von Arizona.

In jener Nacht ging ein heftiger Frühlingsregen in der Wüste nieder. Am nächsten Morgen stand die gesamte Wüste in Blüte. Es war unglaublich schön. Ein Wunder. Ich schrieb meiner Mutter zum Muttertag, daß ich mich entschieden hatte zu leben.

Einige Wochen später kam ich noch einmal in Versuchung. Mein Ex-Ehemann rief mich an und wollte, daß ich zu ihm zurückkehre. Aber Gott rettete mich, und ich hatte meine erste mystische Erfahrung. Der Rest ist Geschichte. Ich habe es an anderer Stelle in meinen Büchern erzählt.

Ich bin mir sicher: All das hat mich dahin geführt, wo ich heute bin. Und Sie können jetzt erkennen, wie mein Leben mich auf die Suche nach mehr und mehr Wissen über das Leben und zum Streben nach Physischer Unsterblichkeit geführt hat.

Kapitel 4

Wissenschaft und Unsterblichkeit?

Die Zelle ist unsterblich … Wenn alle Gifte aus den Zellen entfernt und ihnen entsprechende Nahrungsstoffe zugeführt werden, dann kann, soweit bekannt, der Lebenspuls ewig weiterschlagen.

Dr. Alex Carrel,
Nobelpreisträger Medizin

Auch die Wissenschaft bestätigt die Möglichkeit einer Physischen Unsterblichkeit. Es ist erwiesen, daß die menschliche Lebensspanne nicht eindeutig festliegt. In den letzten 200 Jahren hat sich die durchschnittliche Lebensspanne verdoppelt: 1776 betrug sie noch 35 Jahre, 1976 bereits 75 Jahre. Wissenschaftliche Untersuchungen zeigen, daß sich unser Gesamtwissen alle zehn Jahre verdoppelt. Falls dem so ist, wird sich unser Wissen über Langlebigkeit mit der gleichen Geschwindigkeit vermehren, und die mittlere Lebensspanne unserer Generation könnte die 150-Jahre-Grenze erreichen. In dieser Zeitspanne könnte sie sich wiederum auf 300 Jahre verdoppeln. Die Menschen unserer Kultur könnten zur Unsterblichkeit programmiert werden, ohne es zu wissen; es könnte durchaus einen Quantensprung geben, der jeden mitreißen wird. Es könnte ein „synergetischer" Effekt stattfinden, wobei der eine lebensverlängernde Durchbruch uns Menschen genügend Zeit verschafft, so lange zu leben, bis der nächste Durchbruch erzielt wird. Alles ist möglich.

Wissenschaftler halten sich auf diesem Gebiet mit beherzten Voraussagen zurück. Leider wird die Forschung nach Langlebigkeit nicht genügend subventioniert und ist auch nicht so populär, wie sie sein könnte. Die Gewohnheit, vor allem in der Pathologie[1] zu forschen, könnte ein Grund dafür sein. (Die Metaphysik lehrt uns, daß das, worüber wir uns Gedanken machen, zunimmt; daher würden Metaphysiker der Forschung andere Schwerpunkte als die gegenwärtigen empfehlen, denn konzentrierte Aufmerksamkeit bestätigt, worauf sie gerichtet wird.)

Abgesehen davon sollte man mit Statistiken immer sehr vorsichtig umgehen. Forscher haben die Tendenz, Versuchspersonen anzuziehen, die ihre Theorie bestätigen – sie wollen recht behalten. Daher ist das sogenannte Zufallsprinzip, sobald man es von einem metaphysischen Standpunkt aus betrachtet, wahrscheinlich nicht verläßlich. Wenn keine der Theorien über das Altern wirklich greift, so mag das daran liegen, daß die Wissenschaftler sie mit einem am Tod orientierten Bewußtsein erforschen.

Ein Grund für das allgemeine Desinteresse am Thema Unsterblichkeit in der Vergangenheit ist womöglich der, daß viele Menschen glauben, wenn sie länger lebten, würden sie sehr lange Zeit damit zubringen, altersschwach und kränklich zu sein – und wer möchte das schon? Deshalb ist es wichtig, daß man die Möglichkeit in Betracht zieht, jung zu bleiben und länger zu leben, ja, daß man sogar den Alterungsprozeß umkehren und sich verjüngen kann, das heißt, man kann jedes gewünschte Alter beibehalten. Die Vorstellung, eine „alterslose" Person sein zu können, macht jede Forschung in diese Richtung aufregend.[2]

---

[1] Lehre von den Krankheiten.
[2] Aus *Psychological Immortality* von Jerry Gillies. Besondere Empfehlung gilt dem Kapitel „Biological Opportunities". Neuere Arbeiten zu dem Thema im *Longevity Magazine,* einem Ableger des Magazins *OMNI,* interessant auch „A Practical Guide to the Art and Science of Staying Young", in *OMNI,* Volume 1, No. 3.

Was entdecken nun eigentlich die Gerontologen, Genetiker, Biochemiker und andere Forscher? Sie gehen natürlich von unterschiedlichsten Theorien über das Altern aus. Eine Richtung etwa postuliert, daß der Tod in unseren Organismus einprogrammiert ist. Ihre Vertreter meinen, es gäbe eine genetische Uhr, die das Tempo, mit dem wir altern, diktiert. (Aber wer ist für diese Uhr verantwortlich?) Eine andere Richtung meint, der Tod sei die Folge eines Versagens des Körpersystems – beispielsweise des Immunsystems. Der Verfall des Körpers ist demnach eine „Verschleißerscheinung". Letztlich ist dies alles, zugegeben, reine Spekulation – niemand weiß es wirklich. (Metaphysiker würden darauf hinweisen, daß ein Wissenschaftler, der von der Annahme „Der Tod ist unausweichlich" ausgeht und meint, das Altern sei ein „natürlicher Prozeß", vor allem auf Gebieten forschen wird, die diese Thesen bestätigen.)

Wissenschaftler erforschen auch, weshalb wir andere Lebewesen überleben. Sie versuchen herauszufinden, wie Zellen sich schneller regenerieren könnten. Die für diese Regeneration verantwortlichen Gene werden in der Absicht isoliert, Kopien anzufertigen und diese wieder in die Zellen einzuschleusen. Die genetische Blaupause – die DNS – für den Zellenaufbau zu optimieren, darum geht es bei dieser Herangehensweise. Genetische Ingenieure hoffen, auf Dauer einzelne defekte Gene reparieren zu können und neue, gesunde wieder in die Zellen einzuschleusen.

Es werden die verschiedensten Experimente ausgeführt: mit Drogen, die das Älterwerden verlangsamen sollen, mit einer besseren Ernährung, die lebensverlängernd wirken soll, und sogar mit dem Absenken der Körpertemperatur.

Wie wäre es zum Beispiel mit einem „Konservierungs-Cocktail" oder mit einem Verjüngungstrank? Wissenschaftler nehmen heute solche Fragen in Angriff, aber nicht nur das: Eine Zeitung meldete, es dürfte in etwa zehn Jahren eine „Verjüngungspille" geben, die es einem ermöglichen soll, 500 Jahre lang zu leben! (Bis die Pille vorhanden sei, wäre es allerdings empfehlenswert, jung zu denken, meinte der Autor.)

Manchmal werde ich angerufen und bekomme die aktuellsten Informationen über die neuen Behandlungsmethoden, beispielsweise über die „Frischzellenkur". Sie ist zwar in den Vereinigten Staaten verboten, aber die Leute wissen genau, wo sie hinfliegen müssen, um sie zu erhalten. Es stimmt, man kann sich mit Frischzellen und Schafplazentas behandeln lassen ... sie verlängern das Leben bestenfalls ein wenig und – sind teuer. Eines Tages wird es eventuell Verjüngungspillen, Konservierungselixiere und sogar Impfungen gegen das Altern geben. Großartig, aber all diese Mittelchen können die unbewußte Todessehnsucht nicht zerstören – lediglich die spirituelle Läuterung vermag das. Deshalb müssen Metaphysiker und Naturwissenschaftler zusammenarbeiten. (Wir würden beispielsweise Wissenschaftler, die die verjüngenden Eigenschaften des Rebirthing untersuchen möchten, herzlich willkommen heißen.) Wir müssen gemeinsam jene Gedanken, die das Älterwerden hervorrufen, und Läuterungstechniken, die sie eliminieren, untersuchen. Wir müssen Geisteshaltungen, die unseren Körper beeinflussen, erforschen. Ganz offensichtlich braucht man eine positive Gesinnung, um sein gesamtes biologisches Potential zu realisieren.[3]

Norman Cousins Forschung über Endorphine wirft die Frage auf, ob man mittels gewisser Stimmungen die Ausschüttung lebensverlängernder chemischer Körpersubstanzen auslösen kann. Gelänge es uns, dauerhaft Glückseligkeit und Freude zu empfinden, würden wir höchstwahrscheinlich gerne hier bleiben, wie Dr. Deepak Chopra behauptet. Er erklärt die Lehren des Maharishi, des Begründers der Transzendentalen Meditation (TM), und die ayurvedische Medizin, die Symptome mit einem komplementären Naturheilmittel behandelt.

Er sagt, gemäß Maharishi-Ayurveda sei *Glückseligkeit* noch fundamentaler, was das biologische Leben angeht, als die DNS.

---

[3] Dies ist eine Zusammenfassung vom Kapitel „Biological Opportunities" aus Jerry Gillies' Buch *Psychological Immortality* und vom *Longevity Magazine*.

Nach Maharishi ist Glückseligkeit keine Eigenschaft, die das Leben haben oder nicht haben kann, sondern sie *ist* Leben:

> Wenn der Körper Glückseligkeit erfährt, findet eine Rückkoppelung an seine grundlegende Struktur statt, welche in reinem Bewußtsein organisiert ist. Glückseligkeit, sagt Maharishi, ist letztlich das machtvollste Agens der Physiologie, deren primärer Wert Ganzheit ist. Jeglicher Verlust der Ganzheit, wie gering er auch sei, reicht aus, einen Zusammenbruch zu verursachen.[4]

Maharishi behauptet, jeder Versuch, Krankheiten – und jegliches Leiden – auf physischer Ebene zu behandeln, sei zu oberflächlich. Die Behandlung muß auf der Ebene erfolgen, wo das Leiden herrührt. Das Geist-Körper-System muß wieder mit dem Einheitlichen Feld verbunden werden.
Scott und Linda Treadway definieren den Begriff Einheitliches Feld wie folgt:

> Maharishi setzt das Einheitliche Feld mit reinem Bewußtsein gleich. Moderne Naturwissenschaftler setzen das Einheitliche Feld mit der Quelle aller Energiefelder und fundamentaler Teilchen gleich. Man kann das Einheitliche Feld des unsterblichen Seins als das Selbst erfahren. Das Einheitliche Feld ist unsterblich, und es ist ungeschaffenes, nichtkonzeptionelles, reines Bewußtsein und ewig konstant.[5]

Maharishi sagt, wenn wir mit dem Einheitlichen Feld verbunden sind, wird die gesamte Existenz wieder als Glückseligkeit erfahren. In seiner Konzeption transzendiert Glückseligkeit das Denken – sie ist de facto das grundlegende Wesen des Selbst.

---

[4] Deepak Chopra, *Die heilende Kraft*.
[5] Scott und Linda Treadway in *Ayurveda & Immortality*, S. 5.

Seine Methode, die Transzendentale Meditation, läßt den Verstand auf der Ebene des Wissens im Einheitlichen Feld ruhen, dort, wo das Leben reines, unzerstörbares Bewußtsein ist. (Und es gibt viele gut dokumentierte Untersuchungen, die nachweisen, daß Meditierende länger leben als andere Menschen.)

Wir sollten deshalb auch der Glückseligkeit einen Platz in einem neuen Gesundheitsmodell einräumen. Durch spirituelle Läuterung geschieht sie mir, meinen Freunden und Schülern immer wieder.[6]

Sie werden staunen, was Ihr Verstand und Körper alles kann, nachdem Sie erst einmal die Gewißheit erlangt haben, daß Sie Geist sind, und wenn Sie sich dann erlauben, ganz so zu sein, wie Sie sind, nämlich ewig und göttlich. Gott in Ihnen ist fähig, spontan zu erzeugen, was für Ihre persönliche Unsterblichkeit notwendig ist.

Neues Wissen

In einem wunderschönen Buch lenkt Virginia Essene unsere Aufmerksamkeit auf die Basis dessen, was wir Wissenschaft nennen, nämlich spirituelle Kraft:

> Wer ein offenes Herz hat und Gott über alles liebt, dem wird vieles offenbart werden. Weitere universelle Gesetze werden „friedfertigen" Wissenschaftlern gegeben werden … weitere Geheimnisse werden Erklärung finden.[7]

---

[6] Siehe auch Kapitel 9. Im übrigen habe ich 22 verschiedene Läuterungsmethoden in meinem Buch *Pure Joy* aufgeführt.

[7] Ich empfehle das Buch *New Teachings for an Awakened Humanity (Neue Lehren für eine erwachende Menschheit)* von Virginia Essene; vor allem das Kapitel „Guidelines for Scientists, the Military and Governments" („Richtlinien für Wissenschaftler, das Militär und Regierungen"). Das Zitat stammt von S. 151.

Das hervorragende Buch ist der Erhaltung des Lebens überall gewidmet. Es ermahnt uns, gute Bewahrer der Erde zu sein. Überdies werden wir daran erinnert, daß ein Teil von uns sich schon *jetzt* in einer höheren Dimension befindet – was die meisten jedoch nicht annehmen möchten. Virginia Essene vermittelt uns folgende Aussagen des Christus:

> Die dritte Dimension, in welcher ihr im Fleische euch befindet, hat dichtere Schwingungen und verwendet den Tod als Schlußpunkt der Lebenserfahrung. Wenn euer Herz offen und euer Denken dem lebendigen Gott geweiht ist, handelt ihr jedoch vom vierten oder einem noch höheren Bereich aus, durch Intuition, das heißt durch euer Seelenwissen. In der vierten Dimension ist der physische Tod unmöglich. Meine eigene Wiederauferstehung vor 2000 Jahren hat diese Wahrheit unumstößlich aufgezeigt. Das bedeutet: Gottes Natur in euch hat die Fähigkeit, sich auf mannigfaltigen Ebenen des Wachstums und Dienstes zu bewegen, ob sich eure Persönlichkeit nun dessen bewußt ist oder nicht.[8]

> Begreife, daß du Licht und Energie bist, denn das ist, was Gott ist. Daher warst du schon immer als spirituelle Schöpfung lebendig. Schon immer. Du bist somit auf der seelischen Ebene eine enorme Menge vereinigte Energie in völliger Gleichheit. Du bist alterslos und ewig ... Du bist hier, um Meisterschaft deiner selbst zu zeigen ...[9]

Jesus sagt auch:

> Eines Tages werden eure Körper jene physische Form haben, die ich euch bei meiner Auferstehung gezeigt

---

[8] Ebenda, S. 17.
[9] Ebenda, S. 28, 31, 40 f.

habe, und darüber hinaus werden sie lichter und lichter werden. Gottes Plan ist keine Grenze gesetzt.[10]

Auch in diesem Buch erinnert uns Christus wieder daran, daß wir selbst entscheiden, was mit unserem Körper geschieht. Der Bibel gemäß sagte er: „Die Macht über Leben und Tod liegt in den Worten deines Mundes." Das kann man auch so paraphrasieren: Was du sagst, geschieht mit deinem Körper. Hier spricht er:

> Ja, ich bin gekommen, euch zu verkünden, daß ihr die erwählten Geschöpfe Gottes seid, denen freier Wille gegeben wurde, ein spirituelles Leben zu führen oder zu sterben – zu glauben oder nicht zu glauben. Ich habe euch gezeigt, wie ein Mensch über sein negatives Denken hinauswachsen und jene Erfahrung, die Tod genannt wird, überleben kann …[11]
> Ich kam, um zu bezeugen, daß ihr, wenn eure physische Form gestorben ist – falls ihr euch dazu entscheidet –, ein wiederauferstandener Lichtkörper seid. An meinem Beispiel könnt ihr jedoch auch sehen, wie euer Körper buchstäblich in das Licht eingehen kann, ohne abgelegt und zum Sterben zurückgelassen zu werden.[12]

Mit anderen Worten: Auch Sie können sich dematerialisieren und auferstehen – ebenso, wie er es tat.
Das Buch ermutigt uns, all unsere persönliche Negativität auszuatmen und uns von anderen dabei helfen zu lassen. Es freut uns sehr, daß wir zu diesem Zweck das Rebirthing anbieten und sagen können: „Ja, wir können dir helfen, deine Negativität auszuatmen … Hier sind wir."

---

[10] Ebenda
[11] Ebenda, S. 49
[12] Ebenda, S. 51

Kapitel 5

Gesundheit und Unsterblichkeit

Bevor ich begann, an meiner unbewußten Todessehnsucht zu arbeiten, hatte ich mit einer Anzahl ernsten Gesundheitsproblemen zu kämpfen. Als Krankenschwester hatte ich zwar Zugang zu den besten Medizinern der Universität, aber sie konnten mir nicht helfen. Ich war verzweifelt:

- Seit fünfzehn Jahren erlitt ich körperliche Schmerzen.
- Ich hatte Haarausfall und bekam langsam eine Glatze.
- Seit mehr als einem Jahr litt ich unter Schlaflosigkeit.
- Ich hatte eine extreme Gewichtsneurose und pendelte andauernd zwischen korpulenter Fülle und Magersucht hin und her.

All diese Probleme hingen mit dem Tod meines Vaters zusammen, mit meiner Furcht vor dem Tod und meiner unbewußten Todessehnsucht.
Nachdem ich, hauptsächlich durch Rebirthing und spirituelle Läuterung, meine Todessehnsucht verarbeitet hatte, verschwanden all diese Probleme ein für allemal.
Ich wurde zu einem „neuen Menschen". Es fällt mir heute schwer, mir mein ehemaliges Selbst vorzustellen. Ich bin gleichwohl froh, diese Probleme durchlebt zu haben, denn dadurch habe ich heute Gewißheit über die Kraft des Atems und richtigen Denkens. Mit dieser Kraft konnte ich alle Blockierungen beseitigen, die mich behinderten, meinem Leben vollauf Ausdruck zu verleihen; ich wurde zum kreativen Menschen, der spirituelle Energie kreisen läßt.

Wenn das Leben die schöpferische Energie des *Seins* ist, dann drückt es sich am vollkommensten in Ganzheit und *Gesundheit* aus. Gesundheit ist dynamisch, nicht statisch. Sie ist die kreisende, fließende, freudige Aktivität des Lebens, das sich vollkommen ausdrückt. Je stärker Ihr Lebenswille ist, desto gesünder werden Sie sein. Wer also den Gedanken aufgibt, der Tod sei unausweichlich, festigt seine Gesundheit wahrhaft.
Ist Ihnen bewußt, daß jede Heilung so lange vorläufigen Charakter hat, bis Sie den Tod geheilt haben? Wir, die wir in spirituellem Heilen und Rebirthing ausgebildet worden sind – und andere Heiler auch –, können Ihnen beibringen, wie Sie alles kraft Ihres Denkens heilen können. Heilen Sie jedoch Ihren Glauben an den Tod nicht, dann finden Sie letztlich immer eine Art, sich umzubringen! Der *Course* gibt zweifelsfrei zu verstehen, daß Krankheit unserer Denkweise entspringt – man erzeugt seine Körperverfassung mit seinem Geist. Sie erschaffen sich Ihre Symptomatik mittels negativer Gedanken. *Jedes* Symptom, *jede* Krankheit. (Schmerz ist immer Ausdruck der Anspannung, die entsteht, wenn man negative Gedanken festhält.) – Sie haben sie selbst geschaffen, können sie also auch wieder abschaffen. Daher kann alles geheilt werden; aber nur, wenn Sie das auch denken und sagen und glauben.
Es ist wirklich weit einfacher, sich selbst zu heilen, als Sie glauben. Es hat Sie viel Mühe gekostet, Ihre Krankheiten zu erschaffen. Sie abzuschaffen kann genauso leicht sein wie das Ausatmen negativer Gedanken, auch wenn Sie schon lange hart daran gearbeitet und Sie mit viel Aufwand festgehalten haben. Sowie Sie Ihr Denken ändern, wird sich Ihr Körper ganz automatisch mitverändern.
Jeder negative Gedanke ist gewissermaßen ein kleiner Tod. Wenn Sie sich wirklich tief auf negative Gedanken einlassen, wird Ihr Körper einen Aufstand machen! Krebs beispielsweise ist das Resultat des inneren Kampfes zwischen dem Lebenswillen an sich und der Todessehnsucht. Die Zellen werden verwirrt. Wird die Todessehnsucht stärker als der Lebenswille,

stirbt die Person. Stärkt sie ihren Lebenswillen dahingegen, so daß dieser kräftiger ist als die Todessehnsucht, wird sie leben. Ich kenne viele Leute, die sich vom Krebs geheilt haben, sogar als sie schon überall Metastasen hatten, und zwar mit ihrem Denken, nicht mit Arzneien.

Ich empfehle Ihnen, daß Sie, sowie ein Krankheitssymptom entsteht, herausfinden, welcher Gedanke dahintersteckt.[1] Ihr Rebirther kann Ihnen dabei helfen, diese negativen Gedanken aufzuspüren und sie aus Ihrem Denken und Körper auszuatmen. Sie können nicht nur lernen, sich unter allen Umständen zu heilen, sondern jede Krankheit zu verhindern, und genau darum geht es: den Körper zu meistern. Wenn Sie mit Vorstellungen des westlichen medizinischen Modells durchdrungen sind, mag es ein wenig dauern, bis Sie Ihr Denken neu programmiert haben. Sie sollten Ihre Furcht und Konditionierungen anerkennen und nicht plötzlich und drastisch mit einer medizinischen Behandlung aufhören. Wiederholte Rebirthings werden Ihnen helfen, krankmachende Negativität zu bereinigen und sie aus dem Körper zu entfernen. In dem Maße, in dem Sie sich weiterentwickeln, werden Sie immer mehr über Selbstheilung lernen. Bei einem schwerwiegenden Symptom sollten Sie *alle* möglichen Heilungswege beschreiten, und solange sie noch Zweifel an Selbstheilung haben, ist es durchaus in Ordnung, auf die herkömmliche Medizin und Medikamente zurückzugreifen. Ich schlage dennoch vor, daß Sie zunächst Ihre Gedanken erforschen und atmen, bevor Sie automatisch zum Arzt rennen. „Das eigene Denken des Patienten ist der Arzt", sagt der *Course.*

Catherine Ponder hat viel über die Beziehung von Vergebung zur Gesundheit geschrieben. Sie schreibt: „Groll, Verurteilungen, Wut, das Streben, ‚Rechnungen zu begleichen', das heißt, jemanden zu strafen oder ihm weh zu tun – das sind alles Gedanken, die die Seele verderben und der Gesundheit abträg-

---

[1] In meinem Buch *Celebration of Breath* stehen Empfehlungen, die bei diesem Prozeß helfen können.

lich sind. Sie müssen um Ihrer selbst willen vergeben. Krankheit wird ohne Vergebung nicht völlig geheilt." Sie müssen beharrlich vergeben, sagt Catherine, damit Sie gesund und glücklich sind: „Wenn Sie ein Problem haben, haben Sie etwas zu vergeben ..." Vergebung beseitigt jedes Hindernis.
Dazu gehört natürlich, sich selbst zu vergeben! Schuld zieht Strafe an. Das meistangewandte Mittel, sich selbst zu strafen, ist Krankheit und letztlich der Tod – man löscht sich aus, weil man so schuldig ist.
Catherine bietet, als eine der vielen Möglichkeiten zu vergeben, folgende Affirmation an:

> Ich vergebe jedem, der mich jemals verletzt hat. Meine Vergebung gilt allem, was mich jemals verbittert, unglücklich gemacht oder zu Groll geführt hat. Ich vergebe allem in mir und außerhalb meiner selbst. Ich vergebe dem, was vergangen und gegenwärtig ist und was in Zukunft sein wird.[2]

Menschen, denen es schwerfällt zu vergeben, vergessen oftmals etwas Wesentliches: *Es gibt keine Opfer!* Sie selbst haben Ihr Universum erschaffen und alles, was in Ihrem Körper und Ihrer Umgebung geschieht.
Louise Hay, seit kurzem eine der führenden und erfolgreichen Experten in der Aids-Forschung, hat in ihr Buch *Gesundheit für Körper und Seele* eine umfassende Liste von Krankheitssymptomen aufgenommen und daneben eine Liste ihrer mutmaßlichen metaphysischen Ursachen und entsprechende Affirmationen, die einem helfen können, das zu korrigieren. Sie selbst wurde einst mit Krebs im Endstadium diagnostiziert und hat sich eigenständig geheilt.
In aller Redlichkeit muß ich zugeben, daß es Zeiten geben kann, in denen Sie sich – auch wenn Sie erleuchtet sind – mit Symptomen auseinandersetzen müssen, die daraus resultie-

---

[2] *Die dynamischen Gesetze des Reichtums* von Catherine Ponder, S. 55.

ren, daß Sie an Ihrer Todessehnsucht arbeiten. Anstatt in Panik zu geraten, sagen Sie sich: „Jedes Krankheitssymptom ist Heilung, die Fortschritte macht" und „Alles, was hochkommt, ist auf dem Weg hinaus". Stecken Sie es also nicht in eine Schublade, und diagnostizieren Sie es nicht, sondern entsinnen Sie sich, daß Sie einen Gedanken verarbeiten. Sagen Sie nicht: „Ich bin krank", sondern: „Dieser Gedanke ist auf dem Weg hinaus und die Ursache für dieses Symptom." Sie können folgendes aufschreiben:
Meine negativen Gedanken, die dieses Symptom verursachen, lauten:

_____

_____

_____

Nehmen Sie sodann so bald wie möglich Kontakt zu Ihrem Rebirther auf. Haben Sie dann immer noch große Angst, entsinnen Sie sich: Es ist völlig in Ordnung, alle möglichen Heilungswege zu beschreiten und auf die herkömmliche Medizin und Medikamente zurückzugreifen. Suchen Sie jedoch tunlichst Behandlungsmethoden aus, die – im Rahmen des Möglichen – mit Ihrer neuen Denkweise übereinstimmen und Ihnen helfen, sich dem traditionellen, teuren medizinischen System zu entwöhnen.
Das könnte Homöopathie sein oder Ayurveda, Akupunktur, aber auch Geistheilung, Chiropraktik, Rolfing und andere Therapien, die den Körper wieder in Harmonie zu bringen vermögen. Es ist hilfreich, darüber Bescheid zu wissen, und ein aufregendes Abenteuer, weitere Möglichkeiten auszukundschaften.[3]

---

[3] Eine umfangreichere Beschreibung einiger Methoden finden Sie in meinem Buch *Pure Joy*, besonders im Teil über Heiler.

Bedenken Sie immer: *Ihr Körper heilt sich selbst, und zwar in Übereinstimmung mit Ihrem Denkvermögen!*

Zur Homöopathie

Die Homöopathie behandelt nicht Krankheitssymptome, sondern betrachtet sie als Zeichen für das Bemühen des Körpers, sich selbst zu heilen. Der Homöopath versucht immer, die den Symptomen zugrunde liegenden Ursachen herauszufinden, und zieht den gesamten Körper und die Persönlichkeit in Betracht, wenn es um die angemessene Behandlung geht.
Die Homöopathie stimuliert systematisch die körpereigenen Vitalkräfte, um Krankheiten zu heilen. Die Methode beruht auf dem „Simile"-Prinzip – sie heilt *Gleiches mit Gleichem.*
Viele Homöopathen sind der Meinung, daß konstitutionelle homöopathische Mittel dem Leben viele Jahre hinzufügen können – sie wirken verjüngend und vitalisierend. Manche behaupten sogar, die Homöopathie könne, von wirklichen Meistern angewandt und einer großen Mehrheit akzeptiert, die gesamte Bevölkerung durch angemessene Stimulierung von Vitalkräften regenerieren.

Zum Ayurveda

Ayurveda ist eine uralte Form der Naturheilkunde und stammt aus Indien. Nach einer heiligen Schrift, dem Srimad Bhagavatam, ist „Ayurveda der Nektar der Unsterblichkeit".
Ayurveda ist eine Wissenschaft des Lebens und der Gesundheit. Das Wort „Veda" heißt Wissen, reines Wissen respektive reines Bewußtsein. Diese Wissenschaft befaßt sich äußerst detailliert mit der Behandlung, da sie auf diesem Wege dauerhafte Gesundheit herstellen, Krankheiten heilen, Langlebigkeit gewährleisten und letztendlich Unsterblichkeit ermöglichen will.

Die Hauptfunktion des Ayurveda ist es, Unausgewogenheit zu verhindern, da diese den Alterungsprozeß und Tod herbeiführe. Ayurvedische Medizin entnimmt ihre Präventivfunktion der Natur, fungiert jedoch auch heilend, um bei einem bereits entwickelten Ungleichgewicht das Gleichgewicht wiederherzustellen. Ich danke *Maharishi Mahesh Yogi,* dem Begründer der Transzendentalen Meditation (TM), für seine Absicht, in der gesamten Welt ayurvedische Zentren und Städte für Immortalisten zu errichten, und empfehle das Buch *Ayurveda & Immortality* von Scott und Linda Treadway.

Kapitel 6

Ernährung und Unsterblichkeit

Wir wissen inzwischen, daß vitales Denken lebenskräftigend auf die Zellen wirkt und daß Läuterung notwendig ist. Außerdem ist bekannt, daß gewisse Mantras[1] Unsterblichkeit fördern. Wahrscheinlich begünstigen manche Nahrungsmittel Unsterblichkeit und andere nicht. Ungesunde Ernährung hat einen Preis.

Virginia Essene schreibt in ihren „Neuen Lehren für eine erwachende Menschheit": „Wenn Sie sich mit der höheren zellularen Schwingung der vierten Dimension in Einklang bringen wollen, fangen Sie damit an, Ihre Ernährung darauf abzustimmen. In der vierten Dimension ist der physische Tod unmöglich ... Eine ausbalancierte Ernährung basiert auf frischem Obst, Gemüse und Getreide. Kleine Portionen Fisch oder Geflügel sind empfehlenswert, denn sie benötigen keinen komplizierten Verdauungsprozeß, der Ihr System verstopfen und zu Krankheit führen kann."[2]

Sie macht darauf aufmerksam, daß man ohne Fleisch nicht verhungert, daß der Genuß von zuviel Fleisch der Gesundheit sogar abträglich ist: „Wer darauf beharrt, große Mengen Fleisch zu verzehren, wird zunehmend ungesund, vor allem da euer Planet inzwischen seine Schwingungsrate erhöht."[3]

---

[1] Mantras: heilige Sätze, Töne und Laute, deren Schwingungen höhere Bewußtseinszustände hervorrufen; siehe auch Kapitel 9: Das Singen heiliger Lieder.
[2] In Virginia Essene, *New Teachings for an Awakened Humanity,* S. 120.
[3] Ebenda.

Sie spricht auch eine Warnung aus: „Alkohol und Drogen zerstören das spirituelle Gewebe des Denkens und der Emotionen und können den Körper ins Unglück stürzen. *Entscheiden Sie sich gegen die möglichen katastrophalen Folgen des Trinkens und Drogenkonsums.* Das Goldene Zeitalter bedarf eines beherrschten Denkens und klarer Emotionen und einer Geisteshaltung der Gewaltlosigkeit. Behandeln Sie Ihren Körper so, daß er Sie nicht von Ihrer Friedfertigkeit abbringen kann. Es gibt keine Ersatzmittel für friedfertiges Denken und ein liebevolles Herz."
Bei einem Besuch in Key West, Florida, gab mir Barbara Fox, eine sehr charmante Frau, ein interessantes Buch zum Thema.[4]
Ich war völlig verblüfft über die Vitalität, die wunderschöne Haut und das klare Denken dieser über achtzigjährigen Frau. Es war eine wunderbare Begegnung.[5] Sie hat mir überzeugend klargemacht, daß die im Buch geschilderte Diät ausgezeichnet funktioniert und daß sie sich, immer wenn sie sich nicht daran hielt, nicht so lebendig fühlte. Natürlich sorgt der Glaube an eine Diät dafür, daß sie funktioniert. Wenn Sie also denken, daß eine Ernährungsweise nicht optimal funktioniert, wird sie das womöglich auch nicht.
Dr. Sheldon S. Hendler, der in seinem Laboratorium mit DNS arbeitet, schreibt im Vorwort des genannten Buches, daß man zweifelsohne auf die tiefen Geheimnisse des Lebens schließen kann, wenn man die Mysterien der Nukleinsäure versteht. Seiner Meinung nach ist eine Ernährung, die reich an DNS und RNS (Nukleinsäuren) ist, der Schlüssel, den Alterungsprozeß zu verhindern. Diese Nahrungsmittel wirken Wunder – und der Doktor nennt Beispiele wandelnder Wunder in unserer Mitte. DNS und RNS bilden im Zusammenspiel die Grundlagen des Lebensprozesses an sich. Wir können, meint Dr. Hendler, unsere Zellen ernähren und sie wieder gesunden lassen, indem wir dem Körper von außen, aus direkten und indirekten

---

[4] Dr. Benjamin S. Frank, *No Aging Diet.*
[5] Siehe auch Kapitel 18.

natürlichen Quellen, qualitativ hochstehende DNS und RNS zuführen. Er behauptet, bewiesen zu haben, der Hauptgrund für das Älterwerden läge im Energieverlust der Zelle und dieser Energieverlust werde von einer Interferenz, dem *Krebs-Zyklus*, und durch die Schwächung einzelner Glieder der Energietransportkette verursacht. Nukleinsäuren in der Nahrung steigern das Energiepotential des Elektronenaustausches.[6]

Bei dieser Ernährungsweise stehen Meeresfrüchte zentral. Dr. Hendler sagt, daß „... Sie eine spektakuläre Verbesserung ihrer Gesundheit feststellen werden, wenn Sie zum Meer zurückkehren, in dem das Leben begann, das heißt, wenn Sie es wieder als Nahrungsquelle nutzen"[7].

Nach den Regeln dieser Diät sollten Sie folgendes essen:

1. Viermal pro Woche 100 Gramm kleine Sardinen (evtl. aus der Büchse).
2. Einmal pro Woche Lachs (frisch oder aus der Büchse).
3. Einmal pro Woche Garnelen beziehungsweise Krebs, Tintenfisch, Muscheln oder Austern.
4. Am verbliebenen Tag ein weiteres Fischgericht als Hauptmahlzeit.
5. Einmal die Woche Kalbsleber.
6. Ein- oder zweimal die Woche rote Bete, Rote-Bete-Saft oder Borschtsch.
7. Ein- oder zweimal die Woche Linsen, Bohnen, Lima- und Sojabohnen.
8. Jeden Tag Spargel beziehungsweise Radieschen, Schalotten, Pilze, Spinat, Blumenkohl oder Sellerie.

---

[6] Natürlich ist Ernährung nicht hilfreich, wenn man nicht den leidenschaftlichen Wunsch hat zu leben und falsche Gedanken hegt; auch Hormon- oder Plazentaspritzen werden Ihre Todessehnsucht nicht beseitigen können. Das geht nur mit einer ganzheitlichen Herangehensweise.
[7] Zusammenfassung aus dem Vorwort von Sheldon S. Hendler aus: Dr. Benjamin S. Frank, *No Aging Diet*.

9. Nach jeder Mahlzeit ein starkes Multivitaminpräparat.
10. Täglich zwei Gläser entrahmte Milch.
11. Täglich ein Glas Frucht- oder Gemüsesaft.
12. Täglich mindestens vier Gläser Wasser.

Wenn Sie diese Diät befolgen, werden sich „… die Falten auf der Stirn glätten, und zwar innerhalb von ein bis zwei Monaten. Vielleicht werden Sie sogar jünger aussehen als auf zehn Jahre alten Fotos. Nach etwa vier Monaten wird die Haut des Handrückens sich straffen. Die Hornhaut an den Füßen könnte sich zurückbilden. Ihr Augenweiß strahlt wieder."[8]

Einige Randbemerkungen des Buches legen den Vorteil des Rebirthing auf die Verjüngung nahe, zum Beispiel: „Die meisten Degenerationskrankheiten hängen vor allem mit dem Sauerstoffmetabolismus zusammen. Dort, wo unsere Zellen viel Sauerstoff verbrauchen, entsteht Krebs wahrscheinlich nicht."[9]

Verschiedene wissenschaftliche Studien haben gezeigt, daß Vegetarier gesünder und schlanker sind und daß sie länger leben, und ihre Vertreter können Ihnen bestimmt die entsprechenden Forschungsresultate und Bücher nennen. Vegetarier sollten proteinreiches Gemüse zu sich nehmen und auf die Ausgewogenheit der Speisen achten.

Meine persönliche Erfahrung hat mir gezeigt: Je mehr ich atme und mich selber läutere, desto weniger kann ich schwere Nahrung zu mir nehmen. Übrigens tendierte ich auf ganz natürliche Weise in Richtung der beschriebenen Diät, lange bevor ich davon gehört hatte. Meine Lust auf Fleisch verschwand gänzlich, als ich einsam und allein in Bali das Buch *Drinking the Divine* schrieb. Es war eine Zeit, in der ich das Gefühl hatte, spirituell genährt zu werden, und in Ekstase war. Ich lebte von den Früchten der Insel und ein wenig Fisch.

---
[8] Ebenda, Kapitel 5, S. 49.
[9] Ebenda, S. 177.

Seitdem kann ich Fleisch nicht mehr vertragen. Ich habe nie daran gearbeitet, Vegetarier zu werden, sondern mich einfach dazu entwickelt.

Was Vitamine betrifft: Pillen zu schlucken hat mir nie gefallen. Es hat keinen guten Eindruck bei mir hinterlassen, zusehen zu müssen, wie mein Vater riesige Mengen Pillen nahm und dann trotzdem starb. Ich kam nie richtig dazu, regelmäßig Vitaminpillen zu nehmen, ich vergaß sie einfach immer wieder, und als es mir schließlich dennoch gelang, machte es meines Erachtens keinen Unterschied. Wenn Sie allerdings daran glauben, wird es einen machen. Mein Gedanke „Wenn es meinem Vater nicht geholfen hat, warum sollte es mir dann helfen?" war einfach zu stark.

Ich hätte diesen Gedanken ändern können, ja. Statt dessen hegte ich allerdings folgenden Gedanken: „Babaji[10] ist das einzige Vitamin, das ich brauche." Und das hat erstaunlich gut funktioniert. Ich bekomme soviel Energie von ihm, wie ich aufnehmen kann, und letztlich glaube ich sowieso, daß Gott die einzige Quelle ewiger Jugend ist.

Beim Schreiben ist mir gerade aufgefallen, daß Fisch inzwischen kaum noch eine Rolle in meiner Ernährung spielt. Ich esse allenfalls noch alle drei bis vier Wochen Fisch und fast keine Eier mehr. Am Käse hänge ich allerdings immer noch ein wenig; nicht mehr so stark wie im letzten Jahr, aber immerhin. Gewisse Nahrungsmittel „entschwinden", ohne daß mir das groß auffällt. Dennoch fühle ich mich Jahr für Jahr lebendiger und verfüge über mehr Energie.

Manche Menschen machen sich Sorgen, daß das nicht gesund sei. Ob sie recht damit haben oder nicht, sie denken jedenfalls anders darüber – und sie haben wahrscheinlich noch nichts von „Luftariern"[11] gehört oder glauben nicht an diese Möglichkeit. Wenn Sie meinen, es sei gefährlich, sehr wenig zu essen, sollten Sie das auch nicht versuchen, bis Sie diesen

---

[10] Mein Lehrer und Guru.
[11] Menschen, die ihre Nahrung aus der Luft beziehen.

Gedanken geändert haben und so weit sind. Man braucht sehr lange, um sein Glaubenssystem über Ernährung zu ändern – wenigstens brauchte ich ziemlich viel Zeit dazu. Ich habe Jahr um Jahr an dem Gedanken gearbeitet, daß ich essen kann, soviel ich will, ohne dabei zuzunehmen. Ich habe ein ganzes Buch über dieses Thema geschrieben: *Schlank durch positives Denken*. Es handelt davon, wie man den Körper meistern und sein Idealgewicht kraft seines Denkens erlangen kann; das schwierigste Buch, das ich jemals geschrieben habe. Es war erstaunlich: Als ich die Fähigkeit entwickelt hatte, ohne unangenehme Konsequenzen essen zu können, was ich wollte, hatte ich so viel Energie, daß ich jegliches Interesse daran verloren hatte. Seitdem hat sich langsam die Menge dessen, was ich zu mir nehme, Jahr für Jahr reduziert, ohne daß ich dafür etwas getan hätte. Ich schreibe das der Tatsache zu, daß ich mehr und mehr spirituell genährt werde.

Es gibt die verschiedensten Meinungen über verjüngende Ernährung. Peter Kelder beispielsweise erzählt von tibetischen Mönchen, Lamas, die aussahen, als hätten sie das Geheimnis der ewigen Jugend entdeckt. Die Lamas essen weder Fleisch noch Fisch oder Geflügel, und in der Regel nehmen sie pro Mahlzeit nur eine Sorte Nahrung zu sich, damit bei der Verdauung keine Kollisionen zwischen den verschiedenen Nahrungsmitteln auftreten.[12]

Es gibt Meister, die überhaupt nichts mehr essen. Wenn Sie einmal so jemanden getroffen haben, kann das auch Ihre gesamte Wirklichkeitseinschätzung umkrempeln.

Kann man den Körper wieder so sehr verjüngen, daß die Menopause rückgängig gemacht wird? Ich hatte schon oft darüber nachgedacht – dann begegnete mir eine Frau, die das getan hat. Als, vor einigen Jahren, Frederic Lehrman und ich ein Seminar in London leiteten, besuchte uns eine Frau, die von weither gekommen war, um uns folgende Geschichte zu erzählen:

---

[12] In *Die Fünf »Tibeter«* von Peter Kelder.

Sie hatte mein Buch *Rebirthing in the New Age* gelesen. Als sie das Kapitel über Physische Unsterblichkeit und Verjüngung gelesen hatte, sagte sie sich: „Nun, wenn das wirklich wahr ist, könnte ich meine Menopause rückgängig machen und wieder schwanger werden." Sie erzählte, sie hätte einen Mann getroffen, den sie sehr liebte, und sie wollte ein Kind mit ihm zusammen haben. Aber einige Jahre vor ihrer Begegnung hatte bei ihr die Menopause angefangen. Sie beschloß, ermutigt durch das Buch, sie könne sie rückgängig machen – und sie bekam tatsächlich ihre Monatsblutungen wieder und wurde schwanger; ihr Arzt und ihre Freunde waren übrigens heftig schockiert.
Ich weinte, als ich von diesem Wunder hörte.

Das – vorläufig – letzte Wort über Ernährung und Unsterblichkeit

Von den vielen, vielen Meinungen zu diesem Thema habe ich hier nur einige wenige wiedergegeben. Daß Ernährungsmethoden gegen das Älterwerden oft von Leuten präsentiert werden, die keine erklärten Immortalisten sind, ist aus meiner Warte ein Problem. Ihre unbereinigte Todessehnsucht könnte Ihnen das Denken dafür trüben, was der höchste Gedanke über Ernährung, die Unsterblichkeit fördert, ist.
Ich neige daher eher dazu, den Unsterblichen Lehrern zu vertrauen und meiner ureigenen Intuition natürlich. Die Meister sagen, es sei nicht nur gut und wichtig, Vegetarier zu werden, sondern anschließend müsse man „Fruchtarier" werden und letztlich „Luftarier".
Traumatisiertes Fleisch zu essen fügt dem Körper Schaden zu, und außerdem sollte man kein Leben töten, um Leben zu erhalten, wie die meisten Lehrer Ihnen bestätigen werden. Auch Tiere haben unser Mitgefühl verdient.
Wahrscheinlich kann man nicht über Nacht Vegetarier werden. Linda Goodman beschreibt die am meisten bewußte und

vernünftigste Art und Weise, Nahrungsgewohnheiten zu ändern, von der ich gehört habe.[13] Sie basiert auf einem fünfzehnjährigen Zyklus. Ihrer Meinung nach braucht man diese etwa fünfzehn Jahre der Läuterung, um den Körper *allmählich und sanft* darauf vorzubereiten, „Fruchtarier" zu werden. Hier nun eine Zusammenfassung, unterteilt in drei Perioden von fünf Jahren. (Übrigens habe ich auch diese Diät ganz natürlich gelebt, meiner eigenen Intuition folgend, bevor ich jemals davon gehört hatte; was nichts weiter bedeutet, als daß man sich auf die eigene Intuition einstimmen und sich angemessen und in sicherem Rahmen verhalten kann.)

1. *Die ersten fünf Jahre:* Tilge rotes Fleisch vom Speiseplan – Rindfleisch, Steaks, Hamburger, Schweinefleisch, Schinken und Speck. Beschränken Sie sich auf Fisch und Geflügel, Gemüse und Früchte, Brot und Getreide und alle eiweißhaltigen Produkte – Eier, Milch, Käse. Einmal pro Woche nehmen Sie nichts zu sich, außer Früchten oder frischen Säften. So kann Ihr Körper sich allmählich an Früchte gewöhnen.
2. *Die nächsten fünf Jahre:* Tilge Fisch, Geflügel und Eier vom Speiseplan. Ernähren Sie sich von Gemüse und Früchten, Brot, Getreide und Milchprodukten. Weiterhin nehmen Sie einmal pro Woche nichts zu sich, außer Früchten oder frischen Säften.
3. *Die nächsten fünf Jahre:* Jetzt werden Sie in der Lage sein, alle Gemüsesorten, die *unter* der Erde wachsen, vom Speiseplan zu tilgen, neben rotem Fleisch, Geflügel, Fisch und Eiern, die Sie bereits hinter sich gelassen haben. Ihre Nahrung besteht nun lediglich aus Gemüsesorten, die *über* der Erde wachsen, aus Früchten, Brot, Getreide und Milchprodukten. Nehmen Sie auch weiterhin einmal pro Woche nichts, außer Früchten oder frischen Säften, zu sich.

---

[13] Linda Goodman, *Star Signs*.

Nun haben Sie fünfzehn Jahre lang Ihr System darauf vorbereitet, lediglich Früchte zu essen. Als nächstes nehmen Sie alle Gemüsesorten und alle Milchprodukte vom Speiseplan und essen nur noch Brot und Getreide, wenn Sie meinen, Sie bräuchten sie. Merke: Ein „Fruchtarier" braucht ausreichend Tomaten und verschiedene Nußarten neben den vielen Fruchtsorten. Ihr Körper kann nun für sich selbst sorgen, braucht jedoch die Läuterung durch Früchte.
Linda kennt eine ganze Reihe reine „Fruchtarier" – die meisten sind Gurus – und meint, sie seien stark und gesund.
Anschließend kann man dann „Luftarier" werden. Glauben Sie, das sei unmöglich? Nun, es gibt Berichte über Menschen, die es waren, Therese Neumann beispielsweise, die zwanzig Jahre ohne Nahrung lebte. Sie nahm jeden Tag eine Oblate. Einer meiner Lehrer aß elf Jahre lang nichts. Es ist bei fortgeschrittenen Wesen weit üblicher, als Sie es vielleicht für möglich halten!
Ich möchte Linda für ihr wunderschönes Buch danken.

Kapitel 7

Beziehungen und Unsterblichkeit

Die Unsterblichkeit unseres Körpers ändert all unsere Beziehungen für immer!
„Sterbliche" Beziehungen werden von Furcht, Dringlichkeit, Trennungsangst und Mißtrauen geprägt, denn es stellt sich immer die Frage: „Wann wird er (oder sie) mich verlassen oder sterben?" Das verhindert, daß man sich wirklich nahekommt, sich wahrhaft hingibt, ernsthaft sein gesamtes Liebespotential empfindet. Der dem zugrunde liegende Gedanke lautet: „Wenn ich diese Person wirklich total liebe, wird es mich sehr schmerzen, wenn sie geht oder stirbt, also tue ich es nicht." Abgesehen davon, wie können Sie sich wirklich auf eine Beziehung einlassen, wenn sie sich selbst im Universum nicht sicher fühlen? Mortalisten können sich nicht wahrhaft sicher fühlen. Wie könnte man das auch, wenn der Tod immer in irgendeiner Ecke lauert?
Menschen, die sich nicht von ihrer Todessehnsucht geläutert haben, neigen dazu, ihre Liebe und Energie als „endlich" zu betrachten; sie meinen, alle Dinge und Gefühle streben ihrem Ende entgegen. Sie werden ganz allgemein von der Furcht beherrscht, daß ihnen die Energie irgendwann ausgegangen sein wird, also geben sie nicht soviel, wie sie könnten. Eine Furcht, die sich auch in sexueller Hinsicht zeigt.
In einer sterblichen Beziehung herrscht das Empfinden: „Wir beide gegen die Welt ... wir sollten uns dagegen schützen ... allzeit auf unsere Sicherheit bedacht sein ... die Welt ist ein eisiger, grausamer Ort." Diese Vorstellung macht überhaupt

keinen Spaß. Solch eine Beziehung wird zu einer sehr ernsten Sache, aber die Prioritäten stimmen einfach nicht. Das Gefühl, daß die Zeit zwar nicht sofort, aber ganz gewiß irgendwann einmal zu Ende geht, herrscht vor, und das macht nervös. Entspannung kommt dabei abhanden.

Im allgemeinen ist man in solchen, auf dem Ego begründeten Beziehungen – der *Course* nennt das „unheilige Beziehungen" – verzweifelt, weil man überzeugt ist, die andere Person zu brauchen, um sich selbst zu vervollkommnen. Sie brauchen den anderen, damit Sie sich selbst sicher, vollkommen und lebendig fühlen. Das ist ungesund. Solche Beziehungen sind äußerst schwierig, denn die unbewußten Ängste kollidieren immer mit denen des Partners. Letztlich stoßen immer die Geburtstraumas aufeinander, die persönlichen Gesetze widersprechen sich, und die Todessehnsucht des einen Partners setzt derjenigen des anderen zu.[1] Ist es ein Wunder, daß solche Beziehungen in Scheidung und Tod enden?

Als ich aufwuchs, machten meine Eltern sich Sorgen darüber, was denn wäre, wenn ich als evangelisches Mädchen einen Katholiken heiratete – Gott behüte! Sie lasen Bücher zu diesem Thema, um ihre Ängste zu beschwichtigen und herauszufinden, was zu tun sei, „wenn es denn tatsächlich so weit käme".

Heutzutage, im *New Age,* lautet die Frage: Kann ein „Sterblicher" auf Dauer mit einer „Unsterblichen", oder umgekehrt, auskommen? Irgendwann wird der Tag kommen, an dem der Immortalist gewissermaßen an eine Wand stößt, das heißt, er trifft auf die Todessehnsucht des Partners. Sie werden früher oder später an einen „toten Punkt" kommen. Wie könnte solch eine Beziehung funktionieren? Natürlich habe ich eine Menge Leute kennengelernt, die es versucht haben – eine Weile. Schüler, die wirklich Physische Unsterblichkeit erstreben, sie gewissermaßen schon „haben", leben sozusagen unge-

---

[1] In meinem Buch *Kraft der Liebe* erkläre ich diesen Vorgang in seiner Gesamtheit.

wollt mit einem Partner, der weniger erleuchtet ist. Das bedeutet: Der negativ eingestellte Partner widerspiegelt die Todessehnsucht des anderen. Anders ausgedrückt: Die Leute sind mit ihrer eigenen Todessehnsucht verheiratet! Meistens bringt derjenige, der den Tod nicht loslassen möchte, den anderen runter, und das kann auf Dauer nicht funktionieren. Manchmal muß man allerdings schwierige Lektionen durchmachen, bevor man Physische Unsterblichkeit wirklich erfassen kann. Früher oder später muß man dieser Sache ins Auge sehen. Sie müssen dabei immer bedenken: Sie selbst sind derjenige, mit dem sie leben. Der andere ist Teil ihres Denkens! Viele Immortalisten mußten die harte Lektion lernen, daß Sex mit jemandem, der die Zellen nicht vom Tod geläutert hat, keine belebende Erfahrung ist. Es ist schwierig zu atmen, und man fühlt sich hinterher schwer, als hätte man die Todessehnsucht des anderen und sein Karma auf sich genommen. Dies ist ein heikles Thema, und ich versuche Menschen nicht vorzuschreiben, was sie tun sollen. Ich teile lediglich Erfahrungen mit, die andere bereits gemacht haben, und sie müssen es dann für sich selbst herausfinden. Die meisten entdecken ziemlich schnell, daß Sex mit jemandem, der atmet und nach Physischer Unsterblichkeit hungert, viel schöner ist und – den Körper läutert. Die Energie eines Immortalisten schwingt naturgemäß auf einer höheren Ebene.

Die besten Liebhaber sind, meiner Meinung nach, die mit der besten Energie. Das hat nichts mit Technik zu tun. Und – ist Lebensenergie nicht besser als Todesenergie? Natürlich werden Sie immer wieder Leute treffen, die behaupten, Immortalist zu sein, und trotzdem bemerken, daß sie eine eigenartige Energie ausstrahlen, und zwar weil sie sich zugegeben mental mit Physischer Unsterblichkeit befassen, ihre Zellen jedoch nicht physisch geläutert haben. Sie glauben keine spirituelle Läuterung zu brauchen. Damit führen sie sich allerdings nur selbst hinters Licht. Wahre Immortalisten arbeiten schon lange daran, die Todessehnsucht aus ihren Zellen zu bannen, und können Ihnen sagen, daß das ein langwieriger Prozeß ist.

Natürlich werden Ihnen auch sehr lebendige Personen begegnen, mit angenehmer Ausstrahlung und voller Vitalität, ohne daß sie deshalb Immortalisten sind. Vielleicht wissen sie einfach noch nichts davon. Sie verfügen über einen elementaren Lebenswillen und sind wahrscheinlich natürliche Immortalisten und freuen sich sehr, die Wahrheit über die Unsterblichkeit zu hören. Vielleicht haben sie sich auf eine andere Art und Weise von ihrer Todessehnsucht gelöst, *oder* – hier wird es tückisch – sie könnte *völlig unterdrückt* sein. Sie sehen, es kann ganz anders aussehen, wie es an der Oberfläche scheint. Wir müssen alle unser Bestes geben. Deshalb muß man ein furchtloser Krieger sein, bereit, alles durchzustehen. Bei diesem Thema sind wir alle noch Schüler. Es stehen uns praktisch keine Modelle zur Verfügung, nach denen wir uns richten könnten. Wir müssen alle lernen, uns gemeinsam zu befreien, lernen, uns selbst und andere zu transformieren.

Wir im LRT *(Loving Relationships Training)* Ohana geben nicht vor, die Antwort auf all diese Fragen zu kennen. Wir teilen lediglich mit, was wir jetzt sind. Das kann sich alles wandeln. Tag für Tag stehen wir alle vor einer neuen Welt.

Am besten funktioniert es anscheinend dann, wenn der Partner den gleichen Weg geht. Vielleicht befinden Sie sich in verschiedenen Phasen hinsichtlich der Loslösung von der Todessehnsucht, aber Hauptsache, Sie streben beide dem Leben und der Physischen Unsterblichkeit nach und sind gewillt, sich auch weiterhin bei diesem Prozeß zu helfen. Wollen Sie beide gegen das Ego wachen und Ihre Beziehung dem Heiligen Geist, dem Leben selbst, einem höheren Ziel, dem Weltfrieden und so weiter widmen? Ist das der Fall, so werden Sie Wunder erleben. Zwei Immortalisten, deren Beziehung auf dieser Grundlage beruht, werden beherrscht von Sicherheit, Hingabe und einem Überfluß an Liebe, Gesundheit, Frieden, Spaß, Befriedigung, Erfolg und allem, was gut ist. Diese Beziehung ist eine spirituelle Erfahrung. Sie gibt Ihnen ein durchdringendes Wohlgefühl aus unbestimmbaren Gründen. Zwischen Ihnen geschieht etwas Zellulares, Energetisches, und zwar ganz automatisch: ein Austausch, der Sie glückselig macht. Immortalisten bewegen sich in einem Kontext der Sicherheit, es gibt also keinen Grund, sich gegenseitig anzugreifen. Sie tendieren ganz natürlich in Richtung all dessen, was lebenserhaltend ist, und das hat eine heilsame Wirkung. Sie beginnen, selbst vollkommene Gesundheit zu erfahren, und das ruft wiederum mehr Glück und Entspanntheit hervor. Und wie Bob und Mallie Mandel es ausdrücken würden: Sie haben „leidenschaftlich Frieden".

Übrigens, falls Sie jemals den Eheschwur geleistet haben, „bis der Tod euch scheidet", und Sie sind inzwischen trotzdem geschieden: Ist Ihnen klar, daß Sie immer noch dem *anderen* verpflichtet sind, „bis der Tod euch scheidet"? Sie haben sich verpflichtet – es sogar geschworen – und können also niemand anderem dieses Versprechen leisten. Ihr „Ex" könnte gestorben sein, und Sie wären trotzdem Ihrem Versprechen noch immer verpflichtet – denn Sie leben ja noch. Ich würde Ihnen daher eine Zeremonie empfehlen, die Sie von diesem Schwur befreit.

Ich selbst habe einmal eine Zeremonie veranstaltet, bei der ich mich geheiratet habe. Mir wurde klar, daß meine erste Ehe auf das Ego begründet war, und da das Ego keine Wirklichkeit ist, war diese Ehe auch kein wirklich spiritueller Bund. Es hat mich viel Zeit gekostet, mir das alles klarzumachen. Im Grunde führte ich die Zeremonie der Selbstheirat deshalb durch, weil ich mir darüber Klarheit verschaffen wollte, ob ich bereit wäre, mich selbst ganz und gar zu lieben. Konnte ich mich ganz für mich entscheiden, wenn nötig den Rest meines Lebens allein mit mir verbringen, sogar als Immortalist, also jahrhundertelang? Würde ich völlig glücklich sein können, sogar wenn ich niemals mehr mit einem Mann zusammen wäre? Würde ich mich auch dann für Physische Unsterblichkeit entscheiden, wenn ich nie mehr eine sexuelle Beziehung zu einem Mann hätte? Ich wollte wissen, ob es mir ernst war oder ob ich mir was vormachte. Ich habe lange darüber nachgedacht und beschlossen, daß ich das tatsächlich könnte; also heiratete ich mich. Eine befreiende Zeremonie. Ich hatte nicht mehr dieses „dringende Bedürfnis" nach einem Mann, um glücklich zu sein.

Diese Erfahrung hat meine Beziehungen zu Männern außerordentlich verbessert. Ich wollte nicht physisch unsterblich sein, um die eine oder andere momentane Beziehung zu verlängern. Ich wollte mich ganz und gar dafür entscheiden, lebendig zu sein, und zwar aus reiner Freude und einer persönlichen Dankbarkeit dem Großen Geist gegenüber. Dies war mein Weg dorthin. Jeder hat eine eigene Art zu erfahren, was das für ihn oder sie ist.

In meinem Fall bestand die nächste Phase darin, unsterbliche Beziehungen zu meinem gesamten Team zu entwickeln, eine sehr intime Verbindung, wie in einer Ehe. Natürlich arbeitete ich daran zunächst mit den Trainern, denn wir lehren und leiten gemeinsam – ich kann nur sagen, es war phantastisch. Und nun möchte ich dieses Gefühl unsterblicher Beziehungen ausdehnen auf den Rest meines Teams, auf die, die den Abschluß gemacht haben, und jeden, der dazu bereit ist. Ich arbeite weiter daran und lerne, wie man im unsterblichen Sinne intim sein kann, und zwar mit vielen Menschen gleichzeitig. Es geht um Nähe. Danach hungern wir alle.

Kapitel 8

Die Physische Unsterblichkeit meistern

Es ist kein Zufall, daß die Geheimnisse des ewigen Lebens angenehm sind.

Leonard Orr

Die Lehre der Physischen Unsterblichkeit hat drei Hauptaspekte: 1. eingehende Beschäftigung mit der Philosophie der Unsterblichkeit; 2. Aufklärung der familiären „Todestradition" und der eigenen Todessehnsucht; 3. den Körper zu meistern und spirituelle Läuterungstechniken anzuwenden.

Die Philosophie der Unsterblichkeit

Sich eingehend mit der Philosophie der Unsterblichkeit zu beschäftigen bedeutet unter anderem, alle erdenklichen Seminare zu diesem Thema zu besuchen, sich alle verfügbaren Kassetten anzuhören und soviel wie möglich immortalistische Literatur zu lesen. Es ist empfehlenswert, mindestens ein Jahr lang ausschließlich immortalistische Literatur zu lesen. Das wird in Ihrem Leben insgesamt erstaunliche Auswirkungen haben.

Was Seminare betrifft, das Loving Relationships Training (LRT) wäre ein guter Anfang; es ist teilweise dem Thema der Physischen Unsterblichkeit gewidmet. Die Seminarleiter geben auch öfters Seminare zum Thema an Rebirthing-Schulen für Fortgeschrittene. Informationen erhalten Sie bei den hinten im Buch aufgeführten Adressen, dort bekommen Sie auch Kassetten über Physische Unsterblichkeit. Leonard Orr hat eine ausgezeichnete Kassette mit dem Titel *Unravelling the Birth-Death Cycle* (Den Geburts-Todes-Kreislauf entwirren) produziert. Wenn Sie ausreichend gut Englisch verstehen, lohnt es sich, sie stets aufs neue anzuhören, denn mit jedem Mal wird Ihre Todessehnsucht weiter geschwächt.

Ich empfehle folgende immortalistische Literatur:
Die Autobiographie eines Yogi von Paramahanda Yogananda (insbesondere Kapitel 33 und 34),
Leben und Lehre der Meister im Fernen Osten von Baird T. Spalding,
alle Bücher von Annalee Skarin – *Beyond Mortal Boundaries*, *Book of Books* und *Secrets of Eternity*.

Weitere ausgezeichnete Bücher:
Ruby Nelson, *Das Tor zur Unendlichkeit,*
Jerry Gillies, *Psychological Immortality,*
Alan Harrington, *The Immortalist,*
Brother Spears, *How To Stop Dying and Live Forever,*
Lyall Watson, *The Romeo Error.*

Weitere Bücher, die man unbedingt lesen sollte:
Cosmic Trigger von Robert Anton Wilson,
Sternenbotschaft von Ken Carey,
The Mind of the Cells von SATPREM,
The Twelve Steps to Physical Immortality von Robert Coon,
Physical Immortality von Leonard Orr,
A Course in Miracles,
alle Bücher von Bob Mandel
und natürlich alle meine Bücher.

Weitere Bücher zum Thema lassen sich der Bibliographie entnehmen.

Familiäre „Todestradition" und eigene Todessehnsucht

Zuallererst sollten Sie Ihren Stammbaum aufzeichnen. Notieren Sie die Namen all Ihrer Vorfahren, woran sie gestorben und wie alt sie geworden sind, und sehen Sie sich die Liste dann eingehend an. Alsdann ist die Zeit gekommen, eine Entscheidung zu fällen. Machen Sie sich ein Versprechen: „Daß all meine Familienmitglieder bisher bestimmte Sterbesitten befolgt haben (die sehr klar aus dem Stammbaum hervorgehen), bedeutet nicht, daß ich diese Sitten übernehmen muß."
Sie können *beschließen,* dieser Familientradition nicht zu folgen!
Falls Ihnen die Informationen nicht zur Verfügung stehen, tun Sie Ihr Bestes, sie anderweitig herauszufinden. Bitten Sie die Unendliche Intelligenz und Ihre Intuition, Ihnen in Meditationen oder Träumen alle entsprechenden Informationen zu geben. Erforschen Sie die Krankheitsmuster Ihrer Familie.
Als nächstes löschen Sie Ihre „Programme", die den Tod betreffen. Sie können mit professioneller Hilfe Ihre vergangenen Leben erforschen oder diese Erinnerungen bei Rebirthing-Sitzungen selbst hochkommen lassen. Versuchen Sie herauszufinden, für wann Sie den eigenen Tod eingeplant hatten und wie er aussehen sollte – löschen Sie diesen Gedanken. Notieren Sie all Ihre Überzeugungen über den Tod und das Sterben. Notieren Sie oder erzählen Sie jemandem all Ihre Zweifel und Widerstände gegen die Vorstellung der Physischen Unsterblichkeit.
Gibt es Krankheiten, vor denen Sie sich fürchten oder die Sie für unheilbar halten? Klären Sie alle Gründe, weswegen Sie sterben wollten. Ihr Rebirther sollte gut genug ausgebildet sein, Ihnen dabei zu helfen.
Gehen Sie auf jeden Fall immer und immer wieder zum Rebirthing. Rebirthing ist, zusammen mit Affirmationen und spirituellen Läuterungstechniken, mithin die beste Methode, um die Todessehnsucht loszuwerden.

Den Körper meistern

Meistern Sie Selbstheilung, und lernen Sie, jeder Krankheit innerlich vorzubeugen. In der *Gemeinschaft Loving Relationships Training Ohana* geben wir viele Kurse in Heilkunst und -kunde. Ihr Rebirther wird Ihnen auch auf individueller Basis helfen können. Ein guter Anfang könnte das Kapitel über Heilung in meinem Buch *Celebration of Breath* sein. Wenden Sie alle spirituellen Läuterungstechniken an, die Ihnen bekannt sind, um Ihre Krankheitssymptome und die entsprechenden Gedanken zu beseitigen. Die Todessehnsucht aufzugeben ist einer der schnellsten Wege, den Körper zu heilen. Möglicherweise muß Ihr Körper viele Veränderungen durchmachen, während Sie sie loslassen. Deshalb sollte man sich von einem erfahrenen Rebirther unterstützen lassen, der es gewohnt ist, mit diesen Gedanken und Körperprozessen zu arbeiten.
Experimentieren sie mit Fasten und der Veränderung Ihrer Ernährungsgewohnheiten.[1]
Experimentieren Sie mit der Einschränkung Ihrer Schlafzeiten. Wachen sie einmal pro Monat eine ganze Nacht und meditieren Sie. Sind Sie erst einmal tief im Rebirthing-Prozeß, werden Sie weniger Schlaf benötigen. Das liegt daran, daß die Unterdrückung des Geburtstraumas und der Todessehnsucht Sie nicht mehr erschöpft – und das Rebirthing Ihnen mehr Energie gibt und Sie lebendiger macht. Acht Stunden Schlaf zu benötigen ist ein Glaubenssystem, das Sie sich angeeignet haben, und Sie können es ablegen, wenn Sie wollen. Ich kenne Leute, die nicht mehr als zwei Stunden pro Nacht schlafen. Indem Sie absichtlich weniger schlafen, können Sie eine Menge über Körperbeherrschung lernen.
Üben Sie Ihren Körper! Bereits als Mortalist machte ich Körpertraining. Es war mir wichtig. Ich ging jeden Tag fünfzehnhundert Meter schwimmen, rannte anderthalb Kilometer und

---
[1] Siehe „Ernährung und Unsterblichkeit", Kapitel 6.

trainierte meine Bauchmuskeln. Nach meiner Erleuchtung beschloß ich zu beobachten, was geschehen würde, wenn ich das alles unterließ. Heute habe ich das Gefühl, in einer besseren Verfassung zu sein. Damals trainierte ich aus Angst abzuschlaffen – aber sich üben zu *müssen,* das heißt, sich zu ärgern, wenn man es nicht macht, ist nicht gut für den Körper. Ich mußte erst einmal erfahren, daß mein Körper ohne Training nicht in sich zusammensinkt. Jetzt bleibt er nicht nur gut in Form, sondern ich kann problemlos schubweise Übungen machen, wenn ich Lust dazu habe. Die Ursache dafür sehe ich darin, daß ich mich mit meinem Denken übe, mit Rebirthing und dem Singen heiliger Lieder.

Ich wurde einmal von jemandem, der das von mir wußte, herausgefordert, anderthalb Stunden lang Jazzgymnastik zu machen. Die anderen waren schon ein ganzes Jahr dabei, und ich hatte jahrelang keine Übungen mehr gemacht. Ich nahm die Herausforderung an und habe anderthalb Stunden, ohne Pause und ohne schlappzumachen, mitgehalten – ich habe einfach den Rebirthing-Atem aufrechterhalten.

Ich hatte jahrelang das andere Extrem gelebt, um mir selbst etwas zu beweisen. Gegenwärtig wahre ich mehr Gleichgewicht. Ich gehe viel spazieren und habe Spaß daran, schwimmen zu gehen. Ich mache immer nur das, was sich gut anfühlt.

Übungen, die das Älterwerden umkehren

Als ich das vorliegende Buch schrieb, entdeckte ich Peter Kelders *Die Fünf »Tibeter«.* In seinem Buch werden fünf uralte tibetanische „Riten" beschrieben, die offenbar der Schlüssel zu dauerhafter Jugend, Gesundheit und Vitalität sind. Ich kann Ihnen derzeit noch keine detaillierten Resultate berichten, da ich sie nicht lange genug ausprobiert habe. Es gibt jedoch eine Vielzahl außergewöhnlicher Fallstudien, die sie als Jungbrunnen belegen. Das und meine bisherigen Erfahrungen mit den Riten haben mich davon überzeugt, daß sie funktionieren, wenn man sie kontinuierlich ausführt. Diese bemerkenswerten Übungen beeinflussen die sieben Energiezentren des Körpers. Es ist wichtig, die Darstellungen zu sehen, deshalb werde ich die Übungen hier nicht beschreiben. Sie sollten sich einfach das Buch zulegen.[2]

Abgesehen davon kann ich gar nicht oft genug sagen, wie wichtig Körperarbeit wie Massage, Rolfing, Chiropraktik und so weiter ist – besonders wenn Sie sich der Unsterblichkeit widmen. Ihr Körper wird viele Veränderungen durchmachen, und Sie werden sich letztlich nach dieser Hilfe sehnen, denn es macht vieles sehr viel einfacher. Ich möchte an dieser Stelle allerdings ein Wort der Warnung einfließen lassen. Lassen Sie niemanden an Ihrem Körper arbeiten, der nicht so klar ist wie Sie. Denn wenn Sie monatelang an der Unsterblichkeit und an der Läuterung durch Rebirthing gearbeitet haben, wäre es nicht klug, einen Mortalisten gewähren zu lassen. Manche vergessen so etwas bisweilen aus Loyalität einem Körperarbeiter gegenüber, den sie schon seit Jahren kennen. Es könnte ja sein, Sie fangen wieder damit an, die Todessehnsucht und das Geburtstrauma aufs neue zu bearbeiten, vermischt mit den Problemen Ihres Therapeuten auf diesem Gebiet.

Ich selbst lasse mich regelmäßig massieren, lasse meine Körperenergien wieder in Harmonie bringen, gehe zum Chiropraktiker und mache Rolfing. Rolfing ist eine Tiefengewebsmassage, die den Körper um seine zentrale vertikale Achse im Schwerkraftfeld ausrichtet. Rolfer sind die Bildhauer des New Age.

In den letzten zehn Jahren habe ich mich über 150mal „rolfen" lassen, und das ist mit ein Grund, daß ich dauernd umherreisen kann, ohne zu ermüden und krank zu werden. Ida Rolf, die Begründerin des Rolfing, war meine Freundin und gewiß ein Genie dieses Jahrhunderts. Als sie weit über achtzig war, erzählte sie mir, sie hätte begriffen, was Physische Unsterblichkeit ist, als sie 33 war, aber wäre damals allein damit geblieben.

---

[2] Siehe Bibliographie.

Mehrere Universitäten hatten sie bereits gefeuert, weil sie „zu fortschrittlich" gewesen sei. Sie war ihrer Zeit über fünfzig Jahre voraus. Mich schaute sie an und sagte: *„Gib nie auf ... du hast die Gemeinschaft."*
Ich möchte an dieser Stelle den Körpertherapeuten danken, die mir im Laufe der Jahre soviel Liebe und gute Sorge haben angedeihen lassen. Sie sind mir über alle Gebühr zugetan und zeitweilig sogar von sehr weit gekommen, um mit mir zu arbeiten. Ihre Fähigkeiten, Professionalität, Erleuchtung, selbstlose Motivation, Liebe für ihre Arbeit, hervorragenden Leistungen und ihre Freundlichkeit beeindrucken mich sehr: Patrick Collard (Mind Body Release), Don McFarland (Body Harmony), Kermit Stick (Rolfing), Michael Faila (Chiropraktiker) und Joe Adler (Chiropraktiker).[3]

---

[3] Ich habe ihre Arbeit in meinem Buch *Pure Joy* beschrieben.

Kapitel 9

Die Physische Unsterblichkeit beibehalten

Dieses Kapitel ist der Kern des Buches. Der Titel könnte auch lauten: „Die Physische Unsterblichkeit beibehalten und mittels spiritueller Läuterungstechniken den Alterungsprozeß aufhalten".

Wem spirituelle Läuterungstechniken bereits geläufig sind, sollte dieses Kapitel trotzdem nicht übergehen, denn der „Erhalt" beziehungsweise die „Beibehaltung" Physischer Unsterblichkeit verlangt eine etwas andere Herangehensweise. Bei der Vorbereitung zu diesem Kapitel habe ich erneut gelernt, daß man nicht genügend über spirituelle Läuterungstechniken wissen und, indem man sie ausübt, lernen kann. Sie führen einen einfach immer weiter.

Als Kind war mir das Wort „Reue" ein Rätsel. Es schien zu bedeuten, daß ich schreckliche Sünden begangen hatte und mich schnellstens ändern sollte – oder sonst: ab in die Hölle. Niemand schien mir allerdings erklären zu können, was ich ändern mußte, und ich hatte Angst.

Gegenwärtig ist das ganz unkompliziert, und ich kann voll Freude sagen: Ich selbst kann *mir* vergeben und Vergebung empfangen; ich kann *mich selbst* von Negativität und Karma läutern, indem ich Techniken anwende, die weit angenehmer sind, als ich es mir jemals vorgestellt habe. So hätte ich mich als Kind schnellstens ändern können – wenn ich davon gewußt hätte; abgesehen davon denke ich heute natürlich positiv und handle nicht aus Angst.

Manche Leute sagen mir: Ja, sie hätten es mit der Physischen Unsterblichkeit „geschafft" und seien fraglos Immortalisten. Aber ich weiß, daß sie sich nicht spirituell läutern! Es wäre schade, wenn Sie es womöglich doch nicht schaffen, nur weil Sie das unbewußte Material nicht ausräumen, das die Menschen altern und letztlich sterben läßt.

Vielleicht haben Sie vor, irgendwann einmal ernsthaft damit zu beginnen – aber im Moment haben Sie einfach keine Zeit ... Indes weiß ich, daß ihnen das später einmal leid tun wird. Dabei ist es so einfach: Wenn man sich Zeit dafür nimmt, steht einem insgesamt mehr Zeit zur Verfügung. Aber Sie werden es mir nicht glauben – bis Sie selbst diese Erfahrung machen.

Dennoch kann man es nicht oft genug sagen: Wer diese Techniken anwendet, kann in immer weniger Zeit immer mehr tun. Ich wußte nicht wirklich, was es heißt, produktiv zu sein, bis ich anfing, spirituelle Läuterungstechniken anzuwenden.

Bei der Vorbereitung zu diesem Kapitel ereignete sich Erstaunliches. Als ich damit begann, änderte meine Energie sich beachtlich. Ich hatte das Gefühl, immer energievoller und lebendiger zu werden, Seite für Seite, Moment für Moment. Je tiefer ich in den Teil über spirituelle Läuterung einstieg, desto mehr begannen die Techniken, die ich beschrieb, an mir zu arbeiten – eine Art Osmose fand statt. Obwohl ich die Übungen lediglich beschrieb – ich habe sie allerdings auch schon sehr oft ausgeführt –, begann ich sie „wiederzubeleben". Ich tauchte immer tiefer und hob immer mehr ab und fühlte mich stets klarer. Meine Lebensfreude wuchs stetig, und ich fühlte mich *phantastisch!*

Ich kann mir gut vorstellen, daß auch Sie diese Energiewandlung erfahren, während Sie diesen Teil des Buches lesen. Erlauben Sie sich, das zu empfinden, denn genauso funktioniert spirituelle Läuterung: Sie machen die Übungen und sind anfangs vielleicht ein wenig schwerfällig und langsam – Sie spüren Widerstände, fühlen sich leer, nicht richtig bei der Sache. Wenn Sie gleichwohl weitermachen, lassen Sie Ihr Ego

ständig weiter los und fühlen sich immer besser. Wenn Sie dann noch ein wenig weitermachen, beginnt eine Art Magie zu wirken, und es fängt an, Ihnen richtig Spaß zu machen. Sie erfahren Momente der Glückseligkeit und wollen mehr davon. Also machen Sie sich ran. Sie öffnen sich weiter. Sie werden transformiert. Ihr Körper ändert sich. Ihre Stimmung wird angehoben. Sie haben das Gefühl, sich zu verjüngen. Sie wollen weitermachen. Sie beginnen sich auf das nächste Mal zu freuen. Sie empfinden mehr Liebe, mehr Lebendigkeit – und das bleibt Ihnen den ganzen Tag lang erhalten.
Lesen Sie dieses Kapitel also langsam und aufmerksam, lassen Sie sich von den Ideen läutern, und stellen Sie sich vor, wie es wäre, tatsächlich diese Erfahrung zu machen und Spaß dabei zu haben.
Jesus drückt es im *Course* folgendermaßen aus: „Wunder sind etwas Gewöhnliches, aber zuerst muß eine Läuterung stattfinden."
Zögern Sie es nicht heraus, es funktioniert! Jeder Moment könnte zum Wunder werden, wenn Sie *jetzt* anfangen – und weitermachen!

Läuterungstechniken, die Physische Unsterblichkeit fördern

Ich empfehle folgende spirituellen Läuterungstechniken zur Beseitigung der unbewußten Todessehnsucht und Negativität, die den Alterungsprozeß hervorrufen. Ich werde sie zunächst auflisten und sie dann jeweils zusammenfassend beschreiben und erläutern, wie sie sich zur Physischen Unsterblichkeit verhalten:

Affirmationen
Seminare
A Course in Miracles und andere erleuchtete Bücher
Rebirthing
Das Singen heiliger Lieder

Meditation
Ho'O Pono Pono
Gebet
Die Elemente
Kristalle
Die Kopfrasur
Stille
Fasten
Indianische Schwitzhütten
Körperarbeit
Schlafminderung
Samadhi-Tanks
Yoga, Tai Chi und ähnliches
Vergebung und Liebe
Arbeit als Form der Anbetung
Schreiben
Musik
Reisen
Indien
Der Guru

Affirmationen

Eine Affirmation ist ein positiver Gedanke, mit dem Sie Ihr Bewußtsein absichtlich überfluten, indem Sie ihn stetig wiederholen, um damit ein bestimmtes Resultat zu erzielen. Zunächst führe ich eine Liste sechs grundlegender Affirmationen auf, die Sie oft aussprechen und aufschreiben sollten, dann folgen die Affirmationen aus meinem Buch *Rebirthing in the New Age* und schließlich eine „Programmierung" für Ihr Unterbewußtsein, die Sie jeden Abend und Morgen einsetzen können.[1]

---

[1] In meinem Buch *Kraft der Liebe* habe ich beschrieben, wie man die Methode der Affirmationen maximal entwickeln kann.

Sechs grundlegende Affirmationen

1. Mein Lebenswille ist größer als meine Todessehnsucht, denn ich bin jetzt lebendig; solange ich meinen Lebenswillen stärke und meine Todessehnsucht schwäche, lebe ich weiterhin gesund und bin voll der Jugend.
2. Das Leben währt ewig. Ich bin das Leben. Mein Verstand ist die denkende Eigenschaft des Lebens und währt ewig; auch mein physischer Leib währt ewig, und somit hat mein lebendiges Fleisch die natürliche Tendenz, vollkommen gesund und voller Jugendlichkeit ewig zu leben.
3. Mein physischer Leib ist eine sichere und angenehme Bleibe; das gesamte Universum hat das Ziel, meinen physischen Körper zu fördern und mir eine angenehme Bleibe zu schaffen, wo ich mich äußern kann.
4. Jede einzelne meiner Zellen wächst in vollkommener Jugend und wird mit jedem Tag lebendiger und energiereicher. Jede Zelle wird durch eine mehr verfeinerte, reinere und makellose Zelle ersetzt.
5. Der göttliche Alchemist in mir transformiert mein Äußeres, um seiner ewigen Jugend Ausdruck zu verleihen.
6. All meine Zellen baden täglich in der Vollkommenheit meiner göttlichen Essenz.

Affirmationen für Lebendigkeit und Reichtum

1. Mein Verstand ist in der Unendlichen Intelligenz verwurzelt, die weiß, was gut für mich ist; ich bin eins mit der schöpferischen Kraft, die all meine Wünsche materialisiert.
2. Ich habe jetzt genügend Zeit, Energie, Weisheit und Geld, all meine Wünsche zu erfüllen.
3. Ich bin immer zur rechten Zeit am rechten Ort und damit beschäftigt, erfolgreich das Richtige zu tun.

4. Die Menschen stehen mir jetzt hilfreich und kooperativ zur Seite.
5. Meine Tage sind angefüllt mit mentalen und physischen Freuden.
6. Großherzig gebe und empfange ich Liebe.
7. Je mehr ich gewinne, desto besser fühle ich mich dabei, andere gewinnen zu lassen; je besser ich mich dabei fühle, andere gewinnen zu lassen, desto mehr gewinne ich; deshalb gewinne ich immer.
8. Ich leiste täglich wertvolle Beiträge zu meiner eigenen Lebendigkeit und der Lebendigkeit aller Menschen.
9. Ich brauche jetzt keine Erlaubnis mehr zu erbitten, um Dinge zu tun, von denen ich weiß, daß sie getan werden müssen.
10. Ich fühle mich heute den ganzen Tag heiter und wunderbar!
11. Ich brauche nicht zu leiden, damit ich Glück empfange.
12. Meine Güte umgibt mich. Daß etwas gut ist, bedeutet nicht, es müsse wieder aufhören.
13. Gute Dinge sind endlos und bereichern mich zunehmend.
14. Es macht mir jetzt Spaß, das Gute anzunehmen, und dadurch empfange ich immer mehr Gutes.
15. Je mehr mich die gegenwärtige Situation befriedigt, desto mehr Befriedigung erlange ich.
16. Ich empfinde jetzt einen angenehmen, freudigen Frieden.
17. Ich habe ein Recht, genüßlich faul zu sein, solange es angenehm ist.
18. Ich bin eine ewig fließende Quelle der Lebendigkeit.
19. Alle Zellen, Gewebe und Organe meines Körpers verjüngen sich jetzt meinem Wunsch entsprechend.
20. Mein Körper verjüngt sich; täglich bringt er mehr Gesundheit und Kraft zum Ausdruck.
21. Ich beginne jetzt mit dem Verjüngungsprozeß; mit jedem Geburtstag werde ich ein Jahr jünger.

22. Ich bin ins ewige Leben eingegangen – mein Körper verjüngt sich völlig, solange ich das wünsche.
23. Ich kooperiere mit der Weiterentwicklung der Schöpfung; das gesamte Universum unterstützt und fördert mein Leben und meine Ziele. Meine Seele und mein Körper, mit ihren unendlichen Möglichkeiten, schreiten voran in Übereinstimmung mit meinen Wünschen. Ich nutze nun alle meine Kräfte und Möglichkeiten im Geiste und in Wahrheit.
24. Mein physischer Körper ist mein wertvollster Besitz.
25. Je mehr ich mir Gutes tue, desto mehr bereichere ich meine Lebendigkeit.
26. Die einzigen Keime, die mir schaden können, sind die Keime schlechter Vorstellungen.
27. Mein Körper ist nicht eins mit Schmerzen; daher kann ich Schmerzen loslassen, wann immer ich möchte.
28. Der Körper ist mein liebevoller Diener; er versucht mir beizubringen, falsche Vorstellungen aufzugeben, damit ich das ewige Leben und all seine Freuden genießen kann.
29. Wie Gott habe ich die Fähigkeit, Krankheit durch Gesundheit zu ersetzen.
30. Je mehr ich mir Gutes tue, desto mehr bereichere ich meine eigene Lebendigkeit.

Gesundheit und Körperbewußtsein

1. Ich fühle mich heute den ganzen Tag lang heiter und wunderbar.
2. Meine Haut wird schöner, und meine Talgdrüsen funktionieren optimal. Meine Haut wird tatsächlich jünger.
3. Die Unendliche Intelligenz heilt meinen Körper.
4. Meine Eltern und meine Liebhaber mögen jetzt meinen Körper.

5. Mein Körper gefällt Männern/Frauen ganz außerordentlich.
6. Mein Blutkreislauf dient meinem gesamten Körper, indem er ihn reinigt und in vollkommener Gesundheit erhält.
7. Spannungen sind für mich kein Problem mehr.
8. Ich bin jetzt bereit, meine Spannungen und Gefühle der Ohnmacht loszulassen und im Glanz meiner natürlichen Göttlichkeit zu leben.
9. Ich habe das Recht und die Fähigkeit, ohne Spannungen zu leben; ich werde von allen geliebt.
10. Ich mag mich, auch wenn ich verspannt bin, darum ist es nicht notwendig, Spannungen zu haben.
11. Mein Körper funktioniert optimal, egal wieviel Schlaf er bekommt.
12. Ich brauche nicht länger Schmerzen zu empfinden, damit ich Aufmerksamkeit erlange.
13. Mein optimales Gewicht ist …, und alle überflüssigen Zellen werden von meinem Blutkreislauf herausgewaschen.
14. Mein Körper ist mein Diener und bringt mich auf mein optimales Gewicht.
15. Ich erfreue mich Gottes heilender Kraft in meinem Körper.
16. Der Körper ist mein liebevoller Diener, der mir beibringt, falsche Vorstellungen aufzugeben, auf daß ich das ewige Leben und all seine Freuden genießen kann.
17. Mein Wesensgrund ist vollkommene Vitalität, und sie manifestiert sich in meinem physischen Körper.
18. Die Intelligenz des reinen Geistes erweitert ihre vollkommene Ordnung in meinem Denken und meinem Körper.
19. Mein Verstand ist völlig von der Erkenntnis seiner eigenen lebensspendenden Kraft durchdrungen und ersetzt deshalb Krankheit durch Gesundheit.

20. Mein Denken ist auf das Denken von ... abgestimmt, und dadurch kann ich ... bei der Heilung helfen. Die Vollkommenheit teilt sich uns beiden mit und bereichert uns.

Ich danke Leonard Orr für diese Affirmationen.

Programmierung für Ihr Unterbewußtsein

Gedanken der Angst, des Schmerzes und der Trauer machen häßlich: Das nennt man Altern. Freudige Gedanken, liebevolle Gedanken und Ideale erschaffen einem jene Schönheit, die man Jugend nennt. Machen Sie es sich zur allabendlichen Übung, das Bewußtsein Ihrer Kindheit wiederzubeleben. Visualisieren Sie das göttliche Kind in sich.[2]

Seminare

Informationen über Seminare zu den Themen Beziehungen, Rebirthing und Unsterblichkeit bekommen sie vom *LRT International Office*.
Es lohnt sich, Seminare zu besuchen, nicht nur weil Sie dort Informationen über Unsterblichkeit und andere Themen bekommen können, die Ihren Wunsch, intensiver zu leben, fördern, sondern auch weil die Liebe der Gruppe verdrängtes Material, das Sie altern läßt, beseitigen hilft.
Das Zusammensein mit einer großen Gruppe Menschen, die alle an Unsterblichkeit arbeiten, hat nachhaltige Wirkung auf die Zellen. Sie werden sozusagen „unsterblicher". Ihre DNS wird allein schon durch das Zusammensein mit Immortalisten positiv beeinflußt.

---

[2] Aus *Leben und Lehren der Meister im Fernen Osten*, Teil I, von Baird T. Spalding.

Meiner Meinung nach ist die wirkungsvollste Veranstaltung in dieser Hinsicht das *LRT-Ten-Day,* unser alljährliches Sommerereignis: Mehrere hundert Studenten aus der gesamten Welt verbringen zehn Tage in einer Feriensiedlung an einem kraftspendenden Ort und arbeiten gemeinsam an Verjüngung, Rebirthing und ihren Beziehungen.

Bücher

Eines der besten Dinge, die Sie für sich tun können, ist, Bücher über Unsterblichkeit zu lesen. Sie geben Ihnen nicht nur ein tolles Gefühl, sondern festigen auch Ihre Vitalität und Gesundheit.

Rebirthing

Rebirthing ist eine optimale Methode, sich zu läutern und zu reinigen. Es ist ein einfacher Atemprozeß, der nur mit gut ausgebildeten Rebirthern durchgeführt werden sollte, die den Zusammenhang zwischen Geburtstrauma und Todessehnsucht im menschlichen Bewußtsein verstehen. Es geht schlicht darum, den Atem in Gegenwart eines anderen Immortalisten ununterbrochen, glatt und rhythmisch kreisen zu lassen. Das vermittelt Ihren Zellen Glück und Lebendigkeit. Starke Energie strömt in Sie hinein, und alte Todesprogrammierungen lösen sich auf.
Wir bieten – als Einzelsitzung und in Gruppen – sogenanntes trockenes und nasses Rebirthing, in warmem und kaltem Wasser, an. Einzelsitzungen sind am wichtigsten. Man sollte erst dann einem Gruppen-Rebirthing beiwohnen, wenn man Erfahrung mit der Atemtechnik hat, und natürlich nur mit erfahrenen Rebirthern, denn dann stimmt auch die anschließende Nachbereitung. Wenn man Einsicht in die eigene Unsterblichkeit erlangen möchte, ist Rebirthing in warmem

Wasser mithin der beste mir bekannte Weg. Kaltes Wasser bringt einen sogar noch weiter. Rebirthing mag wie ein sehr subtiler Vorgang aussehen, ist jedoch ein extrem kraftvoller und heiliger Prozeß und sollte richtig angewandt werden. *Das Konzept der Physischen Unsterblichkeit ist dabei unerläßlich,* und Rebirther, die das nicht berücksichtigen, betrachten wir nicht als integer. Man hat nach einem Rebirthing bedeutend mehr Energie für seine Gedanken – und wenn man keine Klarheit über den Gedanken „Der Tod ist unausweichlich" hat, weil der Rebirther sie einem nicht vermittelt, erhält diese Ansicht mehr Energie, und das Gegenteil dessen, was wir bewerkstelligen wollen, geschieht.

Babaji erklärte uns, spirituelles Atmen sei das „Neue Yoga" für die heutige Zeit und daß es „Mahamrtenjai" erzeugen könne, was Sieg über den Tod, Verklärung und Auferstehung bedeutet. Das deshalb, weil dieses Atmen nicht nur die Gesundheit fördert, sondern auch die Glückseligkeit, Energie, Freude und Weisheit …

Es ist wichtig, *mindestens* zehn Sitzungen mit einem ausgebildeten Rebirther durchgeführt zu haben, bevor man es allein versucht. Noch einmal: Rebirthing ist heilig, und obwohl es subtil ist, äußerst kraftvoll. Die Energien im Körper können so viel Kraft entwickeln, daß ein Atemführer (Rebirther) sehr wertvoll ist, wenn es darum geht, eventuell auftauchende Ängste abzuwenden.

Es heißt, Älterwerden werde von sich in der Zelle ansammelnden Abfallstoffen verursacht und der daraus resultierenden mangelhaften Sauerstoffversorgung, außerdem durch negative Ideen und Gedanken. Meisterschaft über den Atem und das Denken sind somit die unerläßliche Grundlage für Verjüngung, zusätzlich sollten Sie sich täglich wieder auf Gott besinnen und darauf, wer Sie wirklich sind. Rebirthing bringt Sie in Kontakt mit Ihrer natürlichen Göttlichkeit.

Wir raten jedem, an einem Rebirthing-Seminar teilzunehmen und die entsprechenden Bücher zu lesen, um ausreichend vorbereitet zu sein.

Das ist meiner Meinung nach der Schlüssel, um das Konzept Physischer Unsterblichkeit zu durchschauen, und in der Vergangenheit haben Menschen die Physische Unsterblichkeit vor allem deshalb nicht erlangt, weil sie nicht wußten, wie sie ihre Geburtstraumas lösen konnten. Jeder hat seit seiner Geburt viele komplexe negative Gedanken, von denen manche aufs engste mit dem Tod zusammenhängen. Es dürfte ohne Rebirthing außerordentlich schwierig sein, an sie heranzukommen. Manch einer unserer Vorfahren mag sich für einen Immortalisten gehalten haben, aber wenn er seine Geburtsgedanken nicht aufgelöst hat, haben genau diese Gedanken ihn trotz seiner Überzeugung, physisch unsterblich zu sein, altern lassen. Einige mögen es dennoch ohne Rebirthing geschafft haben, aber dann hatten sie bestimmt eine ähnlich kraftvolle Atemmethode oder haben sich in ihrem Leben anderweitig entsprechend spirituell geläutert.

Das Singen heiliger Lieder

Aus dem Singen heiliger Lieder erwächst einem außergewöhnlich viel Kraft, daher verblüfft mich der Widerstand, den diese Methode immer noch weckt, stets aufs neue. Es verändert die Frequenzen der Gehirnströme erwiesenermaßen positiv. Die Indianer beispielsweise haben schon immer verstanden, daß es sich um eine sehr kraftvolle Methode handelt, Energie zu geben und zu empfangen und die Lebensenergie kreisen zu lassen.
Heilige Lieder zu singen *schult Ihre Zellen* in Physischer Unsterblichkeit. In Indien und anderen Ländern gibt es eine uralte Wissenschaft der Töne und Laute, der sogenannten Mantras, deren Schwingungen höhere Bewußtseinszustände hervorrufen. Ein Mantra ist eine heilige Silbe, ein Wort oder Satz, die einen zur Vervollkommnung und Verwirklichung Gottes führen, wenn man sie unaufhörlich wiederholt und erwägt.

Dahinter steht die Einsicht, das Mantra steige, durch ständige Wiederholung, nach und nach aus dem mentalen Wollen durch alle Seinsebenen hinab und wirke auf die Empfindungen und Reaktionen des Herzens und letztlich des Körpers an sich ein. Die Einwirkung ist ansehnlich: Der Körper gerät durch das permanente Wiederholen in Resonanz und beginnt mitzuschwingen.

Die Mutter, Sri Aurobindos Weggefährtin, empfiehlt als Unsterblichkeits-Mantra: OM NAMO BHAGAVATEH.[3] Dieses Mantra habe einen stark ordnenden Einfluß auf das Unterbewußtsein, das Unbewußte, die Materie und die Zellen. Damit es seine Wirkung voll entfalten kann – sie sagt, es wirke wie ein Drillbohrer –, braucht es allerdings ein wenig Zeit.

Babaji lehrte uns, das höchste Mantra, das *Maha-Mantra,* laute: OM NAMAHA SHIVAI. Dieses Mantra sei der höchste Gedanke des Universums und bedeute – wie auch das Mantra der Mutter –: „Ich verbeuge mich vor Gott in mir" und „Unendlicher Geist, Unendliches Wesen und Unendliche Manifestation" und auch „O Shiva, ich verbeuge mich ehrfürchtig vor dir". Shiva ist jener Aspekt Gottes, der das Unwissen, das Ego zerstört. Das Mantra zerstört also Negativität und Todessehnsucht und kräftigt gleichzeitig den Lebenswillen; es ist, als schöpfe man unmittelbar aus der Quelle.

Das Singen heiliger Lieder belebt das Bewußtsein und hilft einem erwiesenermaßen, Leiden, Schmerz und Krankheit zu überwinden. Es bietet Ihnen Schutz und bringt inneren Frieden. Man könnte es mit einem erquickenden Nektar vergleichen, dem „Elixier Physischer Unsterblichkeit".

Das Mantra an sich ist göttlich, und es ständig zu wiederholen läutert das Herz. Das Singen heiliger Lieder ruft Gnade herbei.[4]

---

[3] In *The Mind of the Cells* von SATPREM.
[4] Wer die allumfassende tiefere Bedeutung des *Om-Namaha-Shivai*-Mantras erfahren möchte, bestelle die Kassette mit dem gleichlautenden Namen bei: Gady, Products Division, LRT Int'l., P. O. Box 1465, Washington, CT 06793 oder rufe an: 001-203-354-8509.

Das allumfassende Physische-Unsterblichkeits-Mantra wurde mir in Indien gegeben und lautet: „OM TRAYAMBAKAM YAJAMAHE SUGANDHIM PUSHTI VARDHANAM URWARUKMIVA BANDHANAT MRITYOR MUKSHEEYA MAMRITAT", was soviel bedeutet wie: „Sieg über den Tod" und „Wir beten dich an, Trayambakshewar (der heilende Aspekt Shivas); befreie uns von den Banden der Geburt und des Todes … Mögen Krankheit und Tod uns nicht ereilen …"[5]

Meditation

Meditation kann man nicht durch Denken erreichen. Das bedeutet allerdings nicht, den Geist gedankenleer zu machen, wie manche meinen. Meditation hat nichts mit Hypnose oder Willenlosigkeit zu tun und ist auch nichts Geheimnisvolles. Es handelt sich vielmehr um eine systematische Methode, sich zu konzentrieren und Zugang zu latenten mentalen Kräften zu bekommen, das heißt, in das Unbewußte einzutauchen. Durch Meditation wird der Geist geschult, von der oberflächlichen Bewußtseinsebene in die Tiefen hinabzusteigen. Zu diesem von rationalen Gedankenfreien Abstieg, zum Sprung in die Tiefe, braucht man ein Instrument.
Das Instrument hat die Aufgabe, Sie ins Unbewußte zu versetzen, und ist lediglich notwendig, weil der Verstand so durchtrainiert ist. Es ist ein Trick, Ihre Ratio zu entspannen. Sufis[6] benutzen den Tanz, Zen-Lehrer Koans[7]. Bhagwan Osho[8]

---

[5] Anmerkung: Dieses Mantra muß in Sanskrit gesungen werden, und zwar genau in der richtigen Kadenz. Es ist auf einigen Aarti-Aufnahmen aus Indien zu finden. Eine Kassette ist in Planung.

[6] Ein mystischer Orden des Islam, bekannt durch die tanzenden Derwische.

[7] Nur scheinbar Rätsel, sind Koans zumeist „Antworten" des Meisters auf Fragen des Schülers nach dem tiefsten Sinn, die nicht mit dem herkömmlichen Verstand zu begreifen sind.

[8] Indischer Meister der Moderne, berühmt-berüchtigt unter dem Namen Bhagwan Shree Rajneesh.

wandte eine sehr heftige Methode an: chaotische Meditation mit Katharsis.

Maharishis Instrument, die Transzendentale Meditation (TM), basiert auf dem persönlichen Mantra, das Sie von Ihrem Lehrer erhalten und andauernd lautlos wiederholen. Ich habe diese Form der Meditation gelernt, da sie meines Erachtens am besten zu Rebirthing und dem Singen heiliger Lieder paßt.[9] Maharishi lehrt ebenfalls Physische Unsterblichkeit. Er hat konkret wissenschaftlich – statistisch – nachgewiesen, daß TM Verjüngung, Langlebigkeit und Jugendlichkeit bewirkt. Wissenschaftlich ist somit erwiesen, daß TM das Altern stoppt.

Man kann sich auch eigene „Musik-Meditationen" schaffen und ihre Wirkung am eigenen Leib erforschen.

Ho'O Pono Pono

Ho'O Pono Pono ist ein außerordentlich wirkungsvoller „Heilritus", der in grauer Vorzeit von hawaiianischen Kahunas entwickelt wurde. Er hilft, inneren Frieden, Gleichgewicht und ein sinnvolles Leben zu erlangen. Im wesentlichen ist es ein Weg, Fehler zu korrigieren und wiedergutzumachen, indem man sie bereut, sich selbst vergibt und eine Umwandlung einleitet. Es ist eine einfache, aber nachhaltige Methode, um Probleme und Konflikte zu lösen und Streß abzubauen. Ihre Vitalität steigert sich, und Ihr Lebenswille erstarkt – von „schlechtem" Karma geläutert und Fehlern befreit, haben Sie das Gefühl, wieder richtig zu leben.

Das Ziel des Ho'O Pono Pono ist es, alle sogenannten *Aka-Fäden* – Verkettungen oder Verbindungen zu ungleichgewichtigen, unharmonischen, negativen Situationen – zu lösen beziehungsweise zu kappen. Das erzeugt Gleichgewicht und

---

[9] Wir freuen uns, einen LRT-Trainer, der TM gelehrt hat, zu den Unsrigen zu zählen; er war fünfzehn Jahre bei Maharishi: Vincent Betar. Er hat diese Methode in meinem Buch *Pure Joy* eingehend beschrieben.

Frieden, innen wie außen, für einen selbst, für andere und die gesamte Natur. Die Heilwirkung ist zunächst spirituell und mental, letztlich aber physisch und materiell. Ho'O Pono Pono, als Exorzismus angewandt, erlöst beispielsweise an gewissen Orten haftende erdgebundene Geister; im Zusammenhang mit Erinnerungen an vergangene Leben löscht es Traumas aus der Erinnerungsbank, ohne dabei Streß zu verursachen. Es kann Unstimmigkeiten zwischen Personen, Gruppen und Freunden heilen, kann von emotionalen, mentalen, verbalen oder physischen Äußerungen des Hasses, der Wut, der Schuld und der Depression befreien. Es kann einem seine schlechten Angewohnheiten nehmen und von vergangenen und gegenwärtigen Fehlern lösen.[10] Voraussetzung ist allerdings, von einem Kahuna oder seinen Helfern ausgebildet worden zu sein.

Der Ho'O-Pono-Pono-Prozeß löst Todessehnsucht und Negativität *mit Gewißheit auf* und hilft, medizinische Probleme zu lösen. Die Kahunas, spirituelle Meister mit großer Macht, wußten, wovon sie sprachen. Sie wirkten, und wirken noch immer, Wunder und haben sogar Macht über die Elemente. Man kann sie mit Medizinmännern vergleichen. Sie können unmittelbar heilen und sogar Knochenbrüche richten, indem sie einen lediglich berühren; sie können Haie am Zubeißen hindern und das Wetter ändern. Manche können Tote wieder auferstehen lassen und sich dematerialisieren und rematerialisieren, wie Babaji und Jesus. *Sollten wir nicht auf sie hören?* (Ein Kahuna erzählte mir, daß er zum Abschluß seiner außerordentlich rigorosen Ausbildung einen Giftbecher leeren mußte.)

Sonnenwasser verhilft zu Langlebigkeit, sagte mir ein Kahuna. Man nimmt einen grünen Glasbehälter, füllt ihn mit Wasser und stellt ihn insgesamt 24 Stunden in die Sonne: Fertig ist das lebensverlängernde Trinkwasser.

Der einzige Unterschied zwischen Kahunas, Medizinmännern

---

[10] Zusammenfassung aus Enid Hoffman, *Huna*.

und indischen Gurus – alles spirituelle Meister – und Ihnen besteht darin, daß diese wissen, wer sie sind, und nicht denken: „Ich bin von allem getrennt", „Ich schaffe es nicht," „Ich weiß nicht, wie" und so weiter.

Gebet

Sun Bear, Medizinmann und Oberhaupt des Bärenstammes der Chippewa-Indianer, schreibt: „Wenn Sie wach werden, danken Sie dem Schöpfer dafür, daß Sie leben. Öffnen Sie im Anschluß daran Ihre Augen, schauen Sie die Welt um sich herum an, und danken Sie dem Schöpfer dafür, und fragen Sie ihn: ‚Wie kann ich den Menschen am besten dienen?'"[11]

Von Annalee Skarin, einer Unsterblichen Meisterin, die sich willentlich dematerialisieren und wieder materialisieren kann, können wir zweifelsohne einiges lernen, beispielsweise: „Das Gebet ist die größte Kraft, die der Menschheit gegeben worden ist."

Dennoch beten nur wenig Menschen, und noch viel weniger wissen, was Gebet ist. Alle großen spirituellen Meister reden von der Wichtigkeit des Gebetes: *Beten Sie auch?*

Catherine Ponder erklärt, Gebet wecke die höchste Energieform im Universum und verbinde sie gleichzeitig mit der Quelle. Wenn Sie beten, entfesseln Sie eine Art Kernkraft in sich selbst und Ihrer Umwelt!

Affirmationen beispielsweise sind Formen des Gebets, die Sie dem Unendlichen Geist aufprägen. Ebenso ist das Singen heiliger Lieder eine Art Gebet, und auch die Ho'O-Pono-Pono-Technik beinhaltet alte hawaiianische Gebete. Und – *es funktioniert!*

Es hat einen besonderen Grund, daß ich dem Thema Gebete und Unsterblichkeit einen eigenen Abschnitt widme. Gebete

---

[11] Aus Sun Bear, *Der Pfad der Macht*. Weitere Informationen über Sun Bear: The Bear Tribe, P.O. Box 9167, Spokane, WA 99209.

setzen „ein höheres Gesetz" in Bewegung. Gebet kann die uns bekannten Naturgesetze bekräftigen, sie neutralisieren oder sogar auf den Kopf stellen. (Die meisten Naturwissenschaftler behaupten, es gäbe keine Wunder, sondern lediglich höhere Gesetze, die wir bisher nicht verstehen; sie haben beispielsweise die Wunder der Kahunas bisher nicht erklären können.) Weshalb ist das Gebet so mächtig? Weil es eine spirituelle Kraft in Bewegung setzt, die festgefahrene Denkweisen einstürzen läßt. Die in Bewegung gesetzte Energie und Kraft hilft Ihnen, negative Gedankenschichten zu durchbrechen. Wo gebetet wird, geschieht etwas.[12]

Annalee Skarin ermutigt uns in all ihren Büchern über Unsterblichkeit, in unserem Herzen eine Altarflamme – das Christus-Licht – zu entzünden, indem wir im Gebet Gott unsere Liebe und Dankbarkeit darbringen und ihn loben und indem wir spüren, wie die Herrlichkeit seiner Kraft uns durchflutet. Nelson Ruby stellt wiederholt fest, daß *Liebe, Lob, und Dankbarkeit „Geisteshaltungen der Himmelfahrt" sind und Sie sich durch diese der Liebe Christi erfreuen.*[13]

In unserer Zeit herrscht die irrige Meinung vor, Gebet sei eine verlorengegangene Kunst oder etwas für schwächliche Anfänger, respektive die letzte Rettung in der Not, oder etwas für Sünder. Weltliches Denken hat die Oberhand gewonnen. Das ist ein großer Fehler. Weshalb wohl hat Jesus tage- und nächtelang in hingebungsvollem Gebet verbracht? Vielleicht hat es ja etwas damit zu tun, daß er Wunder vollbringen konnte.

Wenn Sie mich nach Indien begleiten würden, könnten Sie dort einige sehr heilige Menschen beten sehen. Einer meiner Lehrer, Shastriji, betet pausenlos. Tag und Nacht spricht er, laut vernehmlich, Gebete. Ihn treffen zu dürfen ist eine der schönsten Erfahrungen, die ich kenne.[14] In der Bibel heißt es, wer dankbar sei in allem, werde verklärt werden; und die Dinge dieser Erde würden ihm hundertfach zufallen, und mehr ...

---

[12] Zusammenfassung aus *Bete und werde reich* von Catherine Ponder.
[13] Nelson Ruby in *Das Tor zur Unendlichkeit*.

Die Geisteshaltungen der Himmelfahrt – Liebe, Lob und Dankbarkeit – sind der Schlüssel zur Physischen Unsterblichkeit, aber sie müssen beharrlich angewendet werden. Sie müssen Ihnen zur alltäglichen Gewohnheit werden und nicht etwas, was Sie „hin und wieder" einmal machen.

Annalee gemahnt: *„Die Quellen der Liebe stehen allen offen, die Gott huldigen und anbeten."* Ich betone noch einmal: Die höchste Form des Gebetes ist Huldigung, Anbetung und Lobpreis. Es wird immer mehr Lebenskraft in Ihnen wecken und zu Physischer Unsterblichkeit führen. Sie werden wunderschön und von ewiger Freude erfüllt sein.

An anderer Stelle[15] habe ich bereits erklärt, wie wichtig es ist, Altare zu errichten und Zeremonien durchzuführen. Das hilft Ihnen, sich daran zu erinnern, das hohe Gesetz der Liebe, des Lobes und der Dankbarkeit zu respektieren. In Demut und Hingabe ist man dann bereit, Unsterblichkeit anzunehmen.

Annalee Skarin sagt:

> Ihr sollt Gott lieben mit Herz und Seele und in all eurem Sinnen. Gott von Herzen zu lieben öffnet das göttliche Herzzentrum für die Liebe und das große Christus-Licht, das die Quelle des Lebens ist. Gott mit ganzer Seele zu lieben kräftigt und erneuert den physischen Leib. Die Zellen regenerieren sich und werden spiritualisiert, und das gesamte Wesen wird erlöst und verklärt. Gott in allem Sinnen zu lieben vereint den bewußten Verstand mit dem überbewußten Verstand, und Sie beginnen als Einheit zu funktionieren.[16]

An diesem Punkt angelangt, sagt sie, gibt es nichts mehr, was unmöglich sei.

Man könnte die meisten Gebete fast als Beleidigungen Gottes auffassen, obgleich Gott durch sie natürlich nicht verletzt

---

[14] In meinem Buch *Pure Joy* beschreibe ich Shastriji näher.
[15] In *Pure Joy*.

wird. Es kommt jedoch der Tag, an dem Sie Verantwortlichkeit für Ihre Schöpfungen übernehmen und nicht länger betteln und fragen. Sie empfinden einfach nur noch ein Gefühl der Dankbarkeit für jene Lebenskraft, die Sie durchströmt und ihnen die Kraft gibt, Ihre Gedanken zu manifestieren.

Wunderschöne Gebete und Lieder über Unsterblichkeit können Sie bei Annalee Skarin finden.[17] Sie beschreibt unter anderem alle biblischen Verheißungen der Unsterblichkeit und wie man sie empfangen kann; und wie alle Gewebe und Atome Ihres Wesens das ewige Leben empfangen können. Obwohl ich selbst das Thema eher auf moderne Art und Weise behandle, halte ich es für äußerst wichtig, die biblische Betrachtungsweise in Augenschein zu nehmen. An vielen Stellen der Bibel wird Physische Unsterblichkeit beschrieben.

Annalee sagt, Gebet sei das Privileg heiliger Kommunion und stehe der Menschheit jederzeit zur Verfügung. Sie gibt zu bedenken, daß Gebete, die von Herzen kommen – mit Liebe, Lob und Dankbarkeit –, der Kontext sind, in dem jede Bitte und jeder Wunsch gewährt werden kann – nachdem Sie sich darauf vorbereitet haben, sie in Empfang zu nehmen.

Gebete zu murmeln ist nicht der richtige Weg, folgt man Annalee, und die Äußerung eines Wunsches nicht die Hauptsache. Sie schreibt:

> Den Geist zu bitten heißt, ein definitiv klares Bild des Wunsches zu haben, so klar, daß kein verschmiertes, verderbtes, schwaches, fragwürdiges Muster geformt werden kann.[18]

Diesen Wunsch muß man so lange hegen, bis er perfekt – und im geistigen Element verankert ist:

> Man muß die Bitte vortragen, ohne zu zweifeln und

---

[16] In *Secrets of Eternity*.
[17] In Annalee Skarins wundervollem *The Book of Books*.

ohne zu wanken oder sie zu ändern, und zwar mit der allergrößten Freude, in der Gewißheit, daß sie erfüllt wird. Denn wenn ihr betet, glaubet, daß ihr empfangen werdet.[19]

Sie weist darauf hin, daß die Bibel eindeutig feststellt, daß es uns gegeben ist, die Geheimnisse Gottes – einschließlich der Physischen Unsterblichkeit – zu erkennen, wenn man *umkehrt* – das heißt, sich spirituell läutert –, *seinen Glauben ausübt* – die Wirkkraft des Lichtes, das Gefühl der Erwartung –, *gute Werke tut* – handelt – und *betet ohne Unterlaß*. Sie hat uns diese Formel gegeben, und wir sollten ihr dankbar sein für die Mühe, die sie sich gegeben hat, ihren Körper zu rematerialisieren, um Bücher für uns zu schreiben. Ich danke Dir, Annalee, daß Du uns den Weg weist und uns zeigst, daß die Antworten auch in der Bibel stehen und die ganze Zeit hindurch vorhanden waren. Bitte besuche mich einmal.

Die Elemente

Babaji hat uns immer wieder aufgefordert, über die Elemente *Erde, Luft, Wasser, Feuer und Äther* zu meditieren, und belebte verschiedene alte Zeremonien wieder, um uns dabei zu helfen. Wie verhalten sich die Elemente zur Physischen Unsterblichkeit? Der Körper ist *nicht* aus Fleisch, er ist *kein* Festkörper, *keine* Materie. Der Körper ist Energie. Ihr Leib ist eine physische Manifestation der fünf Schwingungselemente. Kurz: Unsere physische Form besteht aus Molekülen, Moleküle bestehen aus Atomen, und Atome bestehen aus unzähligen Quanten Energie. Der Körper ist somit eine riesige Ansammlung glänzender Lichtkörnchen, zusammengehalten von Gedanken. Das gesamte Universum, Gottes Körper, besteht aus den glei-

---

[18] Ebenda, S. 194.
[19] Ebenda, S. 195.

chen fünf Elementen, aus denen Ihr Körper gemacht ist. Das bedeutet: Wir sind Gottes Ebenbild. Da Sie eins mit Gott sind, sind Sie eins mit Gottes Kraft. Sie können alles ändern, was Sie ändern wollen, wenn Ihr Bewußtsein mit dem Bewußtsein Gottes vereint ist. Wenn Sie die völlige Herrschaft über Ihr Denken erlangt haben, können Sie Ihre Zellen willentlich umwandeln. Da Gott Bewußtsein und Energie ist, könnte man auch sagen, daß Gott fortwährend mit uns spricht und sich – die Göttliche Mutter – als Erde, Wasser, Feuer, Luft und Äther materialisiert. Materie ist daher nichts als eine bestimmte Schwingungsrate der Energie Gottes. Keine Form ist jemals wirklich fest. Es ist alles kosmische Energie. Es ist alles Gott. Meditationen über die Elemente zeigen das. Man lernt etwas über die Lebenskraft! In Indien, in Babajis Ashram, führen wir ausführliche, kraftvolle Zeremonien durch, mit denen wir den Elementen huldigen.[20] Wenn Sie bei sich zu Hause bei Feuer, einer Kerze oder vor dem offenen Kamin, meditieren, läutert das Ihre Aura. Es befreit Sie von Wut und Schuldgefühlen, und Sie fühlen sich hinterher lebendiger.

Läuterung durch die Elemente beinhaltet also: Läuterung mit dem Element Luft durch Atem-Bewußtsein, das heißt spirituelles Atmen (Rebirthing); Läuterung durch das Element Wasser, indem Sie täglich baden; Läuterung durch das Element Feuer, indem Sie Feuerzeremonien durchführen und bei offenem Feuer sitzen; Läuterung durch das Element Erde durch Fasten, richtige Ernährung, Körperübungen/Gymnastik, Massage und die genußvolle Betrachtung von Landschaften.

Obgleich es vielleicht eigenartig klingt, empfehlen wir, mehrmals täglich zu baden und zu duschen, um Ihren Energiekörper zu läutern. Ich nehme auf jeden Fall immer zwei und gewöhnlich drei Bäder: morgens, nachmittags und abends. Wenn ich Seminare gebe und Rebirthings durchführe, bade ich noch öfter. Baden Sie auf jeden Fall *jeden* Morgen. Wasser

---

[20] Shastriji, der bereits erwähnte Heilige und Babajis Hoherpriester, erklärt diese Zeremonien detailliert in meinem Buch *Pure Joy*.

wäscht den Tod des Schlafes ab und alles, was Sie nachts abgearbeitet haben und nun an Ihrer Aura haftet. Baden Sie immer vor einem öffentlichen Auftritt und hinterher, wenn möglich. Baden Sie nach jedem Rebirthing, egal was dagegensteht ... das gilt für beide: für den, der es geleitet hat, und für den, der es bekommen hat.

Kristalle

Sie sollten unbedingt mit Kristallen meditieren. Diese wunderbaren Kunstwerke und Heilwerkzeuge wurden vor 240 Millionen Jahren geformt. Sie könnten sogar zu einer Mine gehen und den für Sie richtigen Kristall holen. Meine Freundin Linda Thistle führt Reisen zu Kristallminen in Arkansas und Brasilien durch. Sie und ihr Gefährte David sind Ihnen gerne dabei behilflich, Ihren persönlichen Unsterblichkeits-Kristall zu suchen.[21] Sie ist eine gute immortalistische Freundin und kam gerade zurück aus einer Kristallmine in Brasilien, als ich folgende Karte von ihr bekam:

> Liebste Sondra!
> Ich würde Dich gerne an einem schönen Ort dieser Welt treffen. Ich bin sicher, Immortalisten sind lebensbejahende Menschen, welche die Liebe affirmieren in der Gegenwart, die von Sekunde zu Sekunde die Ewigkeit ist. In jedem Moment liebe und umarme ich mein Leben. Ich bin unsterblich, und das kann immer und immer so weitergehen.
> Übrigens, in dem berühmten Kristallbuch (Katauna Raphaels *Crystal Enlightenment*) wird der Unsterblichkeitskristall beschrieben ... Wir haben einige aus Brasilien mitgebracht – vielleicht sollte ich Dir einen schicken?

---

[21] Kontaktadresse: Romancing the Crystals, 698 Vista Lane, Laguna Beach, CA 92651, USA; Telefon: 001-714-494-9449.

Ich habe in letzter Zeit viel an Dich gedacht und von Dir geredet ...

Die Kopfrasur

Auf dem Weg Babajis ist sie ein Übergangsritus, ein „Einweihungsritual" – aber kein Muß. In Indien wird die Kopfrasur „Mundun" genannt, und es heißt: „Der Mensch, der nicht das Haar vom Kopf entfernt, wächst in seinem spirituellen Bestreben nicht, denn das Kronen-Chakra ist die Wurzel spiritueller Erkenntnis. Die Handberührung des Guru unmittelbar auf dem nackten Schädel ist die Einweihung des Shaktipat[22], bei der die Energie der Kundalini[23] geweckt wird. Die Energie berührt jedoch das Sahasrara[24] nicht richtig, solange Haar auf dem Kopf ist."[25] Es heißt auch, daß Saturn in den Haaren wirkt und immer versucht, Fortschritte auf dem spirituellen Weg aufzuhalten.
Den Kopf zu rasieren stellt eine Verbindung zum Meister her. Hat man erst einmal den Schädel rasiert, befindet man sich Babajis Tradition zufolge in seiner Aura und wird von ihm beschützt. Auch die Gedankenkraft entwickelt sich weitaus stärker, nachdem man sich ein Mundun zugelegt hat. Mich veränderte es gewaltig, und meine Kraft begann sich enorm zu entfalten. Weshalb, kann ich nicht erklären. Abgesehen davon war es eine tiefreligiöse Erfahrung. Anschließend durfte ich in die Höhle, in der Babaji seinen Körper materialisierte, und mich dort immer wieder lange aufhalten: Die intensivsten

---

[22] Die Gnadengabe der Shakti, der lebendigen Bewußtseinskraft, der Lebensenergie durch den Guru.
[23] Die „Schlangenkraft" esoterischer Spiritualität. Die schöpferische Kraft des Universums, die im Menschen, im Steißbein schlafend, erweckt werden kann und die, durch die Wirbelsäule aufsteigend, verschiedenste Kräfte weckt und mystische Erfahrungen bewirkt.
[24] Kronen-Chakra.
[25] Gemäß der Schriften Shastrijis.

Meditationen meines bisherigen Lebens fanden dort statt. Die „freiwillige" Glatze verhält sich meines Erachtens folgendermaßen zur Physischen Unsterblichkeit: Der Kopf bleibt neun Monate lang rasiert, dieselbe Zeit, die man in der Gebärmutter verbringt, bevor man das Licht der Welt erblickt. Bei mir hatte die Kopfrasur eine ansehnlich *verjüngende* Wirkung. Die Erfahrung, neun lange Monate der Öffentlichkeit mit einem rasierten Schädel entgegenzutreten, stärkte mich derart und gab mir solch eine Gewißheit über *alles,* daß es mich für immer veränderte. Ich fühlte mich nicht nur jung, ich *fühlte* beziehungsweise erlebte all meine Glieder und Organe wie nie zuvor. Ich stimmte mich in einer Art und Weise auf meine Zellen ein, die ich nicht erklären kann. Es war ein völlig befreiendes Gefühl, meinen Schädel und meine Kopfhaut zu spüren. Meine Chakren öffneten sich. Meine Energie veränderte sich. Mein Lebendigkeitsquotient stieg. Vielleicht hatte es wirklich etwas mit der Entfernung des störenden Saturneinflusses zu tun. Mein spiritueller Fortschritt machte einen riesigen Sprung. Obwohl es vielleicht nicht jedermanns Sache ist, erwähne ich es hier, weil es eine sehr schnelle, tiefe Läuterung Ihrer Todessehnsucht und Ihres Karma ist.

Einsamkeit und Schweigen

Wir müssen still sein, damit wir die Stimme unserer Intuition vernehmen, jene Stimme Gottes in uns, die all unsere Fragen beantwortet. Wie können wir sie hören, wenn unsere Ohren betäubt sind vom Fernsehen, von Rock and Roll und fortwährendem Geplapper?
Lärm ist Energieverschwendung. Und frenetische, soziale Aktivität kann zu einer stetigen Verschwendung psychischer Energie führen. Wie groß ist der Bestandteil des Trivialen in Ihrem Leben? Rennen Sie dauernd hin und her, um ein Ziel in Ihrem Leben zu finden und um zu vermeiden, den eigenen Gedanken ins Auge zu sehen? Oft fürchten die Menschen sich davor,

allein zu sein, weil sie die eigenen Gedanken nicht ertragen. Das Verdrängen dieser Gedanken fordert jedoch einen Preis vom Körper, denn Gedanken, von denen Sie meinen, sie nicht ertragen zu können, fördern wahrscheinlich das Älterwerden, Krankheit und Tod, wenn Sie sie weiterhin verdrängen.

Daher ist es wichtig und gesund, Zeit in Einsamkeit zu verbringen und sich zu erlauben, diese Gedanken zu betrachten und sie einfach zu ändern. Das ist völlig harmlos. Sie zu verdrängen könnte jedoch nicht ganz so harmlos sein.

Ich habe durch Alleinsein nicht nur viel über Physische Unsterblichkeit gelernt, sondern auch die Verjüngung meines Körpers *erlebt*. Wenn ich überarbeitet bin, brauche ich nur allein zu sein, um mich zu verjüngen und wieder aufzuladen. Oft bleibe ich die ganze Nacht über wach, wenn andere schlafen. „Schlafminderung" in Einsamkeit verjüngt mich, weil ich die Zeit im Gebet und in Meditation verbringe. Am Tage lenkt mich das Geschehen oft zu sehr ab. Als ich *Drinking the Divine* auf Bali schrieb, war ich sechs Wochen ganz allein auf mich gestellt: ein Höhepunkt in meinem Leben.

Ich habe gelernt, wenn ich allein bin, sehr glücklich zu sein; für mich war das ein wichtiger Schritt auf dem Weg zur Meisterschaft. Einmal davon abgesehen: Wer würde schon gerne mit jemandem in einer Beziehung zusammenleben, der nicht einmal mit sich selbst leben möchte? Es scheint paradox: Je mehr Zeit ich mir selbst in Einsamkeit widme, desto wunderbarer sind die Freunde, die ich anziehe.

Einmal habe ich eine „Visionssuche" gemacht. Dabei geht man allein in die Wälder, hackt Holz, entfacht selbst sein Feuer, fastet und trinkt nur reines Quellwasser. Man meditiert und wartet auf eine Vision. Ich habe das im Winter in der Nähe des Tahoe-Sees gemacht, mußte also wirklich Feuer machen. Ich blieb dort tagelang. Es war eine ziemlich außergewöhnliche Erfahrung. Ich hatte eine Vision über ein vergangenes Leben, das der Klärung bedurfte.

Einer meiner immortalistischen Freunde sagt, man mache die „höchsten und eigentlichen Einweihungen in die Unsterb-

lichkeit in der Einsamkeit", meistens auf Berggipfeln oder in der Wildnis, und das entspräche gewissen spirituellen Gesetzen. Andere immortalistische Freunde sagen, das sei Unsinn, worauf es ankomme, sei die „zellulare Fusion" einer Gruppe. Meiner Meinung nach sollte ein Gleichgewicht vorhanden sein. Sie müssen es sowohl allein integrieren als auch mit einer Gruppe Immortalisten, die diese Ideen unterstützen.
Wenn Sie sich Unsterblichkeit wünschen, ist es meines Erachtens wichtig, sich in der Welt zu bewegen und in jeder Situation bestehen zu können, und nicht nur im verborgenen, mit einer Anzahl Freunden, die wie Sie denken. Außerdem sollten Sie Ihren Lebenswillen anderen Menschen mitteilen; aber Sie müssen sich immer wieder selbst in der Einsamkeit aufladen. Für mich ist ein Immortalist jemand, der sich überall wohl fühlen kann – was nicht heißt, daß man sich nicht auswählen kann, mit wem man zusammensein möchte. Sie möchten sich wahrscheinlich nicht bei Leuten aufhalten, die Sie zu erschöpfen drohen.
Alleinsein gibt einem tiefe Einsichten in geistige Lebenskraft.

Fasten

Auch wenn Fasten vielleicht nach Entsagung klingt, meine ich, Sie sollten sich das Vergnügen nicht entgehen lassen. Es ist eine fabelhafte Erfahrung. Sie können den Gedanken „Wenn ich nicht esse, werde ich sterben" ausräumen. Das redet nämlich Ihre Todessehnsucht. Deshalb hilft es Ihnen, Physische Unsterblichkeit zu *erlangen*. Während Sie fasten, können Sie über Mantras meditieren, zum Beispiel: *„Ich werde von der Liebe Gottes erhalten."* Schon ziemlich bald werden Sie das Gefühl haben, von der zusätzlichen Energie derart genährt zu werden, daß Sie andere Nahrung ganz vergessen. Sie bekommen ein Hochgefühl, sind inspiriert.
Ihr einziges Problem sind negative Gedanken. Aber weil Sie wissen, daß Sie sie ändern können, gibt es nichts zu befürch-

ten. Fasten hilft, alle Elemente des Körpers zu läutern. Fasten hilft Ihnen auch, *sich selbst zu finden*. Gönnen Sie Ihrem Körper eine *Pause*. Babaji empfahl uns, einen Tag pro Woche zu fasten, besonders am Montag, da es der Tag Shivas ist; und Shastriji sagt, der Mond sei auch die Gottheit des Geistes.
Wenn die kontinuierliche Nahrungsmittelaufnahme des Körpers für kurze Zeit – einige Tage oder Wochen – unterbrochen wird, *verändern sich Ihre biochemischen Prozesse gewaltig*, hauptsächlich dadurch, daß Sie Gifte loswerden.[26]
Je mehr Sie sich auf den Geist einstimmen, desto mehr werden Sie das Verlangen nach schweren Mahlzeiten zugunsten leichterer Nahrungsmittel verlieren, und Sie essen womöglich bedeutend weniger als je zuvor. Bedenken Sie: Fasten macht Körper und Verstand empfänglicher für den Geist.

Schwitzhütte

Man kann unbewußte Todessehnsucht und Negativität buchstäblich ausschwitzen. Es ist eine bedeutende Zeremonie, und sie sollte nur von einem Medizinmann oder einer Medizinfrau, mit entsprechender Ausbildung durchgeführt werden. Die Schwitzhütte ist ein Rundbau, abgedeckt mit wärmedämmenden Materialien. Im Zentrum befindet sich ein Loch voll heißer Felsbrocken, die seit dem Morgengrauen in einem Feuer in der Nähe erhitzt worden sind. Vor dem Eingang, der im Osten liegen sollte, ist ein Altarhügel, zu dem ein sogenannter Geistpfad führt. Vor, während und nach dem Geschehen müssen die entsprechenden Gebete und Rituale verrichtet werden. Wenn alle Teilnehmer im Innersten der Schwitzhütte sitzen, wird der Eingang geschlossen, und es ist, bis auf die rotglühenden Felssteine, völlig dunkel. Der Medizinmann oder die Medizinfrau wirft Salbei auf die Felsen, um den Raum

---

[26] Bevor Sie sich ernsthaft auf eine Fastenzeit einlassen, empfehle ich Ihnen, die entsprechende Fachliteratur zu lesen.

von Negativität zu reinigen. Danach werden weiter Kräuter verbrannt, um gute Energien anzuziehen, und schließlich wird Wasser aufgegossen. Schon bald fließt der Schweiß aus allen Poren und entfernt alle Gifte. Der Medizinmann ruft den Großen Geist an und beginnt zu singen. Andere Geister werden angerufen. Lieder werden gesungen und Gebete gesprochen, gemeinsam und allein. Das ganze Ereignis kann mehrere Stunden dauern. Es ist, gelinde gesagt, eine stark reinigende Erfahrung. Man wird erneuert und „wiedergeboren", für Immortalisten ist dies ein sehr effektives Ritual.

Körperarbeit

Den großen Wert der Körperarbeit habe ich bereits in Kapitel 8 herausgestellt, ich möchte hier jedoch nochmals empfehlen, sie nur unter Leitung von Menschen mit starkem Lebensdrang und Klarheit über Unsterblichkeit zu machen, da Sie sonst die Todessehnsucht Ihrer „Körperarbeiter" erneut durcharbeiten.
Es ist biologisch notwendig, von einem anderen menschlichen Wesen berührt zu werden, unsere Haut hungert faktisch danach. Babys, die nicht oder kaum gestreichelt werden, haben keine Überlebenschance. Massage und Körperarbeit sind für Immortalisten mithin unverzichtbar. Wenn Sie in einer Zeit aufgewachsen sind, in der man meinte, zuviel Berührung würde ein Kind verweichlichen, könnte sich das negativ auf Sie ausgewirkt haben. Sie vergessen beispielsweise einfach, wie wichtig Massage ist. Um den daraus folgenden Berührungsmangel zu kompensieren, haben Sie sich womöglich ein paar Gewohnheiten zugelegt, die Ihre Lebenskraft einschränken. Die mangelnde Berührung kann zu einem Gefühl der Entfremdung geführt haben, die wiederum einen ganz allgemeinen Mangel an Lebendigkeit herbeiführt.
Mangelnder Körperkontakt kann durchaus zur Folge haben, nicht mehr mit der Welt „in Berührung" zu sein, man kann

sich nicht mehr auf sie „beziehen" – was in sexueller Apathie oder Interesselosigkeit, ja sogar in Angst vor dem eigenen Körper resultieren kann und den Lebenswillen behindert. Das alles bremst und kann verhindern, daß man sich überhaupt auf das Thema Physische Unsterblichkeit einläßt. Die Angst vor dem eigenen Körper und der Sexualität ist in unserer Gesellschaft leider tief verankert, und wir müssen deshalb auf diesem Gebiet *noch mal ganz von vorne anfangen.*

Nach meiner Erleuchtung war ich jahrelang bemüht, alle vorhandenen Formen der Körperarbeit kennenzulernen. Das trug zu meinem Verständnis der Physischen Unsterblichkeit bei. Ich habe immer wieder mal auf einem Behandlungstisch gelegen und gedacht: „Weshalb hab' ich das nicht eher gemacht …?" Und dann ging ich weg, fühlte mich erneuert und glücklich, und wenn ich dann wieder draußen war, geschah bisweilen Erstaunliches. Ich wurde angehalten, und die Leute wollten, daß ich etwas von meiner Lebendigkeit mit ihnen teilte. Völlig Fremde schenkten mir ihre Aufmerksamkeit.

Einmal, als ich nach einer tiefen Massage sehr entspannt und glücklich in der Bar eines exklusiven Restaurants saß, erzählte mir ein Mann, daß er, als er mich gesehen hatte, seinen Plan, sich noch am selben Tag das Leben zu nehmen, aufgegeben hatte! Ich fragte ihn, weil ich ihn anfangs wohl verkehrt verstanden hatte: „Haben Sie gestern meinen Vortrag in der Universität gehört?"

„Nein", sagte er mit Entschiedenheit. „Ich sehe Sie jetzt zum ersten Mal, und Ihr Anblick bewirkte, daß ich wieder leben will." Ich war ziemlich erstaunt – aber so kann es einem gehen, wenn man Immortalist ist. Allein schon Ihre Gegenwart kann anderen Leuten das Leben retten.

Schlafminderung

Die meisten Menschen sind davon überzeugt, acht Stunden Schlaf pro Nacht zu benötigen, um ein langes Leben zu haben.

Aber wie sollte man dann erklären, daß spirituelle Lehrer – die lebendigsten Menschen, die ich kennengelernt habe – bisweilen mit etwa zwei Stunden Schlaf pro Nacht auskommen? Meiner Theorie zufolge brauchen sie deshalb weniger Schlaf, weil sie weder Geburtstraumas noch Todessehnsucht verdrängen und negatives Karma bereits überwunden haben und infolgedessen davon nicht mehr ausgelaugt werden. Vielleicht braucht man weniger Schlaf, wenn man mehr Klarheit hat.

Natürlich ist Schlaf wichtig. Man kann im Schlaf sicherlich eine Menge Negativität und Todessehnsucht loswerden. Ich selbst habe so viel Todesangst beseitigen können. Manchmal bete ich geradezu um solch einen Schlaf, weil das sicherer ist, als es im „wachen Leben" auszuagieren.

Eines Tages habe ich meinen gesamten Mitarbeiterstab in Australien gebeten, eine Nacht lang gemeinsam mit mir wachzubleiben. Sie waren großartig, aber nach und nach verschwand einer nach dem anderen, und von sechsen hielt nur einer es bis sechs Uhr morgens durch. Wir experimentierten mit spirituellen Läuterungstechniken. Am frühen Abend saßen wir zunächst im Kreis und meditierten. Danach schrieb jeder auf, was er oder sie dabei erlebt hatte, und dann erzählten wir es uns gegenseitig. Manchen waren neue Methoden „zugefallen", mit denen sie ihre Beziehung klären konnten – was ja auch unser „Geschäft" ist. Anschließend verbrachten wir ein paar Stunden damit, diese Methoden miteinander auszuprobieren.

Wir hatten eine Menge Spaß dabei. Manche Techniken funktionierten so gut, daß wir sie später mit jenen 500 Leuten durchgeführt haben, die im Sommer zu unserer Zehn-Tages-Gruppe nach Kauai kamen – und sie zeitigten wieder ausgezeichnete Resultate.

Später gingen wir in ein Nebenzimmer und schauten Videos von Ausbildern an, die Referate über Physische Unsterblichkeit hielten. Unser Energiepegel stieg enorm, also sangen wir anschließend heilige Lieder und begannen, uns spontan dazu zu bewegen.

Um etwa zwei Uhr morgens ging ich ins Schwimmbecken und machte für mich allein ein Rebirthing. Als ich irgendwann auftauchte, hörte ich sie laut singen: *Wir sind in diesem Moment sicher und unsterblich!* – immer und immer wieder, lauter und lauter. Es war wunderbar, sie so singen zu hören – ich fühlte mich wirklich von ihnen getragen, es gab mir enorm viel Auftrieb. Ich wollte *darangehen, es der Außenwelt deutlich machen.* Ich tauchte wieder unter und atmete, so intensiv ich konnte, mit dem Gedanken: „Okay, Babaji, ich bin bereit, es der Außenwelt zu zeigen. Laß uns darangehen!" Mir kamen einige gute Ideen für das kommende Jahr. Um drei Uhr lagen wir alle um ein Feuer und atmeten noch ein wenig, gaben einander sanftes Rebirthing. Die Mädchen schwebten davon. Ich las die immortalistische Poesie von Robert Coon laut vor. Vincent war der einzige, der bis sechs Uhr morgens blieb und zuhörte. Wir fühlten uns total energiegeladen! Das sind die Spiele, die Immortalisten miteinander spielen. Es macht Spaß, als Gruppe eine ganze Nacht wach zu bleiben. Aber ich mache es auch oft allein für mich, um mich zu verjüngen. Bei solchen Gelegenheiten sind mir einige meiner besten Ideen eingefallen. Ich höre mir Gesänge an und/oder singe selber, ich meditiere und bete.[27] Experimentieren sie ein wenig mit Schlafminderung!

Isolationstanks

Vielleicht gibt es in Ihrer Nähe ein Zentrum oder jemanden, der über einen Isolationstank verfügt. Sie können sich in einen „Lilly-Tank"[28] oder „Samadhi-Tank" legen und sich 20 Minuten oder auch mehrere Stunden wunderbar darin treiben lassen. Ich kenne einige ziemlich erleuchtete Leute, die sich so einen Tank gekauft haben und oft darin meditieren. Der Tank

---

[27] Bitte probieren Sie ein Unterwasser-Rebirthing nicht allein aus, bis Sie dazu bereit sind und Ihr Rebirther damit einverstanden ist.
[28] Nach dem amerikanischen Neurophysiologen und Pionier bei der Erforschung von Bewußtseinsveränderungen John Lilly.

fördert, wie ich meine, Ihre Gesundheit und Langlebigkeit ganz außerordentlich. Der Tank ist etwa halb mit Wasser angefüllt und völlig dunkel. Darin strecken Sie sich aus und gehen nicht unter, denn das Wasser, das sich zähflüssig anfühlt, enthält Salze, die es Ihnen ermöglichen zu „schweben". Sie liegen also ausgestreckt in dieser Flüssigkeit und haben buchstäblich das Gefühl, wieder in der Gebärmutter zu sein. Ich blieb beim ersten Mal mehrere Stunden und habe mich nicht gefürchtet, denn ich hatte bereits mehrere Rebirthings hinter mir. Irgendwann nahm ich eine Erscheinung wahr, einen Mann. Sein Name war anscheinend Richard. Er saß aufrecht neben mir.
Ich sagte: „Also, Richard, wenn du schon hier drinnen bist, kannst du dich genausogut hinlegen."
Ich war erstaunt, daß ich mich nicht fürchtete. Und dann „verschwand" er wieder. Später versuchte ich mir auszumalen, wer er gewesen sein könnte. Ein Kollege meinte, es könne mein Verleger – Richard – gewesen sein und ich hätte ihm psychisch ein Rebirthing gegeben. Wenn man längere Zeit in einem Isolationstank verbringt, kann so etwas durchaus geschehen. Deshalb ist es empfehlenswert, zunächst mit etwa zwanzig Minuten zu beginnen.
Es ist erstaunlich, wieviel Streß man auf diesem Wege abbauen kann. Ich kenne Menschen, die sich im Tank Musik und Affirmationen über Unsterblichkeit anhören. Die neueste Entwicklung auf diesem Gebiet, die ich empfehlen kann, heißt *Super Space*.

Yoga

Es wird behauptet, Yoga sei die umfassendste Form der Körperübung, da es Körper, Geist und Seele integriere. Leuten, die wie der Filmstar Raquel Welch viel Yoga gemacht haben, sieht man die verjüngende Wirkung an.
Ein Körper, der entspannt, kräftig und auf den Heiligen Geist eingestimmt ist, kann geistige Kraft besser übertragen ... und

die Christus-Lebensenergie der Unsterblichkeit besser kanalisieren. Hatha-Yoga hält den Körper bei guter Verfassung. Es basiert auf dem Prinzip, Widerstände fallenzulassen. Yoga fördert effektiven Krafteinsatz und stimmt den Körper auf spirituelle Energie ein, und das im Gegensatz zu den Körperübungen, die im Westen entwickelt worden sind. Yoga baut eine flexible Muskulatur auf, und da es auch Tiefenatmung mit einschließt, werden die inneren Organe stimuliert. Wörtlich bedeutet Yoga „Joch", womit das „Anschirren" an Gott und die Suche nach Einheit mit ihm gemeint ist.

Hatha-Yoga, das in der westlichen Welt der bekannteste Yoga-Weg sein dürfte, macht und erhält den Körper jung. Es baut eine wunderschöne Körperform auf, die Organe funktionieren gut, es verschafft einem ein Gefühl der Harmonie, ist heilsam für die Wirbelsäule, bringt die Physis mit dem inneren Organismus in Einklang und inspiriert den Übenden zu mehr Liebe und Respekt für den physischen Körper als Tempel des Geistes. Es ist ganz offensichtlich wie geschaffen für Immortalisten.

Vergebung und Liebe

Ich kann mir eigentlich niemanden ernsthaft vorstellen, der ewig in einem physischen Körper lebt, ohne *allen Menschen* wirklich zu vergeben. Gut möglich, daß man dabei beharrlich sein muß. Ist Ihnen klar, was Sie dem Körper mit Haß, Groll und Wut antun? Haß und Wut sind zerstörerische Emotionen und ein nachhaltiger Angriff auf die Psyche – aber sie zu unterdrücken erzeugt beißenden Groll. Der *Course* geht so weit zu sagen, daß hinter jeder kleinen Irritiertheit ein Nebel von Haß liegt. All diese Emotionen sind in Wirklichkeit Formen der Angst. Der *Course* kennt lediglich zwei *wahre* Gefühle: Angst und Liebe. Furcht ist eine irrige Reaktion auf ein falsches Konzept: die Empfindung der Getrenntheit von Gott. Man kann Furcht auflösen und – Wut.

Ich bin Babaji außerordentlich dankbar, daß er das Buch *Being a Christ* von Ann und Peter Meyer inspiriert hat. Darin habe ich die bisher beste Stellungnahme zur Wut gefunden: *"Es ist weder notwendig, negative Gefühle (wie Wut) zu unterdrücken, noch ist es notwendig, sie auszudrücken. Sie können geheilt werden, indem der falsche Glauben, auf dem sie beruhen, geheilt wird."*[29]
Im LRT sagen wir es so: Es ist weder nötig, Wut auf andere abzuladen, noch sie im Körper wegzupacken. Sie müssen lediglich den Gedanken ändern, der die Wut verursacht hat. Sie können mir glauben, sich daran zu halten fördert die Langlebigkeit und Physische Unsterblichkeit enorm.
Vergebung *läutert.* Jesus sagt in der Bibel, man solle siebenmal sieben Male vergeben. Diese Aussage hat mich neugierig gemacht. Ich fand heraus, daß die Zahl 49 in der Numerologie Vollendung bedeutet. Also schuf ich die *Vergebungsdiät,* bei der Sie sieben Tage lang siebzig Vergebungsaffirmationen schreiben. Eine Woche lang vergeben Sie Ihrer Mutter, eine Ihrem Vater, eine Ihrem Geburtshelfer und so weiter.[30] Es ist erstaunlich, daß so viele Leute sich dagegen sträuben, das zu tun. Und wenn sie es schließlich doch tun, schreiben sie mir, daß sie wünschten, schon früher auf meinen Rat gehört zu haben – lange Briefe, wie ihr gesamtes Leben sich dadurch verändert hat. Meines hat es gewiß verändert ... Sagen Sie nicht, es ginge nicht, bis Sie es versucht haben.
Catherine Ponder vertritt die Ansicht, daß, wer Groll einem anderen gegenüber hegt, mit dieser Person – es kann auch ein Umstand sein – durch eine Kette, härter als Stahl, verbunden ist. Vergebung ist die einzige Art, diese Verkettung wieder zu lösen und sich davon zu befreien.[31] Die Kahunas sagen seit Jahrhunderten nichts anderes. Das ist der Grund, daß sie den Ho'O-Pono-Pono-Prozeß schufen, um die sogenannten *Aka-Fäden* zu lösen.

---

[29] S. 157.
[30] Wenn man Gewicht verlieren möchte, ist dies sehr wirkungsvoll. Mehr darüber in meinem Buch *Schlank durch positives Denken.*
[31] In *Die dynamischen Gesetze des Reichtums,* S. 57.

Es ist leichter zu vergeben, wenn man sich folgender Wahrheit entsinnt: Sie haben diese Menschen und Situationen deshalb angezogen, weil Sie eines Ihrer Muster ausleben wollten. Sie brauchten sie überdies als Segnung. Jesus sagte im *Course:* „Jeder liebevolle Gedanken ist *wahr,* alles andere ist ein Hilferuf oder eine Bitte um Heilung." Man kann es so zusammenfassen: Diese Menschen brauchten Heilung, und Sie selbst brauchten eine Lektion und ebenfalls Heilung.

Man kann nicht genug über Liebe reden ... vielleicht reicht sie über jegliche Definition hinaus. Im *Loving Relationships Training* machen wir den Versuch, Liebe folgendermaßen zu definieren: „eine überall vorhandene Substanz, die am meisten in Abwesenheit negativer Gedanken auffällt".

An dieser Stelle möchte ich Seine Heiligkeit den Maharishi, Begründer der Transzendentalen Meditation (TM), zitieren. Als Immortalist schätze ich es sehr, wenn Liebe als Kern des Lebens dargestellt wird:

> Die Liebe ist der liebliche Ausdruck des Lebens an sich. Sie ist der göttliche Inhalt des Lebens. Liebe ist Lebenskraft. Die Blume des Lebens erblüht in Liebe.
>
> Das Leben drückt sich kraft der Liebe aus. Der Strom des Lebens ist eine Welle des Ozeans der Liebe, und das Leben zeigt sich in Wellen der Liebe, und der Ozean der Liebe wogt in Wellen der Liebe.
>
> Liebe ist fragil, zugleich äußerst vital und kraftvoll. Die Kraft der Liebe lenkt den Flug des Lebens, hier, dort und überall. Sie hält den Pfad lebendig und erwärmt das Ziel. Jede Lebensphase also, durchtränkt mit Liebe, atmet die lebendige Gegenwart Gottes, hier, dort und überall, in diesem, jenem und allem.
>
> In der Liebe Gottes findet, wer das Leben liebt, Ausdruck für das Unaussprechliche. Das kosmische Leben vermittelt sich in seinen Handlungen. Der Gedanke kosmischen Lebens wird manifest in seinem Denkprozeß.

Seine Augen schauen den Sinn der Schöpfung. Seine Ohren hören die Musik des kosmischen Lebens. In seinen Händen hält er die kosmischen Absichten. Seine Füße setzen das kosmische Leben in Bewegung. Er wandelt auf Erden, dennoch wandelt er im himmlischen Schicksal des Himmels. Seine Gegenwart auf Erden erfreut die Engel.

Laß uns verliebt sein in alles, was uns umgibt. Laßt uns in Liebe dazu stehen zu lieben, denn Liebe ist Leben, und wir wollen sicherlich nicht aus dem Leben abspringen. Laßt uns also in Liebe fest beschließen, in der Liebe zu bleiben, und laßt uns niemals hinausgehen über die Grenzen der Liebe in ihrer ganzen Fülle. Denn in der Liebe wohnt die Kraft Gottes, die Schöpferkraft, die Lebensweisheit und das ganze Ausmaß des Guten. Gewiß, im Leben muß man vollkommen in Liebe verweilen.[32]

Ich möchte diesen Abschnitt über Vergebung und Liebe mit dem allumfassenden Gebet Seiner Heiligkeit Maharishi beschließen:

> Möge die Herrlichkeit des Göttlichen in Liebe aufgehen, möge die Glückseligkeit der göttlichen Vergebung und das Licht der Liebe unser Leben durchfluten und unser Leben das ewige Leben des göttlichen Wesens umwandeln.

Ich danke Dir, Maharishi, für Deine Gnade und den lebendigen Ausdruck der *Liebe* und dafür, daß Du mir Vincent, Gene und Helen sowie Phillip als Helfer in mein Team geschickt hast, und für alle anderen positiven Einflüsse der TM auf mich.

---

[32] Aus *Love and God,* S. 13, 16, 19, 22, 23.

Arbeit als Form der Verehrung

Babaji wies uns auf den großen Wert von „Karma-Yoga" hin – Anbetung und Läuterung durch Arbeit. Man sollte seine Arbeit stets Gott widmen. Wenn Sie das auch tatsächlich tun, ändert sich wirklich alles. Die Arbeit laugt Sie nicht aus, zieht Sie nicht mehr runter, ermüdet Sie nicht und macht Sie nicht mehr alt. Arbeit wird zum wahren Dienst an der Menschheit und ein Kraftborn. Arbeit macht Spaß und verjüngt Sie. Sie freuen sich darauf, an die Arbeit zu gehen. Babaji sagte immer wieder, dienen zu können sei eine wunderbare Sache und eine Gelegenheit, sich von Karma zu befreien; Untätigkeit sei wie Abgestorbenheit. Er lehrte uns, wie wir in all unser Tun Vitalität einfließen lassen können. Wir trugen des öfteren Felsbrocken am Ganges entlang, um das zu lernen.

Das ist ein völlig anderes Gefühl, als hart zu arbeiten, um „weiterzukommen", wie es uns beigebracht worden ist – aber weiter wohin, etwa ins Grab? Arbeit, um Gott und den Menschen zu dienen, ändert Ihre Einstellung völlig. Sie möchten dienen und am Leben bleiben, damit Sie auch weiterhin dienen können – weil es soviel Spaß macht. Diese Art zu arbeiten hält jung und lebendig. Auch wenn Sie nicht spirituell motiviert sind, hält Arbeit die Menschen offensichtlich am Leben: Wußten Sie, daß der Großteil aller Arbeitnehmer innerhalb von dreißig Monaten, nachdem sie in Rente gegangen sind, *sterben?* Wahrscheinlich haben Sie nun einfach keine Ziele mehr und – geben auf.

Vor sechs Jahren kam am Freitagabend, kurz bevor ich ein LRT anfangen wollte, ein alter Freund in mein Hotel zu Besuch, den ich schon jahrelang nicht mehr gesehen hatte. Aus einer Laune heraus machte er folgende Bemerkung: „Mein Gott, Sondra, du hast schon soviel getan; setz dich doch zur Ruhe!" Die Bemerkung brachte mich aus dem Gleichgewicht und irritierte mich, und ich sagte ihm, er solle so was nie wieder sagen. Ich bekam auf der Stelle starke Kopfschmerzen – für mich ganz außergewöhnlich. In der Gruppe war zufällig eine Frau, die

vergangene Leben sehen kann. Ich bat sie, mir zu helfen, und nahm sie mit auf mein Zimmer. Sie führte mich zu folgender Situation zurück: Ich war Priester und etwa 75 Jahre alt, sah aber aus wie 35. Ich versuchte der Gemeinde etwas über Unsterblichkeit beizubringen. Niemand verstand mich. Sie meinten, ich sei verrückt. In meinem Zimmer überdachte ich das immer wieder und war ziemlich frustriert, daß niemand annehmen konnte, was ich zu sagen hatte. Manchmal levitierte[33] ich. Ich war spirituell offenbar ziemlich weit entwickelt, aber wohl nicht weit genug, um meiner Gemeinde *klarzumachen,* was ich meinte; das machte mich mutlos. Ich gab auf und „ging in Rente". Sofort alterte ich rasend schnell. Ich wurde immer älter. Man gab mir das Haus des Diakons. Ich lag todgeweiht auf einem Bett, hielt mich jedoch am Leben, weil ich zuvor einen bestimmten Priester noch einmal sehen wollte. Er konnte mich erst nach mehreren Wochen besuchen. Als er schließlich kam, sagte er: „Mach dir keine Sorgen, wenn du das nächste Mal wiedergeboren wirst, wirst du mit der Unsterblichkeit nicht allein sein. Im nächsten Leben werden wir uns treffen und in Teams und Gruppen arbeiten." Dann starb ich. Nach der Sitzung waren meine Kopfschmerzen verschwunden.
Jetzt arbeiten wir also in Teams daran, und es macht mehr Spaß, und ich mag die Idee, in Rente zu gehen, noch immer nicht, denn dazu bin ich nicht berufen. Und Sie auch nicht! Sie sind gekommen, um zu dienen. Und wenn Sie in Ihrer derzeitigen Position nicht mehr dienen können oder wollen, schaffen Sie sich eine neue – es sei denn, Sie möchten abtreten.

Schreiben

Schreiben ist eine gute Art, sich zu läutern. Ich tue es jeden Tag. Und Sie tun sich damit ebenfalls etwas Gutes, auch wenn

---

[33] Levitieren: frei schweben, das Gesetz der Schwerkraft außer Kraft setzen.

Sie kein Schriftsteller sind oder werden möchten. Bringen Sie all ihre Gefühle zu Papier, so *entfernen* Sie sie aus Ihrem Körper. Zu schreiben stärkt den Lebenswillen. Sich auszudrücken tut gut. Man kann sich ausgezeichnet von seiner Negativität läutern, indem man sie zu Papier bringt und das Geschriebene anschließend wegwirft oder verbrennt. Und die Lebenskraft stärkt man bestens, indem man Liebesbriefe schreibt.

Die letzten zehn Jahre, seit ich immortalistische Übungen mache, habe ich oft Gott oder meinem Guru Babaji in Herakhan im Himalaja geschrieben, und zwar immer dann, wenn ich mich blockiert fühlte oder meiner Physischen Unsterblichkeit gegenüber negativ eingestellt war. Babaji nahm all diese Briefe in Empfang. Er fuhr mit der Hand darüber und wußte, was drinstand – eigentlich schon, bevor ich den Brief geschrieben hatte. Es war mir egal, ob er sie las oder nicht, ich läuterte mich einfach. Mir war klar: Der Guru hat das Ansinnen, die Seele bloßzulegen, also legte ich meine bloß. Und es bereitete mir keine Schwierigkeiten, ihm alles zu schreiben, denn mir war klar, daß das weit besser war, als alles in mich hineinzufressen, und er wußte, daß es meine Arbeit verbessern würde. Er beantwortete die Briefe immer, entweder auf telepathischem Wege oder mit einem Antwortbrief. Später bat er seine Sekretärin, die Briefe zu öffnen und die Karte vorne auf dem Umschlag abzureißen. Ich klebte immer eine schöne Karte drauf, die ich mit viel Sorge auswählte, für den Fall, daß er einen Brief öffnete. Die Sekretärin verschenkte die Bilder auf sein Geheiß an die Bewohner der Hütten am Ganges. Nun dekorieren also meine Karten diese Wände. Andere Schüler Babajis, die Indien besucht hatten, erzählten mir, daß manchmal Teile meiner Briefe den Ganges hinuntertrieben. Es wurde ein Spaß ... Auch heute schreibe ich noch immer Briefe an ihn, denn ich weiß, daß es funktioniert, ganz egal, welche Form seine Gegenwart nimmt. Manchmal schreibe ich und lege den Brief auf meinen Altar. Die Probleme klären sich dann ziemlich schnell. Sie können auch so vorgehen. Wenn sie keine Beziehung zu Babaji empfinden,

können Sie Jesus, Buddha oder einem anderen Guru schreiben, oder einfach an Gott – es klappt immer.
Wenn Sie an irgendeiner Form der Todessehnsucht festhängen und sich nach größerer Lebenskraft sehnen, funktioniert es besonders gut. Jede Form der spirituellen Läuterung funktioniert. Probieren Sie verschiedene aus, eine nach der anderen.

Musik

Vermeiden Sie tunlichst mortalistische Musik à la „Laß mich nicht allein, denn ohne dich kann ich nicht sein". Das ist eine schlechte Programmierung. Gute Musik dahingegen ist heilsam. Der Großteil der New-Age-Musik ist speziell mit dem Zweck komponiert, die Chakren und Zellen munter zu machen. Sie hat fraglos eine heilende und lindernde Qualität. Der Gedanke, Musik bei der Heilung zu verwenden, ist sicherlich nicht neu. Wenn Sie den Meistern der indischen Sitar zuhören, merken Sie einwandfrei, daß der Körper mit diesem uralten Instrument durchaus harmonisiert werden kann.
Die Silbe OM ist, folgt man der hinduistischen Religion, der Urklang der Schöpfung. Deshalb ist es so belebend, hinduistische Gesänge in Sanskrit zu hören. Diese Sprache wurde geschaffen, um unmittelbar auf den Körper einzuwirken.
Die moderne Musik ist ziemlich weit entwickelt und komplex, und Sie können Bücher darüber lesen und/oder einfach ausprobieren, was für Sie funktioniert. New-Age-Buchläden verkaufen oft wunderbare kosmische Musik.
Bisweilen findet man auch Popmusik mit dem Thema Unsterblichkeit. Sie werden zunehmend mehr davon hören, je mehr die Sache „in" wird! Der Song von Queen *It's a Kind of Magic* aus dem Film *Highlander* ist ein Beispiel. *Staying Alive* von den Bee Gees war toll, ebenso *I Want to Live Forever*. Von Supertramp ist ein wunderbares Album erschienen: *Even in the Quietest Moments*. Diese Songs und Babaji sind einfach wunderbar. Ich möchte ihnen Dank sagen mit einem: „BHOLE BABAKI JAI!"

Händels „Messias" kann Ihnen eine große Dosis Unsterblichkeit verabreichen, hören Sie ihn sich öfters an. Er hat die Physische Unsterblichkeit zum Thema. Zum Beispiel heißt es darin sinngemäß:

> Wahrlich, wahrlich, ich werde euch ein Mysterium aufdecken: Wir werden nicht alle sterben, sondern wir werden verwandelt werden in unseren Atomen, in einem einzigen Augenblick, wenn die letzte Posaune klingt. Denn die Posaune wird erklingen, und die Toten werden aufstehen, unsterblich, und wir werden verwandelt sein. Der vergängliche Leib wird angetan mit dem Unvergänglichen und das Sterbliche mit dem Unsterblichen.

Mein Kollege Frederic Lehrman empfiehlt, sich den ganzen Text anzusehen. Teil III handelt von der Verwirklichung des messianischen Gedankens und somit von der Physischen Unsterblichkeit.

Von Immortalisten komponierte Musik ist eine völlig neuartige Erfahrung für Ihre Zellen.

Es gehören zwei äußerst begabte immortalistische Musiker zum LRT Ohana. Ich höre ihre Musik, sooft es geht. Wenn ich ihre Tapes auf Seminaren spiele, gibt es immer eine derart große Nachfrage, daß ich nicht unterlassen kann, sie hier zu nennen:

Laraji: „Nirvana", „Open Sky", „Music for Rest", „Here Jaya Jaya Rama", „Deep Chimes Meditation", „Om Namaha Shivai" (mein Favorit).[34]

Raphael: „Allelujah", „A Song Without Words", „Music To Disappear In", „The Elegance of Love", „The Divine Mother –

---

[34] Zu bestellen bei Laraji, P. O. Box 227, Cathedral Station, New York, NY 10025.

[35] Erhältlich beim Hauptbüro des LRT, LRT International, P. O. Box 1465, Washington, CT 06793, USA.

The Divine Father", „The Calling" und „The Flaming Resurection".[35]

Reisen

Auf Reisen zu gehen ist eine ausgezeichnete Läuterung, denn die neue Umgebung tut gut. Reisen ins Ausland läutern ganz besonders, da einem das Leben, das man normalerweise führt, bewußt wird und man es hinter sich lassen kann – man kann sein Karma schnell abtragen. Natürlich kann der Besuch von Plätzen mit starken Kraftfeldern und heiligen Orten Sie noch kräftiger läutern.[36]

Indien

Für mich gibt es keine gründlichere und schnellere Läuterung als eine Reise nach Indien. Indien ist die Mutter. Das ganze Land ist ein einziger Ashram. Das Ego zerfällt, sowie man aus dem Flugzeug steigt. Und wenn man sich außerdem noch in einem echten Ashram aufhält, hat man sich in eine wahrhaft lebensverändernde Situation begeben. Babaji gab uns zu verstehen, daß *ein Tag,* während des Festivals der Göttlichen Mutter in seinem Ashram verbracht, *gleichbedeutend* ist mit *zwölf Jahren* karmischer Läuterung. Ganz schön intensiv – aber ich habe es lieber intensiv als häppchenweise nach und nach. Er meinte auch, Herakhan, sein Ashram am Fuße des Himalaja, sei einer der reinsten Orte der Erde. Und so erlebe ich es auch. Der Platz ist so heilig und, wie ich meine, dem Leben zu Jesu Zeiten so ähnlich, daß ein Aufenthalt dort immer wieder zu den tiefsten Erfahrungen meines Lebens gehörte. Wer mich

---

[36] Siehe auch Frederic Lehrmanns Buch *Sacred Landscapes.*
[37] Als Vorbereitung brauchen Sie das LRT und viele Rebirthings.

begleiten möchte, den nehme ich gerne mit ... ich fahre jeden Herbst hin.[37]
PS: Wenn Sie einen Widerstand gegen Indien verspüren, werden Sie womöglich noch immer blockiert von einem negativ verlaufenen vergangenen Leben, das Sie dort verbracht haben, und das wäre dann ein weiterer Grund hinzufahren. Sie wollen ja letztlich frei davon sein!

Der Guru

Ein Guru ist ein spiritueller Lehrer. Derzeit könnte ich vielleicht ein Guru für Sie sein. Ein andermal sind Sie vielleicht mein Guru. Wir alle sind gleichzeitig Lehrer und Schüler. Wer zu unserer Gemeinschaft, dem LRT Ohana, gehört, muß Babaji nicht zum Guru haben. Dennoch steht Ihnen seine Liebe zur Verfügung. Er sagt: „Sie können sie annehmen oder es lassen."
Babaji (Shree Bhagwan Babaji Maharaji 1008) hat sich auf Erden als Sada Shiva (die erste Offenbarung Gottes als Göttlicher Yogi auf Erden) manifestiert und zu erkennen gegeben, und zwar schon seit Tausenden von Jahren. Seine Lehre ist nicht auf eine einzige Methode, ein Land oder eine Religion beschränkt. Sie ist unendlich und universell und umfaßt jede Form der Läuterung, Anbetung, Hingabe und jede Glaubensform, die Menschen dem Göttlichen näherbringt. Seine Hauptformel für Glück lautet: *Liebe, Wahrheit, Schlichtheit, Dienst an der Menschheit und das Mantra.*
Babaji kann sich dematerialisieren und materialisieren, wann und wo er will, und kann mehrere Körper an vielen Orten gleichzeitig haben; er kann sich in eine Lichtkugel verwandeln und jedes Spiel mit dem Tod spielen, das er will, wann immer er das will. Er sagte, die höchste Methode, die Todessehnsucht zu entschleiern, sei, sie zu überleben. Manche Körper hat er Tausende von Jahren behalten, andere hat er dematerialisiert,

---

[38] Siehe auch *Aliens Among Us* von Ruth Montgomery.

sich neue geschaffen; manche Körper hat er auf gewöhnliche Art und Weise abgelegt, er ist als Frau wiedergekommen und so weiter. Er steigt herab in die menschliche Familie, wenn wir in großen Problemen stecken, und hilft uns. Es macht nichts, welche Form seine Gegenwart annimmt oder ob er scheinbar abwesend ist. Seine Energie und Liebe ist immer vorhanden. Mit ihm zusammenzusein war das größte Geschenk meines Lebens. Er verbrachte vierzehn Jahre mit uns, um uns auf die künftige Veränderung vorzubereiten, und es ist gesagt worden, daß es für uns unmöglich gewesen wäre, weiterhin auf Erden zu leben, wenn er nicht gekommen wäre.[38]

Ein Guru ist nicht jemand, dem Sie Ihre Kraft übertragen. Es hat nichts mit einem Kult zu tun. Ein Guru zeigt Ihnen, wer Sie sind, damit Sie ganz aus Ihrer eigenen Kraft leben. Er oder sie macht das, indem er ein Spiegel ist, in dem Sie sich selbst besser sehen können. Babaji sagte oft: „Ich bin niemand und nichts. Ich bin nur ein Spiegel. Ich bin Bhole Baba, jetzt einfach Vater. Ich bin auch ein Feuer. Ich bin niemandes Guru, sondern der Guru aller Gurus."

Auf dem Pfad der Verwirklichung Gottes ist es manchmal, als liefe man auf des Messers Schneide, aber die Gnade des Guru ist alles. In der modernen Zeit haben wir das „Mehrfach-Guru-System". Wenn Sie zum LRT Ohana kommen, werden Sie viele Lehrer erleben, die in Harmonie als Gleiche unter Gleichen wirken. Jeder kann Ihr Lehrer sein und ist es auch, und zwar in jedem Moment; er oder sie sollte selbst jedoch auch spirituelle Lehrer haben, und alle spirituellen Lehrer sollten mit ihresgleichen Umgang pflegen – Probe und Gegenprobe, denn es gibt immer noch weiterführende Lektionen.

Bis wir alle vollkommen sind, wie Jesus, gibt es eben noch viel zu lernen, nicht wahr? Und vielleicht lernt er auch noch. Er ist noch immer da. Er kann Leuten erscheinen, die fähig sind, seine hohe Schwingung auszuhalten. Er kann Ihnen ein per-

---

[39] Raphael, *Starseed Transmissions*, S. 62.

sönlicher Lehrer sein, wie Babaji auch. Würden Sie das wollen? Raphael schreibt:

> Wahre spirituelle Lehrer versuchen nicht, Sie als Untertan gefangenzuhalten, sondern ziehen Sie, so schnell sie können, auf ihre eigene Ebene empor und schieben Sie, falls Sie es zulassen, noch darüber hinaus.[39]

Kapitel 10

Die Verwandlung des Körpers: De- und Rematerialisierung

Transfiguration[1] – das De- und Rematerialisieren des menschlichen Körpers – bedeutet, Materie mit Geist zu verschmelzen. Physische Unsterblichkeit beinhaltet meiner Meinung nach auch die Entwicklung dieser Fähigkeit. Der *Course* nennt diese Qualität „Auferstehung".
Wenn Sie das für unmöglich halten, ist es für Sie ausgeschlossen. Wenn Sie sich selbst jedoch entsinnen, daß Sie eins mit Gott sind und Gott grenzenloses Potential ist, dann ist diese Fähigkeit auch für Sie verfügbar.
Für meinen Lehrer Babaji (siehe Foto) ist das unproblematisch und ganz normal. Er ist Shiva und älter als die Zeit. 1922 waren Menschen Zeuge davon, wie er sich dematerialisierte und in einen Lichtball verwandelte. Er kehrte als junger Mann zurück, indem er sich 1970 aus einem Lichtball rematerialisierte (rematerialisieren heißt, den Körper manifest zu machen ohne den „Umweg" einer natürlichen Geburt). Babaji erscheint den Menschen immer noch in den verschiedensten Körpern, und er de- und rematerialisiert sich an vielen Orten der Welt. Er macht dies wie Jesus und andere Unsterbliche, um uns bei unserer Evolution zu helfen.[2]

---

[1] In der Bibel Verklärung genannt.
[2] Alle Bücher von Annalee Skarin, zum Beispiel, vermitteln, wie man das erreichen kann, sowie Baird Spauldings *Leben und Lehren der Meister im Fernen Osten*.

Wenn ich es richtig verstehe, muß man, damit man sich dematerialisieren und rematerialisieren kann, lauter genug sein, um gewisse Lichtschwingungen ertragen zu können. Dafür ist es natürlich notwendig, die Philosophie Physischer Unsterblichkeit gemeistert und spirituelle Läuterungstechniken ausgeübt zu haben.
Sie müssen kontinuierlich die Geisteshaltungen der Auferstehung – Liebe, Lobpreis und Dankbarkeit – leben. Sie müssen es dem Lichte Christi erlauben, jede Minute jeden Tages in Ihnen zu wachsen, und Ihren gesamten eigenen Geist dem Heiligen Geist überlassen – das heißt, Sie müssen immer in seinem Gedankensystem leben.
Überdenken sie folgende Zitate:

> Vor dem Sündenfall hattet ihr die Fähigkeit, euch mit eurem Bewußtseinszentrum aus dem Göttlichen in eine Identität als Wesen hineinzuversetzen und aus der Form in die Metaform, wie ihr wolltet. Ihr wart frei, gleichsam zu kommen und zu gehen, wie es euch gefiel, wart frei, der jeweiligen Situation entsprechend jedem Aspekt eurer selbst Ausdruck zu verleihen. Alle Wesen sind mit dieser Fähigkeit erschaffen worden.[3]

> Die reine Wahrheit lautet, daß der eingeborene Sohn des Vaters ein Großes Kosmisches Wesen ist – der vollkommene Mann oder die vollkommene Frau –, ein strahlendes Bild mit schimmerndem Licht, ein gottgleiches Ideal, das den Kosmos als Spielplatz beansprucht und mit der Geschwindigkeit der Gedanken kommt und geht.[4]

> Denn gleichwie der Blitz ausgeht vom Aufgang und scheint bis zum Niedergang des Himmels, also wird auch sein die Zukunft des Menschensohns. Was unser Freund Jesus mit dieser Aussage meinte, war, daß die

---

[3] Aus *Sternenbotschaft* von Ken Carey, S. 10.
[4] Ebenda, S. 36

Erde eures Leibes vom einen Ende bis zum anderen von meinem Licht erleuchtet werden wird.[5]

In der Geschichte der Menschheit finden sich immer wieder Hinweise auf De- und Rematerialisierungen. Leonard Orrs Bibelforschung zufolge dematerialisierte Henoch sich im Alter von 365 Jahren, das heißt, er starb nicht. Auch Elias meisterte die Transfiguration und Auferstehung. Moses und Jesus durchlebten den physischen Tod und die Auferstehung von den Toten und fuhren gen Himmel. Moses und Elias materialisierten ihren Körper in Jesu Gegenwart zu Zeiten seines Dienstes und segneten ihn.

In der Bibel werden mindestens fünf Unsterbliche genannt: Henoch, Melchisedek, Moses, Jesus und Elias. Und, nebenbei bemerkt, Adam lebte 930, Methusalem 969 und Noah 950 Jahre![6]

Der Immortalist Robert Coon sagt folgendes über die leibliche Verwandlung:

> Leibliche Verwandlung ist die Fähigkeit, sich zu materialisieren, zu dematerialisieren und den physischen Körper willentlich zu teleportieren.[7] Dies wird als das Große Kleinod des Heiligen Grals betrachtet oder als Stein der Weisen! Es ist der Sieg über die Illusion des Todes und der Durchbruch Physischer Unsterblichkeit.

Robert weist auf folgende Verheißung hin: „Ihr werdet auferstehen aus der Sterblichkeit, und eure Schwingungen werden feiner werden, bis ihr die eines verklärten Lichtwesens habt, mit vollkommener Freiheit, willentlich mit der Geschwindigkeit der Liebe zu kommen und zu gehen." Er stellt auch fest:

---

[5] Ebenda, S. 64
[6] Detailliert dargestellt in Leonard Orrs Buch *The Common Sense of Physical Immortality*.
[7] Fortbewegung durch reine Geisteskraft.

> Jesus erwarb erstmals die leibliche Verwandlung, als er auf dem Berge Tabor betete. Elias und Moses materialisierten ihre physischen Körper und sprachen mit ihm. Zeugen dieser Verklärung waren Petrus, Jakobus und Johannes.

Das Evangelium des Johannes ist eine Folge dieses Ereignisses. Nach Robert Coon erkannte Joseph von Arimathia die enorme Ähnlichkeit zwischen dem Berg der Transfiguration, Tabor, und dem Glastonbury Tor in England und verschob später den Archetypus des Heiligen Grals vom alten Jerusalem ins Neue Jerusalem – Glastonbury.
Robert Coon behauptet, daß Maria in Glastonbury Physische Unsterblichkeit und die Kunst der leiblichen Verwandlung erlangte. Ihre Verklärung öffnete das Herzchakra Glastonburys für eine höhere Dimension. „Jeder Ort auf Erden", schreibt Coon, „an dem jemand den Tod überwindet und Physische Unsterblichkeit erlangt, wird ein stark aufgeladenes spirituelles Zentrum ... oder Chakra. Zum Beispiel: Saint Germain energetisierte den Berg Shasta, als er in den dreißiger Jahren dort seinen physischen Körper manifestierte." Maria selbst erschien 1961 in Spanien im physischen Körper einer Achtzehnjährigen, was, wie Robert Coon es ausdrückt, „nicht schlecht ist für jemanden, der 2000 Jahre alt ist!"
Chuang-tzu, ein Taoist weit vor Jesu Zeiten, sagte: „Wenn der Körper und die Lebenskraft beide *vollkommen* geworden sind, so heißt dieser Zustand ‚bereit zur Verklärung'. Der vollkommene Mensch kann ungehindert durch feste Körper hindurchgehen."
1950 dematerialisierten sich Annalee und Reason Skarin in Amerika. Sie haben sich seither gelegentlich rematerialisiert. Ich hatte das wunderbare Privileg, jemanden treffen zu dürfen, der bei Annalees „Himmelfahrt" zugegen war.

> Ich bringe euch das Anrecht auf ein gewaltiges Vermögen. Mein Fleisch wurde durch göttliche Liebe in eine

höhere Form verwandelt, und ich kann mich im Fleische manifestieren oder auf höheren Ebenen des Lebens, wie mir beliebt. Was ich tun kann, *können alle Menschen tun.* Gehet hin und predigt das Evangelium der Allmacht des Menschen.[8]

Ann und Peter Meyer beschreiben Materialisierungen folgendermaßen:

> Erscheinungen unsichtbarer Wesen in der physischen Welt ... sie haben sich momentan in einer Form materialisiert, die von Menschen gesehen werden kann ... Das kann eine ätherische Form, die hellseherisch erfaßt wird, oder ein physischer Körper sein, den man auch physisch spüren kann.[9]

Die Autoren behaupten, daß spontane Materialisierungen des Christus und ätherischer Wesen für die Kontaktierten belehrende spirituelle Erfahrungen sind. Sie fügen hinzu, daß *„höhere Wesen sich nicht durch einen menschlichen Kanal, ein Medium, bemerkbar machen müssen"*.

Die „Christus-Lehrer" besuchen einen für gewöhnlich in Körpern unvorstellbarer Schönheit. Sie tauchen scheinbar aus dem Nichts auf, und man kann sie nach ihrem Besuch nirgends mehr finden. Der Lehrer mag kommen, um der besuchten Person eine Lehre zu erteilen, ihr spirituelle Kraft zu geben oder um einen bereits bestehenden Kontakt zu vertiefen. Einer der Autoren des Buches *Being a Christ* wurde ein Jahr lang sehr oft von Babaji besucht. Der Lehrer gibt seine Identität oft erst preis, wenn er wieder verschwunden ist. Die kontaktierte Person hat das Gefühl, „ihre Schwingung sei verfeinert worden". Der Lehrer kann auch als gewöhnlich gekleidete Person in Erscheinung treten, um dem Kontaktierten auf gleicher

---

[8] Aus Levi, *Das Wassermann-Evangelium,* Teil XXI.
[9] In *Being A Christ.*

Ebene zu begegnen, damit dieser entspannt reagieren kann. Das genannte Buch gibt viele Beispiele und ist eine interessante Lektüre.
Babaji hat mich schon in vielen verschiedenen Körpern besucht. Manchmal waren es nächtliche Visionen, manchmal erschien er mir auch, wenn ich wach war oder meditierte. Einmal wurde ich von Jesus in Herakhan in Babajis Ashram besucht. Ich suchte nach einer Art, meiner Mutter zu erklären, daß es zwischen Jesus und Babaji keinen Unterschied gab. Ich erwähne dies lediglich, um Ihnen die Gewißheit zu geben, daß es tatsächlich möglich ist und Ihnen auch geschehen kann.
Babaji – ein unsterblicher Avatar[10] – hat keine Schwierigkeiten, gleichzeitig verschiedene Körper zu haben und sich willentlich zu de- und rematerialisieren. 1984 kreierte er einen körperlichen Tod, um uns zu zeigen, wie Menschen sterben. Danach erschien er mir acht Tage hintereinander in verschiedenen Körpern. Einmal erschien er mir als Göttliche Mutter, die in der Luft wandelte – für mich „die schönste Frau, die ich jemals gesehen habe". Eines Nachts erschien er mir, wie er aus einem Sarg auferstand. Er erschien mir, als ich in Alaska war, kurz vor einer Pressekonferenz, die ich vor meiner ersten Welttournee gab. Er nahm mich in die Arme und wiegte mich. Und dann lief er Schritt für Schritt im Einklang mit mir durch ein leeres Zimmer. Als Phyllis Kauffman hinterher in mein Zimmer kam, sagte sie, ich strahle wie ein Engel. Meine Haare waren etwa drei Zentimeter gewachsen. Beim ersten *God Training* in Mount Shasta erschien mir Babaji als „Comicfigur" – in einem Postamt. Terry Milligan aus Atlanta war Zeuge des Ereignisses. Ich klebte förmlich an Babajis Augen, und ich konnte mich nicht bewegen. Die Dinge, die er sagte, waren so außergewöhnlich, daß nur er es gewesen sein konnte. Er hatte karottenrotes Haar, Hosenträger und trug derart verrückte Kleider, daß kein irdischer Schneider sie hätte fabrizieren können. Ich war sprachlos

---

[10] Inkarnation Gottes.

und bemerkte nicht, daß er es war, bis ich hinterher dreißig Minuten lang wie hysterisch lachen mußte. Babaji hat einen unvorstellbaren Sinn für Humor. Später am gleichen Tag besuchte er mich wieder, diesmal auf einer Brücke; mehrere Schüler waren Zeuge. Er durchschaute sie alle.[11]

Babaji sagte, es sei unmöglich, von ihm zu träumen. Wenn er einem nachts erschien, hatte er tatsächlich einen Besuch abgestattet. Das könnte auch Ihnen geschehen ... seien Sie also *wachsam*.

Babaji hat mich zweimal nach Indien teleportiert. Einmal war ich in Toronto, Kanada, als es geschah, und das andere Mal in Sorrento, Australien. Als ich in Bali an dem Buch *Drinking the Divine* arbeitete, besuchte er mich, war strahlend rot gekleidet und sagte mir, ich solle alles stehen- und liegenlassen und ihn *sofort* in Indien besuchen. Später bekam ich ein geheimnisvolles „Telegramm", wo ich ihn treffen würde. Ich hatte niemandem meine Adresse in Bali gegeben. Ich hatte mich völlig zurückgezogen.

Ich traf Babaji das erste Mal in diesem Leben in Herakhan. Er war wie ein Bauer gekleidet und kaute auf einem Strohhalm. Ich erkannte ihn nicht, weil ich einen Mann in Seidenkleidern mit Turban erwartet hatte. Am Abend war er *genauso* gekleidet, wie ich ihn mir vorgestellt hatte, und schaute mich derart intensiv an, daß ich umfiel, obwohl ich 30 Meter entfernt stand. In jener Nacht erschien er mir als Baby mit dem Gesicht eines alten Mannes, das ich als das einer früheren Materialisierung, 1922 als *Old Herakhan Baba,* erkannte. So schwebte er vor mir und schaute mir die ganze Nacht in die Augen. Das Licht schüttelte mich derart, daß ich einen Mitbewohner des Zimmers weckte und bat, mir laut aus *A Course in Miracles* vorzulesen, um nicht das Gefühl zu bekommen, ich wäre völlig verrückt geworden. Am nächsten Morgen befahl Babaji mir, an den Ufern des Ganges eine Ansprache an seine Jünger zu

---

[11] Die genannten Erfahrungen habe ich eingehend in meinem Buch *Pure Joy* geschildert.

halten, die aus der ganzen Welt zusammengeströmt waren. Dadurch gab er mir die Gelegenheit, meine Erfahrungen mitzuteilen, und ich konnte sie integrieren.

Ich habe ein Foto von Babaji, das 1986 in Brüssel gemacht worden ist, als er sich dort, zwei Jahre *nach* seinem „Maha-Samadhi"[12] 1984, materialisierte. Seither ist er auch Hunderten unserer Studenten bei Rebirthings, im LRT und an anderen Orten erschienen.

Vor etwa acht Jahren schenkte Babaji mir die Erfahrung, meinen Körper zu dematerialisieren und zu rematerialisieren. Diese wunderbare Erfahrung machte ich in Seattle, Washington, und mein Freund Robert durchlebte sie mit mir. Ich bin heilfroh, daß Robert dabeisein und gemeinsam mit mir diese Erfahrung durchmachen durfte, weil ich dadurch sicher sein kann, daß es tatsächlich geschehen ist und kein Traum war. Gleichwohl konnten wir beide ein Jahr lang nicht darüber reden oder allein zusammensein, so umwerfend war diese Erfahrung. Ich habe bisher mit niemandem darüber gesprochen und auch nicht versucht, es aufzuschreiben. Worte können das Gefühl und die Herrlichkeit des Geschehens nicht beschreiben. Ich wollte die Erfahrung nicht abschwächen oder verwässern und erst darüber reden, wenn ich es selbst besser annehmen konnte. Ich wollte es integrieren, und das hat Jahre gedauert.

Babaji hat mir diese Erfahrung sicherlich gegeben, damit ich gewiß sein kann, daß, was ich lehre und tue, auch stimmt. Andererseits konnte ich diese Erfahrung wohl auch nur deshalb machen, weil ich bereits genügend innere Sicherheit hatte. Heute weiß ich auch, daß dieses Wunder mein Eintritt in das Unsterbliche Königreich war. Ich „sah", wie alle großen Unsterblichen Meister uns auf ihren Armen trugen. Das Licht Gottes war so golden und hell, daß es mich blendete. Ich hatte einen anderen, „auferstandenen", engelgleichen Körper. Seine Herrlichkeit spottet aller Beschreibung. Ganz offensichtlich

---

[12] Das große Samadhi, der Tod eines Meisters.

möchte ich die Fähigkeit entwickeln, dies willentlich geschehen zu machen.

Es kann vielleicht helfen, wenn Sie sich Eis, Wasser und Dampf vorstellen – alle das gleiche Element – und dies auf Körper, Seele und Geist übertragen. Denken Sie an die Dreifaltigkeit Gottes. Vielleicht sind Sie ja jemand, der sich selbst die Wissenschaft leiblicher Verwandlung aneignet.

An dieser Stelle möchte ich auch die sogenannte psychische Chirurgie erwähnen. Ich hatte das Privileg, dem dreimal beiwohnen zu dürfen, einmal mit einem sehr bekannten Chirurgen von den Philippinen und zweimal mit einer weitentwickelten Amerikanerin. Sie ist auf den Philippinen ausgebildet worden. Jedesmal wurde mein Körper ohne Skalpell geöffnet, und zwar in Gegenwart meines Kollegen Frederic Lehrman, der die Hände in meinen Körper eindringen sah. Ich war Zeuge, als ihm das gleiche geschah. Das erste Mal erlebte ich dabei die Gegenwart Christi, und mein Bewußtseinszustand änderte sich automatisch. Das zweite Mal ging ich lediglich hin, um mich vor meiner anstehenden Welttournee untersuchen zu lassen. Der Chirurg drang durch meine Stirn ein, und ich hörte Knochen knacken. Obgleich ich mich mehrere Tage angeschlagen fühlte, spürte ich keinen Schmerz. Aus unerfindlichen Gründen habe ich kaum Erinnerungen an das dritte Mal.

Ich fragte die amerikanische Heilerin einmal: „Sie de- und rematerialisieren die Zellen, nicht wahr?" Sie antwortete: „Ja, unter anderem." Später, nach meiner dritten Behandlung, bat ich sie zu mir nach Hause mit Frederic, der sie lange befragte. Was sie sagte, entging mir, obwohl ich glaube, daß Frederic sie auf einer gewissen Ebene verstanden hat. Was sie allerdings gesagt hat, habe ich genauso vergessen wie die Behandlung. Es ging alles weit über Worte hinaus.

Sie können auf die Philippinen reisen und selbst die Erfahrung machen oder einen reisenden Heiler besuchen. Es gibt auch Filme darüber. Viele Menschen glauben, das seien Hirngespinste. Ich habe diese Dinge jedoch selbst erfahren. Manchmal,

wenn der Kopf diese Wunder nicht fassen kann, tut er es als Humbug ab, um die eigene Wirklichkeit nicht zu gefährden.
Auf meiner ersten Reise nach Indien habe ich folgende Geschichte gehört:
Eine Frau ging weinend zu ihrem Meister. Er fragte: „Was ist los, mein Kind?" Sie antwortete: „Ich bin so traurig, weil ich nicht schwanger werden kann." Er sagte darauf: „Du wirst einen Sohn gebären." Sie entgegnete: „Aber Meister, du verstehst mich nicht richtig. Ich habe keine Gebärmutter mehr. Sie ist bereits vor Jahren entfernt worden. Man hat sie mir herausoperiert!" Er sagte: *„Das* ist völlig egal!" Später entwickelte sich bei ihr tatsächlich eine neue Gebärmutter, und sie gebar einen Sohn. Diese Geschichte wurde mir von Leuten erzählt, die diese Frau kannten. Es gibt viele solcher Geschichten in Indien. Es ist nichts Außergewöhnliches. Wunder sind dort ganz normal.
In mehreren Büchern mit der neuen Lehre heißt es, daß wir Menschen lernen werden, neue Gliedmaßen wachsen zu lassen ... Prothesen haben dann abgedankt.
Ich erzähle das alles mit dem Ziel, Ihren Horizont zu erweitern.
Seien Sie offen für alle Möglichkeiten ... Sie sind mitten im New Age.

Anmerkung der Autorin

Es ist mein Wunsch, noch einmal zu erklären, daß ich die Geschichte über Babaji lediglich in der Absicht erzählt habe, Sie wissen zu lassen, daß er Ihnen zur Verfügung steht.

Seine heilende Gegenwart ist überall zugegen, im gesamten Universum; und auch Ihnen können Wunder geschehen, wie sie mir geschahen. (Die Beziehung eines jeden Menschen zu diesem Aspekt seines Höheren Selbst ist jedoch einzigartig für ihn.)

Ich möchte Sie gerne in meine Verbindung zu Babaji mit einbeziehen, denn sie ist eine Inspiration, eine Art, mehr Freude zu schenken, und ich möchte Sie noch einmal daran erinnern, daß Sie Ihnen wie jedem zur Verfügung steht.

TEIL II

Wie es ist, chic und fabelhaft zu sein

Kapitel 11

Chic und fabelhaft sein

Was hat Physische Unsterblichkeit damit zu tun, „chic" und fabelhaft zu sein?
Aus meiner Sicht ist der Zusammenhang klar: Wenn Sie sich fabelhaft fühlen, sehen Sie wahrscheinlich fabelhaft aus. Das wiederum ist fabelhaft, denn Sie fühlen sich dadurch *noch* besser. Ein fabelhaftes Aussehen steigert Ihr Selbstwertgefühl und Ihre Energie und sorgt dafür, daß Sie sich noch lebendiger fühlen. Auf diese Weise ziehen Sie größeres Wohlergehen und mehr Vergnügen an, – wodurch Sie noch mehr leben möchten – und so weiter, und so fort.
Immortalisten kümmern sich *wirklich* um ihre Körper und um die Umwelt – denn wenn sie hierbleiben, wollen sie den Planeten in einem guten Zustand erhalten; im Gegensatz zu Leuten, die lediglich etwa siebzig Jahre „auf Durchreise" sind, mit der Einstellung: „Ist mir doch egal, wenn alles vor die Hunde geht, ich sterbe sowieso in nicht allzu langer Zeit ..."
Immortalisten möchten, daß alles so pulsierend und schön wie möglich ist. Außerdem, wenn Sie gut aussehen, sich gut fühlen und gut riechen, wird man oft allein schon durch Ihre Gegenwart gesünder, und Sie könnten andere leicht dazu inspirieren, erleuchtet zu werden. Je mehr Menschen auf diesem Planeten erleuchtet werden, desto besser geht es uns allen, und desto näher rückt der Weltfrieden.
Obwohl es sicherlich um die Seele geht und das Äußere nicht die Hauptsache ist, stimmt es auch, daß unser Inneres durch unser Äußeres widergespiegelt wird. Wenn Sie glauben ma-

chen wollen, Sie seien Immortalist und wollen ewig weiterleben, obgleich Sie ungepflegt aussehen oder grau in grau herumlaufen, wird man Sie vielleicht fragen, ob Sie es überhaupt ernst meinen: „Es kümmert ihn ja noch nicht einmal, daß seine Sachen ungebügelt sind ..."
Handlungen und Aussehen sollten zu dem passen, was Sie sagen, es sollte im Einklang miteinander sein, nicht wahr? Meiner Meinung nach sind Rebirthing und Unsterblichkeit äußerst *modern*. Wir leben schon im neuen Zeitalter. Chicsein ist modern und geht Hand in Hand mit Lebenskraft. Das kann alles bedeuten, von „schmissig und legär" bis „stilvoll und elegant", kann teuer oder billig sein. Für Sie könnte es einfach nur heißen, „toll auszusehen" – und das inspiriert Menschen zu größerer Lebendigkeit. Wollen Sie *betörend* aussehen? Mögen Sie es *rassig?* Einen *sanften Stil?* Oder sehen Sie lieber entspannt-legär und trotzdem sensationell aus? Wollen Sie den Straßenverkehr aufhalten oder eher ein subtiles Äußeres? Warum nicht eine *ganze Palette,* viele Stimmungen, viele verschiedene Sachen? Für Sie als Immortalist sind die Möglichkeiten endlos, denn Sie denken immer grenzenloser und entwickeln viele Aspekte Ihrer selbst. Sie lieben Veränderung, Bewegung und Wachstum. Es macht Ihnen nichts, gesehen zu werden, denn Sie mögen Menschen und tauschen gerne Liebe, Freude und Lebenskraft aus; also geben Sie sich *zu erkennen* (besonders nachdem Sie Ihr Geburtstrauma verarbeitet und sich selbst wiedergeboren haben).
Sie werden sehen, sowie Sie gelernt haben, die erwähnten Läuterungstechniken anzuwenden, und immer mehr von ihrer Todessehnsucht loslassen, ist es ganz leicht, sich zu verjüngen und zu revitalisieren. Mit dieser pulsierenden Gesundheit und kraftvollen Energie haben Sie dann auch das Gefühl, sich auf entsprechende Art präsentieren zu wollen. Das kann bedeuten, daß Sie Ihre Lebensweise des öfteren umkrempeln. Experimentieren Sie mit der Kunst, schöne Sachen anzuziehen und qualitativ gute Kleidung zu tragen. Gewöhnlich sind Immortalisten, die klug genug sind, den Tod hinter sich zu

lassen, auch schlau genug, wohlhabend zu werden. Sie lernen schnell, daß sie mit einem gutaussehenden Äußeren mehr Wohlergehen anziehen. Sie haben genügend Selbstachtung, sich ihr Budget gut einzuteilen – und sie haben sich hinreichend von Schuldgefühlen befreit, so daß sie sich hinsichtlich ihrer Kleidung unschuldig fühlen.

Wie fänden Sie es, sich die Freude und Aufmerksamkeit zu gönnen, „hinreißend" auszusehen? Wie fänden Sie es, sich so sehr um Ihr Äußeres zu kümmern, daß Sie Selbstvertrauen ausstrahlen, einen attraktiven eigenen Stil haben und eine starke Präsenz: zum Beispiel „gesund, leicht gebräunt und entspannt"? Finden Sie, das sei irgendwie falsch, arrogant, verrückt, Zeitverschwendung, zu teuer oder ähnliches? Vielleicht hilft es Ihnen, ab und zu folgenden Text aus dem *Course* zu wiederholen: „Gebe dich *nicht* zufrieden mit den kleinen Dingen, denn du wirst keinen Frieden damit haben, sondern dich für wertlos halten. Nur in deiner ganzen Größe wirst du zufrieden sein."[1] Der *Course* verdeutlicht, wie hochmütig es ist, sich selbst kleinzumachen, weil das aus der Überzeugung herrührt, selber geringer als Gott zu sein. Wenn es für Sie also hilfreich ist, sich schön zu machen und Ihrer Größe Ausdruck zu verleihen, und Sie sich dabei unschuldig verhalten, im Bewußtsein der Tatsache, daß *Liebe* das Wichtigste überhaupt ist, was könnte daran schon falsch sein? Aufs neue geht es nur darum, ob Sie sich nach dem Gedankensystem des Ego oder dem des Heiligen Geistes richten wollen.

Betrachten Sie die Schönheit der Umwelt – lassen Sie sich von der Natur inspirieren. Als Kind erforschte ich die Wildblumen und beobachtete Vögel durchs Fernglas. Es war alles so strahlend, so lebendig, beinahe überwältigend. Ich fühlte mich zu alledem hingezogen. So vieles versetzte mich in Staunen. Alles, was mich begeisterte, schien *Geist* und *Stil* zu haben.

Und dann die Düfte! Welche Gefühle regen sich beim Duft von Jasmin, Rosen, Lilien oder Flieder? Haben Sie es verdient, sich

---

[1] Im Kapitel „Littleness vs. Magnitude", S. 285.

mit diesen Düften zu schmücken? Oder vielleicht ziehen Sie natürliche Öle den Parfüms vor. Die Wissenschaft der Aromatherapie lehrt, daß Düfte Kräfte sind – Kräfte, die Stimmungen wandeln und sogar Krankheiten kurieren können.

Immortalisten werden sich meiner Meinung nach stets zunehmend für innere und äußere Schönheit engagieren. Schönheit ist überall. Es sind viele Bücher zu diesem Thema auf dem Markt, aber es hat mich besonders gefreut, eins zu finden, das tatsächlich das Mantra OM NAMAHA SHIVAI in einem Kapitel über Verminderung von Streß empfahl, unter dem Abschnitt Meditation.[2]

Schönheit hat viel mit der Einstellung zum Leben zu tun und muß, dem stimme ich völlig zu, von innen kommen. Vielleicht könnte man das Buch, das Sie gerade lesen, als „Schönheitsbuch" betrachten. Es stimmt: Wenn Sie sich gut fühlen, sehen Sie gut aus, und wenn Sie gut aussehen, fühlen Sie sich gut. Scott Fitzgerald hat einmal gesagt: „Nur wenn Sie den kleinen Details Ihres Äußeren genügend Aufmerksamkeit gewidmet haben, können Sie Ihren Charme richtig spielen lassen."

Ihre Kleidung zeigt, wie Sie sich selbst einschätzen; Sie tragen Ihr Denken sprichwörtlich am Leib. Vielleicht täte eine Erneuerung Ihrem Denken gut! Wollen Sie nicht mal den „Immortalisten-Look" ausprobieren? Tragen Sie etwas Neues, das Energie, Freude und Lebenskraft ausstrahlt. Sie werden jünger aussehen, wenn Sie sich modisch kleiden – natürlich kann extravagante Kleidung Sie auch älter machen, wenn es zuviel des Guten ist. Überlegen Sie sich, was in der jeweiligen Situation dem guten Geschmack entspricht. Was verschafft Ihnen ein gutes Gefühl, gibt Ihnen ein entspanntes und strahlendes Aussehen?

Wenn Sie kein Auge dafür haben, wie man sich gut kleidet, können Sie sich durchaus modischen Rat holen. Es gibt viele erleuchtete Ratgeber, die Sie nicht einmal bezahlen müssen,

---

[2] *Vogue Complete Beauty* von Deborah Hutton, S. 177.

wenn Sie Ihre Kleidung dort kaufen, wo die Modeberater arbeiten. Vielen Menschen ist es nicht einmal bewußt, daß die meisten Geschäfte diesen Dienst anbieten.

Als ich dieses Kapitel entwarf, geschah mir folgende Geschichte; sie erläutert, wie man kreiert, was man denkt. Ich hatte gerade den Teil über Unsterblichkeit beendet, da bekam ich einen Anruf von einer mir unbekannten Frau namens Jane. Ich mochte sie sofort. Sie las gerade meine Bücher über Rebirthing und fragte mich, ob ich bei einer Modenschau bei Nordstrom's, einem großen Kaufhaus im Nordwesten der USA, wo ich wohne, einen Vortrag halten wollte. Ich begrüßte ihr Angebot, weil ich Kleidung und Präsentationen liebe, und dann fügte ich hinzu: „Sie glauben niemals, an was für einem Buch ich gerade arbeite und mit welchem Teil ich gerade angefangen habe." Ich überlegte kurz, ob ich ihr erzählen sollte, daß es ein Buch über Physische Unsterblichkeit ist – und machte es. Zu meiner Überraschung bereitete ihr das überhaupt keine Schwierigkeiten. Sie sagte: „Nun gut, dann machen wir den Vortrag, wenn das Buch erschienen ist, und es wird der Lancierung des Buches helfen." Ich wollte mich gerne sofort mit ihr treffen, und nun habe ich zwei Kapitel von Jane in dieses Buch aufgenommen![3]

---

[3] Anhang E, *Schönheit im Neuen Zeitalter,* und Anhang F, *Heiliger Tanz.*

Kapitel 12

Selbst fabelhaft und berühmt sein

Warum bewundern wir manche Leute und heben sie auf ein Podest, weshalb schneiden wir ihre Bilder aus und verschlingen Artikel über sie? Psychologen haben dieses Thema erforscht. Dr. Edward Sheridan, führender Psychologe an der Northwestern University, stellte fest, daß breite Bevölkerungsschichten gegenwärtig skeptischer hinsichtlich der früheren Helden – Soldaten, Priester und Politiker – geworden sind, und auch, daß die Menschen sich gegenwärtig hauptsächlich Offenheit wünschen. Einige der Stars, die wir zur Zeit sehr bewundern, scheinen „fabelhafte Illusionen über die ewige Jugend zu vermitteln". Er fügt hinzu: „Die Leute heutzutage möchten sehr gerne an persönliche Unzerstörbarkeit glauben."[1] (Habe ich nicht gesagt, daß Unsterblichkeit „in" ist?)

Dr. David Brandt bestätigt das: „Es hat viel mit unserer Angst vor dem Tod zu tun ... Die Berühmtheit wird zum symbolischen Gegenmittel gegen den Tod und die Sterblichkeit."[2] (Man betrachtet große, bereits verstorbene Berühmtheiten, als seien sie insgeheim am Leben und immer noch in der Blüte ihres Lebens oder als sprächen sie mit uns aus dem Jenseits.) Es könnte gut und gerne genauso leicht sein, fabelhaft zu werden, wie es leichtfällt, Spaß zu haben und von ganzem

---

[1] *Elle,* September 1986, USA-Ausgabe.
[2] In *Is That All there Is? – Overcoming Disappointment in an Age of Diminished Expectation (Ist das alles? – Enttäuschung überwinden im Zeitalter abnehmender Erwartungen).*

Herzen zu tun, was Sie gerne tun – und das mit der Menschheit zu teilen. Fabelhaft zu sein hat, nach Babaji, viel mit Liebe und Wahrheit und Dienst zu tun. Wer bewußt der Menschheit dient und sich selbst läutert, fühlt sich schließlich einfach wirklich großartig und hat ein großartiges Leben.

Manche Leute meinen, man könne nicht sowohl chic als auch spirituell sein. Ich habe sogar gehört, daß einige Hollywoodstars ihre Spiritualität verheimlichen und im geheimen ausüben. Ich finde das beschämend, denn wenn etwas gut funktioniert, sollte man das anderen mitteilen.

Das ist mein Credo, und ich habe in all meinen Büchern versucht zu vermitteln, was gut funktioniert. Alles andere habe ich immer so schnell wie möglich abgelegt. Auf diesem Weg habe ich natürlich eine Menge Fehler gemacht, aber so ist es nun einmal im Abenteuer des Lebens. Probieren Sie die Dinge aus, die Ihr Leben verbessern können – nehmen Sie das Risiko auf sich. Finden Sie Ihre eigene Sicherheit mitten *in der Veränderung* und darin, nicht zu wissen, was als nächstes geschehen wird. Das ist nicht nur interessant, es ist fabelhaft! *Sie sind fabelhaft!* Beziehen Sie sich selbst ganz mit ein ins Spiel des Lebens. Sie sind eins mit dem schöpferischen Genie hinter dem Fluß des Lebens und von unschätzbarem Wert für das Ganze. Danken Sie der Gegenwart – dem Großen Geist, Gott –, und bedenken Sie: Sie sind bereits ein spirituelles Wesen. Verkörpern Sie die Tatsache, daß Gott Sie aus sich selbst erschaffen hat, und Sie können jetzt sofort zum ganzen Potential des Lebens erwachen. Jesus sagte, was wir glauben, geschehe auch.

Ja, es stimmt wirklich, Sie können fabelhaft sein und Freude, Glück, Liebe, Freundschaft, Gesundheit, Erfolg und sogar Physische Unsterblichkeit besitzen. Bedenken Sie jedoch, das auch den anderen zu wünschen. Jesus sagte: „Gebet, so wird euch gegeben." Ein fabelhafter Mensch hilft allzeit anderen und sieht in allem – Gott.

„Das Leben wird so für Sie sein, wie Sie für das Leben sind", sagte Ernest Holmes, der als Begründer der *Wissenschaft des*

Geistes[3], die viel zum modernen Denken beigetragen hat, unseren Respekt verdient.

Auch Sie können einen Beitrag zum Leben des Planeten und der Menschheit leisten, und ich danke Ihnen dafür, daß Sie erforschen, was Ihr Beitrag ist. Erlauben Sie dem Göttlichen Plan Ihres Lebens, sich zu manifestieren.

> Einen wahren Helden erkennt man erstens an seiner warmen und strahlenden Persönlichkeit und zweitens an seinen GUTEN Manieren. (Nicht drittens oder viertens oder in irgendeiner anderen Reihenfolge.) Er ist außerdem charmant, hat Humor und eine unendliche Kapazität, menschlichen Belangen Mitgefühl und Aufmerksamkeit entgegenzubringen.

Der herangereifte Held verfügt über 10 Kräfte:
1. Er lebt, solange er will.
2. Er geht in tiefe Meditation, sowie er das will.
3. Er kann eminent wichtige Erfordernisse auf alle Lebewesen herabregnen.
4. Überall verbessert er das Schicksal.
5. Er lebt in und ist von der Welt und läutert sie durch seine Gegenwart.
6. Er richtet auf, was gebeugt ist, befreit Gefangene und löst Energie, wo er auch ist.
7. Er geht den Weg des Friedens.
8. Falls nötig, verrichtet er Wunder.
9. Er versteht die Ziele der Liebe, die ihr innewohnende Bedeutung und ihre Folgen.
10. Er stillt Zweifel, öffnet Augen, löst Schmerz und Schuld. Er schenkt Verständnis, die zu Einsicht und höherer Weisheit führt. Er zeigt den Weg zur Erfüllung jedes liebevollen Wunsches.[4]

---

[3] *Science of Mind.*
[4] Aus Ric Strauss, *The Masters Of Destiny.*

Kapitel 13

Eine reife Frau sein

Einige Leserinnen haben vielleicht das Gefühl, das sei ja alles ganz nett, aber sie seien schon zu alt oder das Buch komme zu spät für sie oder sei etwas für Leute, die noch nicht so weit gealtert sind: „Andere können den Alterungsprozeß ja vermutlich noch bremsen, gut aussehen und sich toll anziehen, aber was mich selbst angeht ... Ich bin mir da nicht so sicher."
Ich versichere Ihnen, es ist nie zu spät, *einen neuen Sinn für Schönheit* zu entwickeln. Es ist nie zu spät, sich zu verjüngen. Wie ich schon in Kapitel 6 berichtet habe, eine Frau kann, wenn sie es sich wünscht und von der Möglichkeit überzeugt ist, sogar ihre Menopause rückgängig machen und schwanger werden.
Bei meinem letzten Besuch in Australien fragte eine Frau mich: „Erinnerst du dich an deinen letzten Besuch hier, als ich dir von meiner unheilbaren Krankheit erzählt habe und dich fragte, ob es zu spät für mich sei, mit Rebirthing anzufangen?" Ich konnte mich allerdings nur ganz schwach erinnern, denn die Frau sah jetzt phantastisch aus und nicht, als ob sie bald sterben würde. Sie erinnerte mich wieder daran, daß ich ihr ziemlich nachdrücklich gesagt hatte: *„Es ist nie zu spät."* Sie begann mit Rebirthing und heilte ihren Zustand. Sie war wie verwandelt.
Sie möchten *aufhören,* über Älterwerden nachzudenken, und damit anfangen, sich mit der Energie des Lebens zu beschäftigen. Viele sogenannt ältere Frauen haben eine starke Ausstrahlung.

Ich liebe es, eine reife Frau zu sein. Ich betrachte mich zwar als Mensch ohne Alter, aber herangereift zu sein gibt mir ein gutes Gefühl. Ich liebe den Reichtum meiner bisherigen Geschichte. Ich liebe die Tiefe meiner Gefühle, die auf Lebenserfahrung beruhen. Ich liebe es, zu wissen, wer ich bin und was ich tue. Ich liebe es, was mir in den Sinn kommt, vertrauensvoll auszudrücken. Ich liebe es, frei von Angst zu sein und zu wissen, wie man etwas kreiert und wie man mit und ohne Mann Spaß haben kann. Ich liebe es, mich zu fragen, wie ich als Mensch und Bürger noch fabelhafter und schöner sein könnte, anstatt mir Sorgen darüber zu machen, ob ich in Ordnung bin oder es alles schaffen werde. Ich liebe es, reife Frau zu sein und dennoch immer wieder zu staunen wie ein Kind. Die Spuren meines Alters sind wie Ornamente, die das Leben selbst zeichnete; und das kümmert mich nicht. Man kann seine Reife lieben – mit Bewußtheit.

Da fällt mir ein Artikel ein, den ich mal in einer Frauenzeitschrift gelesen habe – von einem Mann geschrieben. Er schrieb ungefähr: „Eine reife Frau kann eine Landschaft sein, in der wir leben möchten ... Eine reife Frau ist wie eine kostbare Handschrift." Ich erinnere mich daran, wie schön ich das fand! Solche Artikel gibt es auch über Männer – von Frauen geschrieben.

Freiheraus: Wir sollten alle Fähigkeiten jeder Altersstufe beider Geschlechter schätzen.

Bedenken Sie immer: Sie können so alt sein, wie Sie wollen.

Kapitel 14

Die Kunst des erleuchteten Einkaufens

Wenn ich Leute sagen höre: „Ich hasse diesen Einkaufsrummel!", frage ich mich, weshalb sie das sagen. Woran denken sie? Beschäftigen sie sich mit ihrer geringen Selbstachtung? Ärgern sie sich über ihre geringen finanziellen Mittel? Fühlen sie sich schuldig? Glauben sie, nicht genügend Zeit zu haben? Hegen sie den Gedanken: „Ich kann nicht finden, was ich haben will"? Haben sie das Gefühl, festgefahren zu sein in der Überzeugung, nur Billigwaren oder Überbleibsel abzukriegen? Fühlen sie sich an die Einkaufsbummel erinnert, die sie früher mit ihrer Mutter machen mußten?
Diese Gedanken und/oder andere können einem den Spaß am Einkaufsbummel gehörig verderben. Als ich noch kaum Geld hatte, machte es mir trotzdem riesigen Spaß. Ich schaute mir gerne all die schönen Sachen an, es machte mir Spaß, mich „treiben zu lassen". Es war schön, so vielen Leuten zu begegnen. Es fiel mir nicht im Traum ein zu sagen: „Wie schade, daß ich mir *das* nicht leisten kann." Ich sagte mir: „Eines Tages *werde* ich es haben."
Auch beim Einkaufen gibt es höhere Ebenen und wird sie auch immer geben. Gott ist grenzenlos. Einkaufen kann grenzenlos sein. Sie könnten sich unwohl fühlen, auch wenn sie Millionär sind, weil ein anderer noch mehr Millionen hat. So zu denken macht keinen Spaß.
Bevor ich erleuchtet wurde, hakte es bei mir an einem Punkt. Ich bin ziemlich groß: 1,80 Meter. Ich dachte immer: „Es ist schwer, etwas für große Frauen zu finden." Das war es auch. Mir

war nicht klar, daß mein Denken etwas damit zu tun haben könnte, sondern ich war überzeugt, daß es der Realität entsprach. „Außerdem hatten Spezialgeschäfte für große Frauen bestimmt keine modischen Sachen", dachte ich. Also konnte ich entweder meine Kleidung selber nähen oder suchen und suchen und immer weiter suchen und frustriert werden.
Dann wurde mir eines Tages klar, daß Erleuchtung sich möglicherweise auch aufs Einkaufen bezieht und daß ich, wenn ich meine Gedanken entsprechend änderte, passende Kleidung schneller finden würde. Es war wirklich erstaunlich, ich begann nicht nur Sachen zu finden, die groß genug waren, sondern sie sahen auch noch gut aus. Also drehte ich richtig auf: Ich beschloß, daß ich mit meinen „psychischen Antennen" vielleicht sogar Boutiquen ausfindig machen konnte, die modische Kleidung nach meinem Geschmack verkauften, die groß genug war, und zwar auch auf Reisen und wenn ich eine Stadt kaum kannte! Im Laufe der Jahre habe ich dieses Spiel weiterentwickelt. Gegenwärtig kann mich jemand am Flughafen abholen, und auf dem Weg ins Hotel dreht sich mitten im Gespräch mein Kopf um: Mir fällt eine ausgefallene Boutique ins Auge, und ich höre: „Da drinnen gibt es was für dich …" Wenn ich dann später hingehe und wirklich „scharf" darauf bin, liegt es im Schaufenster, und ich muß nicht einmal suchen. Und – es paßt! Das geschieht nicht immer. Ich muß es klar und deutlich fühlen.
Manchmal sagt einer meiner Schüler: „Sondra, ich habe gerade das perfekte Kleid für dich in dieser oder jener Boutique gesehen. Es wird dir bestimmt gefallen." Wenn ich dann wiederum wirklich „scharf" darauf bin, hat es sogar die richtige Farbe. Nicht, daß ich meine Schüler bitte, für mich Ausschau zu halten, sondern sie sehen etwas und denken an mich. Man kann so viele Spiele spielen … Manche Frauen mieten sich „Einkäufer", die Sachen auf Kommission holen und sie ihnen zum Anprobieren ins Haus bringen.
Mir selbst macht es Spaß, Verkäufer und ihre Kunden zu treffen. Außerdem verbreite ich auf diese Art Erleuchtung. Ich

ziehe kleinere Boutiquen vor, wo ich die Verkäufer kennenlernen kann, und gehe natürlich dorthin, wo sie zuvorkommend und liebevoll sind. Ich bekomme Briefe von Verkäufern aus vielen Ländern. Sie berichten mir von neu eingetroffener Ware, von der sie meinen, sie könnte mir gefallen, und schreiben, es hätte ihnen Spaß gemacht, mich kennenzulernen; manche verkaufen sogar meine Bücher. Es ist alles ein Spiel, und eines der angenehmsten, das ich spiele. Falls Sie es noch nicht spielen, haben Sie dem vielleicht einfach noch nicht die Chance gegeben, die es verdient hätte.

Dann und wann werde ich kritisiert, weil ich während meiner Seminare so oft die Kleidung wechsele. Anderen macht es Spaß, es hält sie wach und beeinflußt ihre Stimmung. Ich tue es, weil es mir hilft, selbst wachsam zu bleiben. Und oft, besonders beim Rebirthing, wenn die Leute loslassen, kommen eine Menge Giftstoffe frei und werden von den Fasern aufgesaugt, sie „ziehen runter". Deshalb kleiden wir Trainer uns praktisch in jeder Pause um. Außerdem wählen wir Kleidung und Fasern, die zum Thema passen, das wir gerade behandeln. Wir tragen immer Weiß, wenn es um Gott geht, und ausgefallenere Sachen, wenn es um Sex geht. Das bereitet uns Vergnügen, und die meisten Teilnehmer mögen es.

Mein Lehrer Babaji hat mir viel Freiraum gegeben, auf diese Art zu leben. Bei hohen Zeremonien in Bombay gaben seine Jünger ihm jede Stunde neue Seidenkleidung. Es war atemberaubend kostbar und schön und inspirierend. Sie nähten ein ganzes Jahr an diesen Sachen; er trug sie eine Stunde lang und verschenkte sie anschließend. Babaji war äußerst trickreich, wenn es darum ging, mir zu zeigen, wie unwichtig doch Kleidung ist. Manchmal kleidete er sich wie ein Bauer und kaute auf einem Strohhalm, oder er trug die lächerlichsten Karos und Streifenmuster, die absolut nicht zusammenpaßten, um mich verrückt zu machen. Bei anderen Gelegenheiten trug er einen Turban und Roben aus Satin. Aber was er auch trug, er strahlte immer, und sein Körper verströmte ein natürliches Parfüm.

Das Modespiel ist ganz offensichtlich ein Spiel, und die Leute sind verrückt danach; es ist ein Milliardengeschäft, und Modezeitschriften verkaufen sich wie warme Semmeln. Die Kosmetik gibt es überall. Ich betrachte sie als Teil des Lebens, als Fest. Ich ziehe mich nicht nur für andere Leute an. Ich ziehe mich so an, daß ich mich selbst gut fühle ... und es hilft mir, mich gut zu fühlen. Oftmals bleibe ich tagelang allein zu Hause. Ich ziehe mich trotzdem gut an. Es ist mir egal, ob ich jemanden treffe oder nicht. Es ist Teil meines Alleinseins. Es ist Teil meiner Zeremonie. Probieren Sie es aus. Und machen Sie Ihre Umwelt so schön wie möglich.

Kapitel 15

Vitalität und Magie in der Einrichtung

Was sagt Ihr gegenwärtiger Lebensraum über Ihren Lebenswillen aus? Wenn ich zu Ihnen nach Hause käme, was würde ich sehen? Eine Schimmelschicht auf den Essensresten im Kühlschrank? Miefige Handtücher? Hätten Ihre Bettücher schon längst gewechselt werden müssen? Trocknen die Pflanzen aus? In welchem Zustand sind die Küchengeräte? Liegt überall Staub und jede Menge nutzloses Zeug herum? Hoffentlich nicht! Sie haben es mit einer Jungfrau zu tun! Möglicherweise meinen Sie, Jungfrauen hätten einen Sauberkeitsfimmel; aber es könnte ja einen Grund dafür geben.
Ordnung und Sauberkeit haben Einfluß auf Ihren Geist und Lebenswillen. Anders gesagt: Ihr Wollen drückt sich in Ihrer Umgebung aus und umgekehrt. Wenn Sie der Wahrheit entsprechend leben wollen, verschönern Sie die Dinge, und wenn die Dinge schöner sind, wollen Sie mehr Leben.
Als ich Kind war, räumte ich mein Zimmer leer und stellte alles anschließend ganz neu rein. Ich machte immer alles sauber, einschließlich der Scheunen. Ich wusch auch die Kühe. Ich nahm sogar riesige Wasserkanister mit raus auf die Weide, um die Schweine zu waschen, und war ganz enttäuscht, daß sie sich sofort wieder im Dreck suhlten.
Später, erwachsen geworden, war ich immer noch sehr ordentlich, aber dann zog ich eines Tages zu einem Mann, der ordentlicher war als ich. Er ließ niemals auch nur eine Kaffeetasse in der Spüle oder einen Fleck auf dem Glastisch. Er polierte andauernd alles. Es fiel mir schwer, mich dem an-

zupassen. Ich hatte große Schwierigkeiten, mich zu entspannen. Schließlich setzten wir uns zusammen, und ich sagte ihm, daß ich seiner Ordnungsliebe wohl nie gerecht werden würde. Ich glaubte nicht, das Recht zu haben, ihn deswegen zu kritisieren; also bat ich ihn einfach, seine Vorstellungen zu diesem Thema zu erklären. Was dachte er darüber? Er sagte: „Sondra, die Sache liegt ganz einfach. Bereite jeden Raum auf Gott vor!" Ich war wie vom Blitz getroffen. Ich hatte keine Fragen mehr. Er hatte den höchstmöglichen Gedanken. Ich traf also die Entscheidung, entsprechend zu handeln, und ab da konnte ich es auch. Ich habe viel daraus gelernt. Ich fühlte mich glücklicher und lebendiger, wenn ich bewußter mit meiner Umgebung umging.

Später, als ich das LRT entwickelte, war ich dauernd unterwegs. In den ersten Jahren wohnte ich oft bei den Teilnehmern der Gruppen. Ich sah viele verschiedene Lebensstile. Mir fiel auf, daß nicht der jeweilige finanzielle Spielraum den Unterschied machte, sondern die Energie und wie die Leute für ihr Eigentum sorgten. Es hatte alles mit der Einstellung zu tun ... und einer Dankbarkeit dem Leben gegenüber.

Jahrelang hatte ich nicht einmal eine richtige Adresse. Ich hatte lediglich einen Schrank bei meinem Kollegen Frederic gemietet. Eines Tages sprach ich darüber mit meinem Lehrer Babaji und sagte: „Es ist mir egal, wo du mich überall hinschickst, aber ich will dieses Jahr einfach mal eine Adresse haben." Kurz darauf rief mich ein Bekannter aus Seattle an und fragte, ob ich dort einen Loft mieten wollte.

Er kam mir perfekt vor, er war hell und hatte hohe Decken. Ich würde dort Seminare abhalten können, also nahm ich ihn. Als Fred sich den Loft zum ersten Mal ansah, war er ziemlich schockiert und fragte mich, wie ich die riesigen Räume einrichten wollte; ich hatte ja keine Möbel. Außerdem war alles grau. Ich antwortete, daß ich zwar nicht wisse, wie, aber ich sähe trotzdem, wie es sein könnte.

Dann rief mich, wie aus dem Nichts, ein Schüler an und erzählte mir von einem Freund, einem Innenarchitekten. Ich

konnte mir nicht vorstellen, einen Innenarchitekten zu beschäftigen oder bezahlen zu können. Das entsprach meiner Wirklichkeit ganz und gar nicht. Er veranlaßte jedoch, daß David Weatherford, einer der bekanntesten Innenarchitekten Seattles, wie sich herausstellte, mich anrief. Ich meinte, es wäre am besten, er käme mich besuchen, um sich anzusehen, worauf er sich da einließe. Wie würde er auf mein ungewöhnliches Leben reagieren? Ich lud ihn zu meinem nächsten Seminar ein. Als ich kam, sah ich einen sehr distinguierten Herren in der ersten Reihe sitzen. Das mußte er sein. Gerade aus Bali und Indien zurückgekommen, war meine Kleidung ziemlich ausgefallen. Und meine Ansprache. Ich redete über Dinge, von denen er noch nie gehört hatte; aber er ließ alles auf sich einwirken. Ich trug ein pfirsichfarbenes Jackett, das ich in Delhi hatte machen lassen. Seine erste Bemerkung war: „Ihre ganze Wohnung wird pfirsichfarben sein müssen, das paßt zu Ihrer Aura." Auf dem Nachhauseweg erklärte er mir, er würde keinen einzigen Einrichtungsgegenstand für meine Wohnung in einem Geschäft kaufen, da ich „eigen" sei. Alles würde speziell für mich angefertigt werden müssen.
Es brauchte lange, ehe alles fertig war; aber heute lebe ich in einem „sinnlichen Tempel". David hat mir beigebracht, wieviel Freude darin liegt, seine Wohnung perfekt und schön zu gestalten. Er hat sich ganz genau nach meinen Vorstellungen gerichtet, und seine Einrichtungen sind einfach inspirierend. David hat meine eigene Kreativität zutage gefördert und mir so geholfen, weiter zu wachsen. Seine Gegenwart und Arbeit hat mir ein Gefühl größerer Lebendigkeit vermittelt und der Freude, auf diesem Planeten zu leben. Er hat mir mehr über Anmut und Eleganz beigebracht, als ich es auszudrücken vermag.
Vielleicht haben Sie selbst das Talent, einrichten zu können, oder einen Freund, der Ihnen dabei helfen kann. Es macht nichts, ob Sie es selbst tun oder ob Ihnen jemand hilft – Hauptsache, Sie bringen Pfiff und Lebendigkeit in Ihre Wohnumgebung. Sie werden sich besser fühlen und daher produktiver sein.

Wenn Sie sich momentan keine neue Einrichtung erlauben können, könnten Sie sich dennoch die Freude machen, folgendes auszuprobieren – ein „Läuterungsprozeß", mit dem sie Klarheit in Ihren Verstand bringen. Wenn Sie keinen Spaß daran haben, sollten Sie es gar nicht erst versuchen. Es kann Ihnen allerdings Spaß machen, wenn Sie sich dazu entscheiden und Ihr Denken beobachten. (Wenn Sie dies als Anweisung Ihrer Mutter betrachten, empfinden Sie vielleicht Widerstand. Sie müssen sich schon selbst dafür entscheiden.) Gehen Sie in eines Ihrer Zimmer, und nehmen Sie jeden Gegenstand einzeln in die Hand. Betrachten Sie ihn, und fragen Sie sich: „Ist er meinem Ziel dienlich? Trägt er zu meiner Lebendigkeit bei?" Ist das nicht der Fall, legen Sie ihn in einen Karton oder eine Kiste und stellen diese anschließend weg – oder verschenken Sie die Sachen. Sehen Sie sich jetzt das Zimmer und was übrig ist an, und schauen Sie, wie Sie es verschönern können. Machen Sie das mit jedem Zimmer, und beobachten Sie, was geschieht. Ihnen wird wahrscheinlich auffallen, daß Sie hinterher sehr viel klarer denken können.

Sehen Sie sich Ihre Nachbarschaft an. Paßt sie noch zu Ihnen? Vielleicht sollten Sie umziehen. Vielleicht sollten Sie helfen, sie wieder in Schuß zu bringen. Inspirieren Sie Ihre Nachbarn!

Kapitel 16

Der Planet als sauberer Ort

Vor kurzem habe ich eine Karte gekauft, auf der stand: *Wenn du in einer wunderschönen Welt leben willst, mache deinen Kopf zu einem herrlichen Aufenthaltsort.*
Es freut mich sehr, daß es heutzutage derart erleuchtete Postkarten gibt, und meine, daß wir tatsächlich immer wieder daran erinnert werden müssen, uns unserer Umgebung „ästhetisch bewußt" zu sein. Ich sagte ja bereits: Wenn Sie behaupten, Immortalist zu sein, werden Sie sich ganz natürlich darum kümmern, wie der Planet aussieht und wie man am besten mit ihm umgeht. Jedesmal wenn ich nach Schweden reise, verschafft mir das tiefere Einsicht in ein „ästhetisches Bewußtsein" – wofür ich den Schweden sehr dankbar bin.
Wußten Sie, daß es in Singapur 500 Dollar kostet, Abfall einfach wegzuwerfen? Die Stadt ist erstaunlich sauber! Kann mir jemand erklären, weshalb andere Städte nicht nachziehen? Es freut mich jedesmal, wenn ich in meiner Heimatstadt Seattle Leute sehe, die Abfall aufheben und die Stadt sauberhalten. Bei meinem ersten Besuch in der Schweiz war ich wirklich erstaunt. Man kann dort fast vom Gehsteig essen.
Weshalb sind manche Orte so sauber und andere nicht? Denken Sie mal darüber nach. Ich habe selbst einen kleinen Test. Wenn ich meine Plastiktüte mit Abfall in den Hof hinunterbringe, weiß ich, daß ich es folgendermaßen tun sollte: den großen Abfallcontainer aufschließen, meinen Abfall hineinwerfen und ihn wieder abschließen. Wenn *jeder* sich daran hält, fühlen sich alle wohl, und man macht es selber

auch ganz gern. Manche Leute halten sich allerdings nicht daran: Wenn man dann in den Hof geht und ein Haufen voller Mülltüten auf dem Container und in der Gegend verstreut vorfindet, kommt man in Versuchung, seinen Müll einfach daneben zu schmeißen. Es ist unangenehm, irgendeine Mülltüte zur Seite ziehen zu müssen, nur um an das Schloß heranzukommen. Man kommt wirklich in *Versuchung*. Also bin ich auf der Hut. Manchmal habe ich meinen Müll einfach auf den Haufen geschmissen. Aber das liegt mir dann ganz schön auf dem Magen. Ich habe kein gutes Gefühl dabei. Öfters habe ich mich dadurch derart unwohl gefühlt, daß ich mitten in der Nacht aufgestanden bin, um meinen Fehler wiedergutzumachen.

Wie handhaben Sie es? Prüfen Sie das einmal. Verschönern oder verschandeln Sie Ihre Umgebung und Stadt?

Es hat mich überrascht zu hören, daß es Freiwillige gibt, die mit Pflanzen und Gewächsen die Stadt verschönern. Ich bin ihnen dankbar.

Dieses Bewußtsein fördern Sie zu Anfang recht gut, wenn Sie Ihre *Taschen* und Ihren *Schreibtisch* aufräumen.

Noch eine Art, sich eine Freude zu machen und dabei zu läutern (zusätzlich zu den bereits aufgeführten Läuterungstechniken), ist es, ein Kurbad zu besuchen. Sie meinen vielleicht, es sei zu teuer, sind Sie aber erst einmal in einem guten Kurbad gewesen, werden Sie einfallsreicher, wenn es darum geht, Geld zu verdienen und/oder Ihr Budget neu zu organisieren. Sie wissen bestimmt um die verjüngenden Qualitäten von Thermalquellen, mineralienreichem Schlamm und kräftigendem Wasser. Sie wissen auch, daß die Sonne die allerbeste Verjüngerin ist – und wie gut Meer und Strand für Sie sind. Sie *wissen* das alles, aber – handeln Sie auch danach?

Es gibt Kurbäder für jeden Geschmack und jede Saison. Es gibt Ferienorte, die einen auslaugen, und solche, die entspannen. Überdenken Sie es sorgfältig. Ziehen Sie auch den Besuch in einem Ashram in Erwägung oder einen Ort der Kraft. Probieren Sie etwas Neues aus.

TEIL III

Abschluß

Kapitel 17

Etwas Außerirdisches zum Schluß

Eines der allerwichtigsten Bücher unseres Zeitalters heißt *Sternenbotschaft,* eine einprägsame Botschaft des Erzengels Raphael, der so freundlich war, sein Bewußtsein genügend herabzustufen (von seiner gewöhnlichen Sprache im ewigen Licht), um uns jene Botschaften in unserer Sprache zu bringen. Das Buch bietet uns eine Gelegenheit, in eine neue Realität einzutauchen. Ich bin äußerst dankbar für diese Transmissionen, aus denen wir lernen und an denen wir wachsen können, und ich achte unseren Bruder Ken hoch, der ausreichend geläutert, wach und offen genug war, diese Botschaften zu empfangen. Wir alle sollten dankbar sein.
Einiges möchte ich hier zitieren:

> Wer sich auf die neuen Frequenzen einstimmt, wird bemerken, daß das Leben Tag für Tag erstaunlicher wird. Wer sich auf Furcht einstimmt, wird bemerken, daß die Dinge auseinanderfallen.
> Es werden sich zwei Bewußtseinswelten immer klarer formieren: die Welt der Liebe und des Lebens und die Welt der Furcht und des Todes.
> Für einige wird es bessere Zeiten geben und schlimmere Zeiten für andere, abhängig davon, wonach sie sich orientieren und in welchem Maße sie sich einlassen.
> Fast in der gesamten Menschheitsgeschichte wart ihr in dem wichtigsten Teil eurer selbst wie tot. Aber die Zeit im Sarkophag ist vollendet. Stehet also auf aus der Asche des

Unwissens, und schließt euch erneut der kosmischen Bruderschaft an. Wandelt in der Unschuld derer, die auf den Herrn vertrauen, oder geht unter, zusammen mit dem bevorstehenden Zusammenbruch eures rationalen Systems. Die Entscheidung liegt wie immer bei euch.

Um wiedereinzutreten in die Gegenwart Gottes, müßt ihr zunächst die Gegenwart des Satans (das Ego) hinter euch lassen. Die Zeit ist gekommen, das Gefängnis zu verlassen. IHR BRAUCHT EURE PHYSISCHEN KÖRPER NICHT ABZULEGEN noch die Objekte der physischen Ebene, ihr müßt jedoch die Vorstellung, was Objekte und Körper sind, ablegen.

Die Frage ist nicht, wieviel ihr von der Gegenwart Gottes ins Leben hineintragen könnt, sondern wieviel ihr von eurem Leben ins Gegenwärtige hineintragen könnt! Die Gegenwart Gottes ist überall. Ihr müßt sie nur bewußt mit eurer Aufmerksamkeit umarmen. Nebeneffekt wird sein, daß eure ÜBERLEBENSFÄHIGKEIT WACHSEN WIRD.

Niemand, der in sich zerteilt ist, wird die kommenden Zeiten überleben. Wenn euer „Ich" fragmentiert ist, beginnt euer Körper zu sterben. Wenn euer „Ich" eins ist, wird euer ganzer Leib voller Leben sein, und kein Glied wird Krankheit oder Tod schmecken.

Das Leben ist nicht dazu da, von Gedanken regiert zu werden, sondern Gedanken sind dazu da, vom Leben gesteuert zu werden.

Im Laufe der gesamten Geschichte habt ihr so hart ums Überleben gekämpft, und zwar nach eurer Definition des Überlebens, daß ihr völlig vergessen habt, WESHALB ihr überhaupt überleben wollt.

Ihr wollt auf Erden bleiben, weil dies der allerschönste Frühlingsmorgen eurer Geschichte ist, und ihr liebt ... liebt den Geist, der in euren Herzen singt, liebt den glorreichen Planeten, der euch mit seiner Materie kleidet.

Definiert euch nicht mit sterblichen Begriffen.

Erwacht aus eurem historischen Schlaf, und fügt euch zu jenen, die daran arbeiten, die neue Heilung zu bewirken.

ICH BIN das Leben des Vaters, tanzend in der Erde, aber das Leben des VATERS muß zusammengehen mit dem Bewußtsein des Vaters, wenn der Organismus Unsterblichkeit erlangen soll.

ATME MIT MIR DEN ATEM DES EWIGEN LEBENS, DEN ATEM, DEN ICH EUCH HEUTE BRINGE.

Ihr seid die Zellen meines Körpers, aber wie bei einem Hologramm seid ihr auch das Ganze. Euer Fleisch ist mein Fleisch und euer Blut mein Blut. Teilt in meinem ewigen Leben; denn ich bin, was immer war, alles, was ist, und alles, was je sein wird.

Wenn ihr mir Glauben schenkt, werde ich all eure Einschränkungen wegblasen.

Das Leben, das im gegenwärtigen Moment in euch emporsteigt, enthält alle lebendige Information, die für den Erhalt eures physischen Körpers notwendig ist.

Das Wesen dieser Lebensinformation besteht darin, daß es den Energiebedürfnissen des Körpers Genüge tut, während sie euch durchströmt. Wenn ihr den Durchfluß jedoch nicht ermöglicht, wird sie eingepfercht in

Konzepte und eine Orientierung an Vergangenheit und Zukunft, wird sie unfähig sein, euch zu nähren.

Lebensinformation ist der Wille des Vaters; wenn dieser Wille jedoch keinen Ausdruck findet, wenn er nicht in Handlung umgesetzt wird, lediglich vergraben wird in staubige Konzepte, wird der menschliche Körper erkranken und zuletzt sterben.

Die Kernreaktionen, die derzeit durch die größer werdende Nähe des Geistes ausgelöst werden, werden nach der Wiederkunft eine völlig andere Form annehmen. Sie werden unter beherrschten biologischen Umständen in euren Körpern stattfinden, sie finden in einigen bereits statt. Sie und die unmittelbare Einverleibung des Sternenlichtes sind die Mechanismen ewigen Lebens.

Wenn ihr mich begleiten wollt auf unserem Weg in die Ewigkeit, werden wir genügend Zeit haben, die weit entfernten Sternensysteme gemeinsam zu besuchen, und ihr werdet tausend Jahre auf Erden haben, um euch ihrer in Frieden und Harmonie zu erfreuen, bevor wir gehen.

Und was ist, wenn Physische Unsterblichkeit Realität ist?
JETZT bereits faßbare Möglichkeit?
Was würden Sie tun?
Würden Sie Gott noch mehr lieben?
Oder wären Sie böse, nicht sterben zu können?
Würden Sie glücklich sein?
Würden Sie dem Leben widerstreben?
Würden Sie singen?
Würden Sie sich beschweren?
Würden Sie es feiern?
Würden Sie versuchen, das Leben selbst zu überwinden?
Würden Sie alles sein, was Sie sein könnten?

Würden Sie dagegen kämpfen und einen Krieg verursachen?
Würden Sie vor Freude schreien?
Würden Sie versuchen zu beweisen, daß Sie, was den Tod betrifft, recht haben?
Würden Sie versuchen, Wahrheit, Liebe, Schlichtheit und den Dienst am Menschen zu verbreiten?

WAS WÜRDEN SIE MIT SOVIEL LEBEN TUN?
Würden Sie lernen, andere zu heilen?
Würden Sie den Weltfrieden erreichen wollen?
WAS WÜRDEN SIE MIT SOVIEL ZEIT UND SOVIEL LEBEN TUN?

In Liebe

Sondra Ray!

Kapitel 18

Epilog:
Erfahrungen beim Schreiben dieses Buches

Pele, die Göttin der Vulkane auf Hawaii

Pele, wohl die beeindruckendste Gottheit der hawaiianischen Mythologie, ist eine vulkanische Persönlichkeit und hat die notwendige Kraft, neues Land zu erschaffen.
Es heißt, sie könne als altes Hutzelweib und als schöne, sinnliche und dennoch majestätische junge Frau erscheinen. Viele alte Legenden stellen sie als impulsive, lüsterne Natur dar: Manchmal zärtlich und liebevoll, ist sie trotzdem immer eifersüchtig und unberechenbar, fähig zu plötzlichen Wut- und gigantischen Gewaltausbrüchen.
Nach der Tradition ist der aktive Krater Halemaumau des Vulkans Kilauea auf der Insel Hawaii ihr Zuhause, eines der schönsten Naturschutzgebiete der USA.
Es gibt Fotos aktiver Vulkane, auf denen das Gesicht einer Frau im Feuer sichtbar ist. Dies, heißt es, ist mit absoluter Sicherheit Madame Pele! Ich selbst habe so ein Bild im Vulkanhaus gesehen. Es sah nicht wie eine Fälschung aus.
Ich hielt es für bedeutsam, daß gerade ein Vulkan ausbrach, als ich auf der Hauptinsel Hawaiis, dem Big Island, ankam – Vulkanausbrüche und Unsterblichkeit hängen meiner Meinung nach zusammen: Neue Erde quillt aus ihrem Ursprung hervor! Es war alles stark elektrisch geladen und voller Lebenskraft.

Gemälde von Herb Kawainui, aus der Sammlung von William und Kahala Ann Trask-Gibson.

Ich kam geradewegs von der internationalen *Loving Relationships Conference* auf Kauai: zehn wahrhaft außergewöhnliche Tage und etwa fünfhundert Teilnehmer an einem Seminar für Fortgeschrittene in Rebirthing, Verjüngung und Beziehungen. Es hat mir sehr viel Spaß gemacht, und voller Dankbarkeit reiste ich in den Babaji-Ashram auf Big Island, um Babaji zu ehren. Vierzig Schüler von der Konferenz begleiteten mich. Mark, ein hingebungsvoller Schüler Babajis und alter Freund, war dort und leitete den Ashram. Ich war beeindruckt, daß er Babajis Shiva-Energie mitsamt Madame Peles vulkanischer Energie ertragen konnte. Die Prozesse, die wir alle durchmachten, verliefen, gelinde gesagt, mit rasantem Tempo. Am Morgen nach dem Tempelritual nahm Mark uns mit auf Pilgerfahrt, um eine Zeremonie für Madame Pele abzuhalten. Wir stiegen hinauf zum rauchenden Vulkanbett, und meine Gruppe begann, das *The Divine Mother Aarti*[1] zu singen. Wir boten Madame Pele, der Tradition folgend, Opfergaben an. Danach konnte ich nicht mehr aufhören, über Madame Pele nachzudenken. Irgendwie verfolgte sie mich.

Da ich zum Schreiben Einsamkeit brauche, buchte ich einen Flug zur Insel Kona und mietete einen Bungalow im Sheraton Waikola. Dort war früher, sagte mir der Taxifahrer, ein Festplatz der Fürsten. Vor mehr als dreihundert Jahren regierte ein König, Kamehameha, die Küste Konas. Als er diesen idyllischen Ruhepunkt am Meer mit natürlichem Fischvorkommen und ausreichend Süßwasser vorfand, machte er einen Treffpunkt für die herrschende Klasse daraus. Außerdem war er vor Eindringlingen geschützt durch ein Lavaflußbett, das wir gerade überquerten, als mir der Taxifahrer diese Geschichte erzählte. Er zeigte mir den königlichen Pfad, den nur Fürsten begehen durften. Ob ich in dieser Idylle wohl gut arbeiten könnte?

Ich beschloß, die erste Nacht wach zu bleiben und zu meditieren, um so vielleicht einen *Durchbruch* zu erzielen. Aber es funktionierte nicht wie erhofft. Ich bekam jedoch die ungewöhnliche Idee – Madame Pele einen Brief zu schreiben. Es kam mir zwar ein wenig komisch vor, einer Göttin zu schreiben, von der ich noch nicht einmal sicher war, daß sie wirklich existierte. Die Idee war gleichwohl so kurios und ungewöhnlich, daß ich beschloß, sie durchzuführen: Madame Pele könnte ja ein Aspekt der Göttlichen Mutter sein. Und genau das war der erhoffte Durchbruch – mehr kann ich dazu eigentlich nicht sagen. Es hat mich geöffnet. Ein Drang zu schreiben entstand und dauerte ungeahnt lange an. Ich habe das Gefühl, dort sehr starke Energie empfangen zu haben und daß mir große Lektionen erteilt worden sind. Starke Gefühle durchströmten mich, und es fanden eine Vielzahl körperlicher Veränderungen statt.

---

[1] Aarti: Gesang in Sanskrit.

Einige Tage darauf brauchte ich einen noch ruhigeren Ort, also zog ich ins *Kona Village*. Das ist zwar nicht weit entfernt, aber gar nicht so leicht zu finden und zu erreichen. Daher ist es dort äußerst ruhig, es herrscht eine bezaubernde Sanftheit – und die Anlage hat nichts von einem Hotel. Jeder Bungalow sieht anders aus; praktisch alle polynesischen Stilrichtungen sind vertreten: Maori, Samoa, Toga, Tahiti und so weiter. Ich hatte Zimmer Nr. 6, Fidschi-Stil. Es gab kein Telefon, keinen Fernseher, kein Air-conditioning, lediglich Strohdächer, Ventilatoren und – sehr viel Privacy. Die Spaziergänge waren eine mystische Erfahrung.

Einer Broschüre entnahm ich, daß früher viele Hawaiianer hier im Rahmen der *Ohana* gelebt haben, einem traditionellen Familiensystem, in dem man einander versorgte, miteinander teilte und sich gegenseitig respektierte. Allein schon das Wort gab mir das Gefühl, hier zu Hause zu sein, denn schon vor langer Zeit hatte ich mich entschieden, die große LRT-Familie, LRT Ohana, so zu nennen. Hier hatten sie also gefischt, Salz zum Tauschhandel hergestellt, Kinder großgezogen, Schreine errichtet, Hulas getanzt und gesungen.

In meiner kleinen Hütte habe ich oft Lieder gesungen und angehört. Ich fühlte mich sehr entspannt. Das erste Kapitel zu meinem Buch ist dort entstanden.

Pele, die Göttin des Feuers, ließ hier 1801 den Berg Hualalia ausbrechen und vertrieb die Eingeborenen von der Küste. Es ist fast unglaublich, aber ein kleines Gebiet um eine smaragdfarbene Bucht, mit Kokospalmen und weißen Sandstränden, wurde von der Lava verschont. Mehr als 150 Jahre später wurde diese kleine Idylle wiederentdeckt, und Kona Village wurde zu dem, was Kaupulehu einmal gewesen ist – ein Vorgeschmack auf das Paradies auf Erden.

Hier also der Brief, den ich Madame Pele schrieb:

Liebe Madame Pele,

o Göttin der Vulkane und des Feuers, vergib mir bitte, daß ich unbewußt war und mich in Deiner Gegenwart so eigenartig fühlte, daß ich, ohne Dich von Sekunde zu Sekunde zu verehren, weggehen wollte (dafür vergib mir bitte ganz besonders), daß ich Dir nicht den Respekt gezollt habe, den Du verdient hast, und dafür, daß ich meine Abgespanntheit bei meiner Ankunft auf Dich abgewälzt habe. Ich möchte statt dessen einen Neuanfang mit Dir und Dir danken für Deine kontinuierliche Lebenskraft und die Vorführung der kreativen Kraft der QUELLE selbst. Ich möchte Dir einige Dinge erzählen, insbesondere etwas über PHYSISCHE UNSTERBLICHKEIT. Du weißt darüber offensichtlich nicht nur Bescheid, sondern offenbarst sie auch so, daß sie allen klar ersichtlich ist. Die Physische Unsterblichkeit ist mir in Deiner Gegenwart so offenkundig, daß es beinahe lächerlich ist, daß die Welt dieser offensichtlichen Wahrheit so stark widerstrebt. Ich sage voraus, daß die Physische Unsterblichkeit schon bald urplötzlich populär sein wird. Aber sie wird mehr als eine neue Mode sein. Sie wird den Menschen als etwas ganz Natürliches erscheinen, die gewillt sind zu erkennen, wer sie sind, und daß das Leben immer weitergeht, wenn man es nur zuläßt. Nur wer dem Leben widerstrebt, tötet sich selbst mit den eigenen Gedanken ... nicht wahr?
Der Tod beruht auf einer Entscheidung, nicht wahr? Aber die Menschen tun so, als hätten sie keine Wahl – sie haben sich auf ein Glaubenssystem eingelassen. Ist es dahingegen nicht einfach so, daß, nachdem wir alle Glaubenssysteme aufgegeben haben, nichts als das Leben an sich (die Physische Unsterblichkeit) übrigbleibt? Genau das sagst Du immerfort und beweist es auch. Du weißt, wie die Kahunas, daß Gedanken Folgen zeitigen und daß die Gedanken, die man über den Körper und

was aus ihm werden wird hegt, genau das erdachte Resultat haben.

Vor langer Zeit habe ich gelernt, daß es schlechtweg nicht empfehlenswert ist, Lavagestein vom Big Island mitzunehmen – Menschen, die Lavabrocken mitgenommen haben, sind eigenartige Sachen geschehen. Im Kratermuseum, oben am Krater, habe ich all die Lavabrocken gesehen, die man Dir mit der Bitte um Vergebung zurückgeschickt hat, und die Berichte über all die tragischen Begebenheiten gelesen, die den Menschen geschehen sind, die das Lavagestein mit nach Hause genommen haben. Ich habe sehr lange darüber nachgedacht, und mir scheint, es gibt einen triftigen Grund: Ich glaube, Lavagestein hat enorm viel pure Lebenskraft in sich, und die meisten Menschen sind nicht fähig, damit umzugehen, denn reine Lebensenergie fördert all das zutage, was ihr nicht ebenbürtig ist. Nicht das Gestein ist gefährlich, sondern die Energie ist so rein, daß sie Menschen durch einen Prozeß führt. Das Lavagestein an sich ist eine reine Energie Gottes, und alles, was nicht gleichwertig ist (das Ego oder negatives Denken), kommt zum Vorschein. Ich habe das Gefühl, das Lavagestein, das dank Dir die Krater spucken, ist wie ein Guru. Wer das nicht versteht, weiß deshalb nicht, wie ihm geschieht, wenn seine Negativität hochkommt. Ist das eine richtige Analyse?

Wenn dem so ist, möchte ich allen Menschen, die weiterhin auf dieser Insel wohnen bleiben und damit umgehen können, meine Reverenz bezeigen. Ich ehre alle Hawaiianer, die seit Jahrtausenden damit umgehen können. Ich würdige alle Kahunas, die Dich so gut verstehen. Ich möchte Babaji würdigen, weil er auf dieser Insel einen Ashram begründet hat. Ich möchte insbesondere Mark ehren, einen spirituellen Bruder, der den Ashram führt. Und ich möchte dem hinzufügen, daß jeder, der herkommt und sich mit ihm hinsetzt und mit seiner und Deiner Energie, Madame Pele, gut umgehen kann, eine große Läuterung und Segnung erfahren wird. Ich fordere jede Seele heraus, das zu tun und Dir, Madame Pele, zu danken, daß Du diesen Ashram auf Deinem Gebiet zuläßt und die ganze Insel dem Tourismus geöffnet hast, damit sie alle geheilt werden und eine riesige Dosis Deines Lebenswillens bekommen können.

Ich fordere die Menschen auf, den Mut aufzubringen und Dir ins Angesicht zu schauen; den Mut aufzubringen, nicht nur als Touristen zu kommen, die schnell von einem Ort zum anderen reisen, von Insel zu Insel, um so schnell wie möglich alles zu besichtigen. Ich fordere sie heraus, so mutig zu sein, herzukommen und sich auf Deine Energie einzulassen, beim Ashram vorbeizuschauen und Babajis Energie zusammen mit Deiner zu erfahren, hierzubleiben und eine Weile zu meditieren und wirklich zu spüren, was geschieht. Ich fordere sie heraus, sich ihren wahren Gefühlen und der Spiritualität dieses Ortes zu stellen. Denn ich weiß, wie Du weißt, daß Segnungen auf sie warten, wenn sie das tun. Die Wahrheit steht hier im Felsen geschrieben. Und außerdem danke ich Dir, daß Du „ausgebrochen" bist an dem Tag, als meine Gruppe auf die Insel kam. Ich danke Dir für Deine Herrlichkeit.

Meines Erachtens ist dies ein kraftvoller Ort der Erde, und wer an Physischer Unsterblichkeit interessiert ist, sollte herkommen und ein heiliger Mensch in Deiner Gegenwart sein. Die Kahunas wußten und wissen, wie man Dir Respekt zollt – weshalb sollten wir nicht alle etwas von ihnen lernen? Ich möchte lernen. Bitte belehre mich über die Geheimnisse des Lebens; ich möchte alle Geheimnisse des Lebens kennen, die Du kennst.

Ich danke meinem Lehrer Muniraj dafür, daß er mich hergeschickt hat. Ich war müde von der Konferenz auf

Kauai. Ich wäre Dir womöglich aus dem Weg gegangen und nicht hergekommen. Aber er sagte mit Nachdruck: „Nimm so viele Schüler mit auf Big Island, wie du kannst. Bring sie in den Ashram." Ich versprach es ihm und habe das Versprechen gehalten, und es war gut für sie und mich. Ich hoffe, daß Du, Madame Pele, Dich an der Zeremonie, die wir Dir an Deinem Krater dargebracht haben, erfreut hast. Und – es ist mir wirklich ganz egal, was die Menschen über Deine Existenz sagen, ich weiß, daß allein schon Dein Name etwas darstellt, worauf wir hören müssen. Ich weiß, daß, auch wenn Du nur in der Vorstellung existiertest, es dennoch wichtig ist, zu lernen, Respekt vor der Lebenskraft an sich zu haben.

Vor einigen Tagen, als ich mit dem Bus nach Kona fuhr, hatte ich ein interessantes Gespräch, als wir über die Lavabetten fuhren. Ich hörte eine Touristin sagen, wie langweilig ihr war und daß sie nach Hause wolle. Sie hatte sich offensichtlich nicht auf ihre Energie eingelassen. Ein anderer Tourist versuchte sie zu trösten: „Aber ich habe so etwas wie hier noch nie zuvor gesehen ..." Sie öffnete sich.

Auf dem Rückweg bat ich eine Hawaiianerin, neben ihr sitzen zu dürfen. Sie war sehr anmutig im Geiste des Aloha. Sie entpuppte sich als Reiseführerin, und ich danke Dir, Madame Pele, daß Du uns von solch angenehm heiligen Leute über die Insel führen läßt. Sie begann mir etwas vorzusingen – ohne daß ich ihr von meinem Interesse an Gesängen erzählt hatte. Der Gesang war so rein und heilig, daß ich vor Freude fast „ausgeflippt" bin. Ich kann es einfach nicht vergessen; und als ich sie bat, die Gesänge für mich aufzunehmen, sagte sie: Ja. Sie gab mir auch noch die tiefste Bedeutungen des Wortes Aloha, was mich zutiefst dankbar stimmt. Es heißt: „In der Gegenwart des Atems des Lebens."

Sie wußte nicht, daß mein Geschäft das Atmen (Rebirthing) ist. Ich erzählte ihr nicht, wer ich war, bis ich ausstieg. Sie verstand das und sprach mit mir auf entschieden spirituell-metaphysische Weise. Ich sagte: „Du hast ES, nicht wahr?" Der Busfahrer hörte das und schaute mich an, sein Blick bestätigte mein Wissen. Ah, die Schönheit der Hawaiianer. Wenn wir nur mehr von ihnen lernen könnten!

Ich möchte Dir und allen Wächtern der hawaiianischen Inseln danken, daß sie uns lehren, worum es im Leben geht. Bob Mandel schrieb einmal: „Das Leben an sich ist bereits ein Wunder. Und es ist die Liebe für das Leben, die Leidenschaft für alles, was das Leben zu bieten hat, zuwege bringt … Wenn Sie in Ihrem Herzen glücklich sind, lebendig zu sein, dann können Sie in die Welt hineingehen und dieses Glück teilen, egal ob Sie arbeiten oder spielen."[2] Die Liebe für das Leben ist das allerwichtigste: Dann funktioniert alles andere auch, nicht andersherum. Ich weiß, daß Du versuchst, uns das beizubringen, Madame Pele. Ich möchte mich nach Dir richten. Ich möchte ausdrücken, was Du willst. Ich will, was Babaji will. Ich will, was das Leben an sich zu bieten hat. Ich will mehr Leben und immer mehr Leben. Ich weiß, daß Du das schon lange weißt. Verzeih uns bitte, daß wir so lange brauchen, das zu verstehen.

Angenommen, ein Wunder würde geschehen und jeder verstünde plötzlich, daß die Kraft über Leben und Tod in den Worten unseres Mundes liegt, wie Jesus sagte; angenommen, daß jeder das auf einmal begreifen würde und wie aus heiterem Himmel wüßte, daß er oder sie so lange leben könnte, wie er wollte, kraft der eigenen Gedanken; angenommen, daß allen plötzlich klar wäre, daß der Gedanke „Der Tod ist unausweichlich" sie umbringt, und angenommen, jeder ließe diesen Gedan-

---

[2] In *Two Hearts Are Better than One*.

ken plötzlich hinter sich und atmete ihn aus … was würde geschehen, Madame Pele? Wären wir dann nicht alle konfrontiert mit dem ewigen Leben und der Frage: „Was soll ich mit soviel Leben anfangen?"

Ist das nicht die Frage, um die es wirklich geht: „Was anfangen mit all dem Leben, das man haben kann?"

Nun, Madame Pele, bin ich auf dem richtigen Weg? Belehre mich bitte, wenn ich Fehler mache. Ich möchte sehr lange leben; ich liebe das Leben innig und habe viel zu tun. Es hat in biblischen Zeiten Menschen gegeben, die 600 Jahre und länger lebten, warum also nicht ich? Die Maya konnten sich als gesamtes Volk dematerialisieren, und Henoch war ein dermaßen großartiger Lehrer, daß ihm eine ganze Stadt folgte, warum also sollte das nicht mit uns geschehen? Ich möchte die höchstmöglichen Gedanken über das Leben kennen und wohin wir als Menschheit unterwegs sind. Ich gebe mich Dir, der Quelle, hin, Dir, Babaji, Jesus und dem höchstmöglichen Gedanken. Und ich schwöre Dir hier und jetzt, auf der Lava, auf der ich sitze, daß ich willens bin, all das zu lernen, was erforderlich ist, um das zu erkennen, um in Harmonie mit dem Leben an sich zu sein und um völlige Meisterschaft zu erlangen. Mahalo!

Sondra Ray!

Ich hatte vor, das Buch in Key West, Florida, zu Ende zu schreiben, und meine Reise dorthin war auch bereits festgelegt. Key West war schon immer ein Ort, zu dem bestimmte Schriftsteller sich hingezogen fühlten. John Dos Passos erzählte Hemingway davon. Der ließ sich dann in den späten zwanziger Jahren eine Zeitlang dort nieder, denn er liebte „anrüchige" Orte. Tennessee Williams war hier zu Hause. Die Stadt hat eine lange Geschichte von Piraten, Schätzen, von Lebemännern und -frauen – alles scheint möglich.

Als ich ankam, mußte ich mich allerdings erst einmal läutern. Ich war zu ausgelaugt, um richtig schreiben zu können. Also ließ ich mich vom Seewind und der Energie der Stadt heilen. Ich habe kaum mehr getan, als ein Buch[3] zu lesen. Ich hatte das Glück, eine wirklich charmante, weit über achtzigjährige Frau namens Barbara Fox kennenzulernen. Sie strahlte, war quicklebendig, hatte eine weiche Haut und war voll auf Draht. Sie war mir eine Lehre in Lebenskraft. Ich lernte sie durch ihre Tochter, Pat Green, die ich besuchte, kennen. Eines Abends brachte Pat ihre Mutter mit, ihren Bruder, dessen Familie und ihre Schwester Pru mitsamt Ehemann Jim, der in meinem Stab mitgearbeitet hatte. Ich begegne den Familien meiner Mitarbeiter immer wieder gerne.
Es wurde ein Abend, an den man sich noch lange erinnert. Die angenehme Art, wie diese wunderbare Familie miteinander umging, überwältigte mich. Sie sagten sich gegenseitig nur Gutes nach, waren voller Geschichten und sangen Lieder. Barbara sagte beispielsweise augenzwinkernd: „Ist es nicht jammerschade, auch nur daran zu denken, daß manche Leute nach Key West kommen und Pat Green *nicht* kennen?" Sie sprach von der eigenen Tochter! Ich war völlig mit ihr einverstanden und hatte das große Glück, Pat als meine Stadtführerin und Gastgeberin zu haben. Es war, als kenne sie jeden Einwohner. Ich war froh, ihr als Dank dabei helfen zu können, „Pat's London Taxi Service" zu lancieren – sie besitzt das einzige London-Taxi in der Stadt, ein kostbares, antikes Stück.
Barbara sang Lieder in der Bar, zum Beispiel: „Don't cry lady, I'll bring your goddam violets" („Weine nicht, Lady, ich bring' dir die verdammten Veilchen") und „The Pig Song" („Das Schweinelied") und ein zugebenermaßen ziemlich vulgäres. Ich hatte diese Lieder noch nie gehört, aber ihre Kinder sangen mit. Sie hatten sie offensichtlich als Kind gelernt. Dann sangen sie „Don't go near the lions cage" („Halte Abstand beim Löwen-

---

[3] *No Aging Diet,* siehe auch Kapitel 6.

käfig"); ein Vers ist mir beigeblieben: „Tonight I'm not afraid of the lions ... No one of them can make me cease to live" („Heut nacht fürchte ich die Löwen nicht ... keiner kann meinem Leben ein Ende machen"). Daß das Lied gegen den Tod gerichtet war, gefiel mir gut!

Ich fragte: „Wie sind Sie so ein phantastischer Mensch geworden, Barbara?" Ich wollte, daß jeder, der achtzig ist, so aussehen könnte wie sie und sich so glücklich fühlen und so lebendig sein würde. „Nun, meine Liebe", sagte sie, „meine Eltern waren *sehr* unterhaltsam." So also lautete ihre Formel für ein langes Leben.

Zur Entspannung habe ich mir die Mel-Fisher-Schatzausstellung angeschaut. Die Gold- und Silberbarren funkelten einem nur so entgegen, toll! Ich hatte das Privileg, von dem Ingenieur herumgeführt zu werden, der das Gerät entworfen hat, mit dem der Schatz geortet wurde. Außerdem habe ich auch Ernest Hemingways Haus besucht, in der Hoffnung, zum Schreiben inspiriert zu werden.

Dann, am letzten Tag in Key West, geschah ein größeres Wunder.

Am Abend notierte ich medial empfangene Instruktionen, was ich alles in meiner Arbeit klären mußte. Ich betete für eine Erneuerung meines Körpers auf allen Ebenen und dafür, daß er während meiner anstehenden Tour durch die Vereinigten Staaten voll funktionsfähig sein würde. Zu meiner Überraschung bekam ich einen Anruf aus Stockholm von einer Hellseherin namens Doris Ankers. Mein Lehrer Babaji sei ihr erschienen, mit einer Botschaft für mich, sagte sie. Ich war hoch erfreut. Sie sagte, Babaji sei ihr während einer Meditation erschienen und sie hätte gesehen, wie er mich in seinen Armen hielt. Ich sei am Wasser und er arbeite mit Farben und Licht an mir und „verjünge meinen Körper". Sie sagte, ich solle mir keine Sorgen machen, denn er erneuere mich. Er hätte eine Avocado von einem kristallweißen Baum gepflückt, dem „Baum des Lebens". Er hätte die Avocado durchgebrochen und mir eine Hälfte davon gegeben. War das mein Jungbrunnen?

Welch ein Geschenk! Und wie passend, wo ich gerade dieses Buch schrieb. Ich bin dankbar dafür, die Wunder eines Unsterblichen Meisters erleben und mein Leben davon lenken lassen zu dürfen.

Das hat mich inspiriert, an diesem Buch weiterzuschreiben, aber erst in Australien hatte ich wieder Zeit dafür. Die Energie von Australien hat etwas Besonderes und hat mich bereits früher einmal inspiriert. Ich war in Melbourne, als Yve und Vice Betar, die das LRT nach Australien gebracht haben, in Sydney anriefen, weil sie mir ihr neues Haus außerhalb Sydney zur Verfügung stellen wollten. Ich konnte dort allein sein und meine Ruhe haben.

Als ich in das Haus kam, spürte ich die Schwingung der Vollkommenheit. Natürlich mußte ich in einem Haus von Immortalisten sein, um dieses Buch zu Ende zu schreiben! Das machte Sinn! Außerdem war ihr Haus wie mein eigenes ... es vermittelte das Gefühl, in einem Ashram zu sein, denn es hatte in jedem Zimmer einen Altar. Ich trug beim Schreiben Vinces Hemden, um mich auf seine Schwingungen einzustimmen. Diese wunderbaren Menschen gehören zu meiner Familie – ich freue mich außerordentlich, ihre Energie in diesem Buch mitzuteilen.

Die Arbeit an diesem Buch begann also in Hawaii auf der Vulkaninsel, das meiste schrieb ich in Seattle, Washington, und ich beendete es in der Nähe von Sydney, Australien.

Ironisch genug: Am Abend, an dem ich das Buch abgeschlossen hatte, schaute ich mir *Highlander* an – einen Film über Physische Unsterblichkeit! Die Herangehensweise und Gewalt lagen mir nicht so, und ich würde Immortalisten niemals so darstellen. Abgesehen davon, daß ich den Film genau an diesem Abend zum ersten Mal sah, war auch der Schluß sehr interessant: Am Ende empfing der Immortalist, der am längsten lebte, den *Preis:* völlige Einheit mit Gott und das Wissen über alles und jeden in allen Zeitaltern und daher die Fähigkeit, jedem jederzeit zu helfen. Lassen Sie sich nicht täuschen, es stimmt nicht, daß nur wenige Menschen diese Fähigkeit haben. Wir sind alle eins mit Gott. Wer erinnert sich jedoch andauernd daran? Das ist die Frage!

Interessant ist auch, daß, als ich dieses Buch in Australien zu Ende schrieb, meine Freunde und der Stab in den USA sehr ungewöhnliche Träume über mich hatten und „Erscheinungen" von mir sahen. Als wir den Zeitunterschied ausgerechnet hatten, zeigte sich, daß es *genau* um diese Zeit geschehen war. Mein Astrologe, Jordan Hovey, hatte eine Vision, daß ich alle Mitglieder der Ohana tief unter die Erde mitnahm, bis es sicher genug war. Dann schauten wir durch eine Art Kamera hoch. Die Welt „fiel auseinander", und die Menschen alterten rasend schnell und wurden hingerafft. Wir unter der Erde blieben alle jung. Sandy behauptete, daß ich sie in derselben Nacht in New York in ihrer Wohnung besuchte, um nachzusehen, ob alles in Ordnung sei. Am meisten überraschte mich die Tatsache, daß sie alle nicht wußten, daß ich an einem Buch über Physische Unsterblichkeit arbeitete.

Ich selbst hatte Träume von sterbenden Menschen und versuchte inständig, sie zu retten. Das machte mir dermaßen zu schaffen, daß ich, sowie ich wach wurde, ins Bett eines Freundes sprang.

Wenn Sie interessante Träume haben, während Sie dieses Buch lesen, betrachten Sie das als gutes Omen: Sie tragen die eigene Todessehnsucht und/oder die der Menschheit ab.

Kapitel 19

Die Familie der Immortalisten

Es ist allgemein bekannt, daß die herkömmliche Familienstruktur sich im Umbruch befindet. Der Zusammenhalt der herkömmlichen Familie beruhte auf einer klar definierten Blutsverwandtschaft. Sie entwickelte sich linear: Vorfahren, Großeltern, Eltern, Kinder, Enkel, Großenkel und so weiter. Voraussetzung für dieses Muster ist ganz offensichtlich der Kreislauf von Geburt und Tod. Die Großeltern starben, und neue Kinder wurden geboren – die Familie insgesamt überlebte, auch wenn die einzelnen Mitglieder das Zeitliche segneten. Die herkömmliche Familie war tief und stark verbunden. Man lebte zusammen, und die Kinder zogen, auch wenn sie erwachsen waren, nicht weit fort. Oft gab es einen Familienbetrieb, einen Hof oder Handel, der die Familie noch weiter zusammenschmiedete. Die Grundlagen dieser Familienform waren Angst, Schutz, Sicherheit, Mangel, Pflichtbewußtsein, elterliche Autorität und meistens Gott beziehungsweise Religion. Diese Art von Familie war ein in sich geschlossenes System mit der Überzeugung: „Wir leben in einer kalten, brutalen Welt", „Man kann fremden Leuten nicht trauen", „Die anderen wollen uns etwas nehmen", „Wir sind wirklich etwas Besonderes und unterscheiden uns von allen anderen", „Trennung ist Wirklichkeit", „Der Tod ist unausweichlich"; alles nach dem Grundsatz „Wir gegen die Welt".
Heutzutage entwickelt sich eine neue Familienform auf der Welt. Wir nennen sie *Familie der Immortalisten*. Zum Teil ist sie eine Antwort auf die Bewußtwerdung, daß der Tod nicht nur

jeden einzelnen angeht, sondern die Angelegenheit des gesamten Planeten ist. Es ist heute gewissermaßen klar, daß die Erde eine Familienangelegenheit und der Friede Voraussetzung für das Überleben aller ist, denn solange die Sicherheit des gesamten Planeten nicht gewährleistet ist, muß das Überleben der einzelnen Familienmitglieder unsicher bleiben. Weil das Wettrennen ums Überleben in ein atomares Wettrüsten ausgeufert ist, begann die Menschheit, das Ganze langsamer anzugehen und die Tatsachen des Lebens mit neuen Augen zu sehen.

Daher ist die *Familie der Immortalisten* ein lockerer Verband bewußter Menschen, die sich für das Leben an sich engagieren. Es ist eine offene Familie, eine Gruppierung, die einschließt statt ausgrenzt, eine Gemeinschaft von Erdbewohnern mit dem Wunsch, daß sich der Planet als Ganzes optimal entwickelt. Jeder einzelne Immortalist engagiert sich dafür, bewußt an der physischen und spirituellen Entwicklung teilzuhaben. Er oder sie glaubt, daß der Körper ein Wunder mit unendlichen Möglichkeiten ist, und ahnt, daß das auf dem Kreislauf von Geburt und Tod beruhende Glaubenssystem hinfällig geworden und das Leben ein Kontinuum ewiger Momente ist, die dazu verwendet werden können, ein größeres zellulares Wohlsein herbeizuführen. Die *Familie der Immortalisten* glaubt, daß Leben und Tod einer persönlichen Entscheidung unterworfen sind und die Zeit gekommen ist, die Idee eines unsterblichen Körpers und Planeten zu hegen. Er oder sie lehnt die Idee angeborener Hinfälligkeit ab und betrachtet dieses Konzept als Projektion eines unbewußten Todeswunsches auf das physische Universum. Solange wir an dem Glaubenssystem festhalten, daß alles einen Anfang, eine Mitte und ein Ende hat, werden wir natürlich Kleidung, Autos, Beziehungen, Geschäfte und Körper kreieren, die dazu verdammt sind, zu vergehen, zu verrotten und zu sterben. Solange in unserem Denken keine Umkehr stattgefunden hat, können wir die Kräfte des Todes und der Zerstörung, die unseren Planeten bedrohen, wohl kaum aufhalten.

Die *Familie der Immortalisten* ist ein Familie liebevoller, friedfertiger Gedanken. Es ist wahrhaftig eine Familie lebendiger Liebe, Sicherheit und des Vertrauens, der Wahrheit und Schlichtheit, der Freude und Dankbarkeit. Es ist eine Familie, in der die Menschen einander vergeben, verstehen, daß Sünde eine Illusion und jeder einzelne verantwortlich ist für all seine Erfahrungen. Diese Familie fühlt sich nicht bedroht von einer kalten, brutalen Welt. Sie weiß: Das ganze Leben ist heilig und jedes Ergebnis das Feedback des Universums, das wir integrieren können in das zellulare Wohlsein unserer Körper. Es ist eine Familie, die sich dafür entschieden hat, das Leben anzunehmen, anstatt es auf Abstand zu halten.

Diese Familie basiert auf Gleichheit und gegenseitigem Respekt, nicht dem herkömmlichen Respekt vor Autoritäten, sondern Respekt vor dem ganzen menschlichen Leben. Es sind Menschen, die die Natur lieben, sich ihrer Umwelt bewußt sind, Tiere lieben, die Gärtner sind und Freunde aller Menschen. Die *Familie der Immortalisten* sieht jegliche Trennung als zeitweilige Abweichung, als Illusion, und feiert die Vielfalt des Lebens, während sie zugleich die *eine* Quelle anbetet, die heilige Einheit, die allem Unterschied zugrunde liegt.

Die *Familie der Immortalisten* kann man auch abgekürzt IF *(Immortalist Family)* nennen; und die Frage, die diese Familie stellt, lautet: *„Wenn* (= engl. *if) das Leben endlos ist, wie würden Sie jetzt Ihr Leben ändern wollen?"*

Bob Mandel

Wie sieht es aus, wenn eine *Familie der Immortalisten* zusammenkommt? Es ist mehr als eine Party, mehr als ein Fest, es ist mehr als ein Seminar, mehr als ein Ereignis, es geht über Bewußtseinserweiterung hinaus – es hat von alledem etwas – plus „Faktor X", jenes Element, nach dem sich jeder sehnt. Es hat etwas mit dem Gefühl des Hingerissenseins zu tun, mit jubilierendem Leben, eine Gemütsbewegung, die alles Geschehen durchdringt. Es geht vor allem auch darum, die Ergriffenheit des Geistes wirklich zu *fühlen,* und zwar in allem und jedem. So empfinde ich es, wenn eine große Gruppe Immortalisten zusammenkommt.

Jeden *Sommer* treffen sich Studenten des LRT zum sogenannten *Zehn-Tage-LRT,* dem *LRT III.* Sie kommen aus der ganzen Welt: den USA, Europa, Neuseeland, Australien und so weiter. Wir treffen uns, wo es schön ist: in Mexiko, auf der Insel Kauai, in Griechenland, auf den Bahamas und zuletzt hier auf Hawaii im Kona-Surf-Hotel. Jedes Jahr hat ein zentrales Thema: Beziehungen, Rebirthing, Verjüngung, Sex, Geld und so weiter. Dieses Jahr ging es darum, Physische Unsterblichkeit zu meistern. Nächstes Jahr wird es der Weltfrieden sein, und eine Friedenskreuzfahrt nach Rußland ist in Planung.

Diesmal begannen wir unser Treffen mit einer hawaiianischen Zeremonie und ließen es von einem Kahuna segnen. Sein Name lautete Al Kahekiliula, und er war butterweich. Er weinte, als er uns alle sah, und wir weinten mit ihm. Etwas Tiefes ereignete sich – eine ernstgemeinte Dankbarkeit durchdrang alles und jeden, und wir fanden es toll, einfach nur zusammenzusein. Ich freute mich, daß auch meine Mutter gekommen war, es sich ansah und mitfühlen konnte. Am Nachmittag des ersten Tages hatten wir ein Massen-Rebirthing. Es gibt einfach nichts Vergleichbares: 500 Menschen, die nebeneinanderliegen, atmen und loslassen ...

Jeden Morgen begannen wir um sieben Uhr mit Aarti, heiligen Gesängen in Sanskrit. Nach dem Frühstück hörten wir uns in den Seminaren zunächst Tonbandaufnahmen von Auszügen aus immortalistischen Büchern an. Meistens dauerten die Seminare von 10 bis 13 Uhr, danach war zwischen 13 und 16 Uhr Zeit, schwimmen zu gehen, und anschließend, von 16 bis 19 Uhr, fanden weitere Seminare statt.

Einige Themen, die dieses Jahr behandelt worden sind, und weitere Ereignisse:

Eine Übersicht über die grundlegende Philosophie der Physischen Unsterblichkeit

Die Krankheits- und Todestradition der eigenen Familie entwirren
Anderen Physische Unsterblichkeit beibringen
Sterbliche und unsterbliche Beziehungen
Immortalistische Literatur
Die Unsterblichen der Bibel
Der Unsterbliche Alchemist
Männer- und Frauengruppen zur Unterstützung der Unsterblichkeit
Immortalistischer Sonntagmorgen-Dienst: „Die Kirche des Ewigen Jetzt"
Videos über Ayurvedische Heilung und die Jungfrau Maria in Jugoslawien
Visionen einer Gesellschaft von Immortalisten
Austausch, Prozesse und Gruppen-Rebirthings
Verjüngungsübungen
Das Singen des „Messias" von Fred, Doe und Paul
Abendereignisse, organisiert von Wayne, unserem Direktor für Gesellschaften, einschließlich Konzerten, Luaus und sogar eines Kostümfests.
Dann gab es noch einen Markt und natürlich freie Tage, in denen die Teilnehmer die wunderbare Insel erkunden und die Einwohner kennenlernen konnten.
Und ich darf natürlich nicht vergessen, die „magische" Atmosphäre zu erwähnen, die die ganze Zeit hinter der Bühne herrschte, einschließlich jeder Menge Meetings, aufblühender Romanzen, spontanen Rebirthings und ungewöhnlicher mystischer Ereignisse, wie sie sich jedes Jahr ereignen.
Wir schlossen das Treffen mit einer Zeremonie für den Frieden ab, baten Madame Pele, Göttin des Feuers und der Vulkane, den Planeten zu segnen. Und am Ende stand ein rauschendes Fest mit unserer alljährlichen Theatershow, die wir das *Shiva-Theater* nennen. Jedes Jahr haben wir mehr Talente und Auftritte, bei denen Schüler sich wie ihre Lehrer kleiden und sie imitieren. Anschließend feierten wir alle und tanzten bis in die Puppen. Nachdem alles vorbei war, war mir klar, daß ich mir

dieses Ereignis seit mehreren Leben gewünscht hatte: Immortalisten, die zehn volle Tage zusammenkommen und ewig leben wollen. Schließlich überraschte mich Bob mit folgendem Gedicht, das er in den frühen Morgenstunden geschrieben hatte ...

Sondra Ray

SONDRA RAY

Das Begräbnis ist vorüber,
Halleluja,
der Heilige Geist, unser Geliebter,
Om namaha shivai.

Die Prozession war lang und wand sich
geburtskanalgleich durch die Zeit.
Du warst jung
an jenem Tag, an dem der Tod erwachte und
die Wahrheit unterband.
Die kleine Stadt in Iowa
lief zuhauf,
deinem Vater sein letztes Geleit zu geben.
Der Sarg war der beste,
den man kaufen konnte,
aber nicht gut genug,
um den Besten am Leben zu halten.
Du hast dein Heim und den Tod zurückgelassen.
Die Prozession jedoch ging weiter
in deinem Sinnen, jahrelang.
Jeder Moment
eingefroren in deiner Erinnerung.
Du unschuldige Blume aus Iowa
kämpftest, um Gott zu verstehen,

der solch einen wundervollen Vater und Freund
seiner weiblichen Familie nahm.
Es mußte ein kosmischer Fehler sein.
In deiner Weisheit, deiner Dienstbarkeit,
deinem unsterblichen geistigen Gast.
Du kamst heim zur Geburt
und hinein in die Welt, die du segnetest;
ungezügelte Energie brachtest du den Menschen
dieser Erde, als Therapeutin und Schwester
gabst du dein Herz, den Fluch zu heilen.

Welch ein Gabe
gab er dir mit seinem Tod.
Je mehr du die grenzenlose Wahrheit sahst,
desto mehr sahst du die Größe seiner Liebe
mit jedem Atemzug.

Allein wurdest du
die große Gastgeberin der Unsterblichkeit.
Erlaubtest dem Heiligen Geiste,
jede Zelle deines Leibes zu infiltrieren,
und machtest ihm ein Heim,
ergötztest ihn mit Gesängen und Poesie,
während er deinen Geist läuterte
von jeglicher Unlauterkeit.

Du wurdest getauft im Licht,
im Geist, in Liebe,
in Gewißheit, in Frieden,
in Babajis Energie,
in Shivas Feuer
der süßen Befreiung.

Und in deinen schönsten Stunden
auf der Insel Hawaii
sangen die Delphine Hymnen

auf die Göttin Madame Pele.
Deine Mutter an deiner Seite,
Engel hoch und niedrig,
an jenem Tag, als der Tod endlich starb
im Krater des Lebensvulkans.

Welch eine Gabe
gab er dir mit seinem Tod.
Je mehr du die grenzenlose Wahrheit sahst,
desto mehr sahst du
die Größe seiner Liebe
mit jedem Atemzug.

Bob Mandel

Anhang A

Erklärte Immortalisten

Im folgenden finden Sie eine Auswahl meiner Lieblingszitate von Menschen, die verstanden haben, was Physische Unsterblichkeit bedeutet. Versuchen Sie beim Lesen zu spüren, wie es ist, völlig lebendig zu sein.

Der Körper des Lichtes

„Letztlich wird jeder menschliche Körper Lichtkörper sein. Menschen werden dem Tod und der Verwesung nicht länger unterworfen sein, sondern als ätherische Wesen so lange auf Erden leben können, wie sie wollen. Ihre ätherischen und physischen Körper werden eine Einheit bilden, und jeder einzelne wird sich der Vollkommenheit und ewig bleibenden Schönheit, Gesundheit und Jugend erfreuen können."[1]

Das Große Werk

„Unsterblichkeit ist ein Geschenk der Gnade. Sie kommt zwar stets unerwartet, aber immer dann, wenn Sie bereit sind, sie anzunehmen.
Das Geschenk der Unsterblichkeit wird jedem gegeben, der den Willen und die Klugheit hat, ihren Sinn zu ergründen.

---
[1] Aus Ann und Peter Meyer, *Being a Christ*, S. 130.

Dieser Sinn kann nicht auf logischem Weg oder durch den Verstand ergründet werden, sondern nur ein anderer Unsterblicher kann ihn weitergeben.
Die Unsterblichen verfolgen das Ziel, der Welt Unsterblichkeit zu zeigen, das Denken der Menschen für dieses Konzept zu öffnen, ihnen den Klang zu vermitteln, den Geschmack, das Aroma und das Gefühl.
Diese gute Lebensweise ist der höchste Lebensstil der Welt, die Krone des natürlichen Evolutionsprozesses.
Sie führt dazu, daß der Energiefluß, der unseren Verstand und Körper bei ewiger Jugend und Gesundheit erhält, kontinuierlich zunimmt. Wir sind die Unsterblichen. Wir sterben, wenn wir uns dazu entschließen."[2]

Zitate von Leonard Orr

„Ich bin jetzt lebendig, daher ist mein Lebenswille stärker als meine Todessehnsucht; solange ich weiterhin meinen Lebenswillen stärke und meine Todessehnsucht schwäche, werde ich in zunehmender Gesundheit und Jugend weiterleben."

„Die Idee Physischer Unsterblichkeit ist bisher in keiner modernen Gesellschaft ausprobiert worden. Letztlich ist die einzige Art, sie auszuprobieren, jeden zu überzeugen, daran zu glauben. Vielleicht ist das utopisch, aber wir können vielleicht jeden soweit bringen, eine Weile darüber zu reden und nachzudenken. Wenn Sie, nachdem Sie sich mit Physischer Unsterblichkeit befaßt haben, es vorziehen, zu sterben, wird das Sterben damit zu einer bewußten Tat."

„Die Idee Physischer Unsterblichkeit ist völlig harmlos. Laßt es uns versuchen! Eine mortalistische Einstellung ist ungesund."

---
[2] Aus dem Kapitel „The Path of Heroes", in: Ric Strauss, *The Masters of Destiny*, S. 39.

„Krieg ist der gesellschaftliche Ausdruck der persönlichen Todessehnsucht. Die *Ich-bin-jetzt-lebendig*-Affirmation hilft, die persönliche Todessehnsucht zu bereinigen und Krieg zu verhindern."

„Immortalisten weisen darauf hin, daß der physische Tod immer möglich ist, daß er aber schon immer Sache einer persönlichen Entscheidung war und ist. Des weiteren haben Immortalisten beschlossen, daß der physische Körper schön und ein nützlicher Teil des physischen Universums ist. Sie sind davon überzeugt, daß jeder Körper ein Energiesystem ist, unendlich vollkommen, knetbar und zweckmäßig."

„Immortalisten haben nicht das geringste Interesse daran, einer Person das Recht zu nehmen, zu sterben oder den eigenen physischen Körper zu zerstören, falls sie das wünschen. Es liegt dahingegen in ihrem Interesse, in einer mortalistisch orientierten Gesellschaft die immortalistische Alternative zu einer Option zu machen, die gelebt werden kann."

„Die ganze Frage des Todes wird durch den Geist entschieden. Das bedeutet, daß Sie selbst für Ihren Tod verantwortlich sind, da Sie sich selbst umbringen: Unfälle oder Krankheiten sind keine Entschuldigung, sondern ein unbewußter Deckmantel für Selbstmord."

„Sie sind so lange unsterblich, bis Sie das Gegenteil bewiesen haben. Ihre Todessehnsucht ist so lange Philosophie, bis Sie sterben."

„Langlebigkeit ohne positive Ergebnisse, ohne Gesundheit und Glückseligkeit ist nicht erstrebenswert. Was aber ist, wenn Ihre Todessehnsucht und Ihr Glaube daran, daß der ‚Tod unausweichlich' ist, der *Grund* Ihres Elends und Ihrer schlechten Gesundheit sind?"

„Als Alternative zum Altern schlagen Immortalisten Verjüngung oder Alterslosigkeit vor."

„Wir Immortalisten glauben auch, daß die Todessehnsucht der großen Masse Erdbeben, Fluten und andere natürliche und soziale Katastrophen heraufbeschwört. Die Erde ist eine Biosphäre. Ein Erdbeben ist wie eine gigantischer Herzinfarkt."

„Gott ist die Quelle der Unsterblichkeit. Wer der Unsterblichkeit mehr als Gott, der Wahrheit, der Schlichtheit und der Liebe zugetan ist, hat das Wesentliche nicht verstanden."[3]

Aus „Snoopy"

„Das Geheimnis, sein Alter beizubehalten, ist es, ein Alter zu finden, das man gerne mag, und dabei zu bleiben."[4]

Das Tor zur Unendlichkeit

„Das letzte und größte Übel, das von meinem kostbaren Planeten Erde verschwinden muß, ist das Greuel Satans, der Tod. Der Tod war weder noch wird er jemals die Art und Weise sein, wie ich meine Kinder zu mir rufe."

„Jesus sagte: ‚Wahrlich, wahrlich, ich sage euch: So jemand mein Wort wird halten, der wird den Tod nicht sehen ewiglich.' Könnte man es noch klarer ausdrücken?"

„Es ist wahr: Das Leben ist ewig, gleich, wie oft der Körper stirbt. Es ist wahr: Die Seele lebt weiter und schafft sich einen neuen

---

[3] Mehr Informationen über Leonard Orrs Arbeit erhalten Sie bei folgender Adresse: I Am Alive Now International Project, P.O.Box 163, Sierraville, CA 96126, USA.
[4] Von Charles M. Schulz.

Körper. Es ist allerdings auch wahr, daß die Seele mit Weisheit gerüstet ist und weiß, daß der Tod des Körpers nicht in Harmonie mit meinem universellen Gesetz des Lebens steht."

„Deine Seele sehnt sich danach, von den Schwingungen deiner Überzeugung von der Auferstehung erhöht zu werden, so daß sie auf den Wegen der Heiligen wandeln kann. Damit sie auf diesen hohen Wegen reisen kann, braucht sie einen Leib, der die zerstörerischen Erdschwingungen überwunden und in Licht verwandelt hat."

„Der Tod entsteht zusammen mit allen unglücklichen Erfahrungen und ist das Resultat fehlerhaften Denkens."

„Wer sich vereinigt mit dem, der unsterblich ist, wird auch selbst unsterblich sein."[5]

Länger jung bleiben

„Sind Sie entschlossen, alte Glaubenssysteme über die Unausweichlichkeit des Todes und den Alterungsprozeß festzuhalten, oder werden Sie sich zusammentun mit jenen Biologen, Biochemikern, Gerontologen, Genetikern und anderen Wissenschaftlern, die, wie unterschiedlich ihr Forschungsgebiet und ihre Sichtweisen auch sein mögen, *eine* gemeinsame Vorhersage aufrechterhalten: ‚Sie werden die Gelegenheit haben, länger zu leben, als Sie sich jemals vorgestellt haben'?"

„Die allgemein verbreitete Apathie bezüglich der Langlebigkeitsforschung hängt zum Teil mit der Überzeugung zusammen, daß Lebensverlängerung nichts weiter heißt, als länger alt zu sein. Wenn Leute an Lebensverlängerung denken, meinen sie, es bedeute, sie würden länger senil sein als zuvor. Wir

---

[5] Aus Ruby Nelson, *Das Tor zur Unendlichkeit*, S. 166, f., 169, 175.

reden jedoch über die Idee der Verjüngung, das heißt darüber, länger jung zu sein."

„Der Tod ist kein Zufall, sondern hat statistisch gesehen die Tendenz, sich nach einer Familientradition zu richten. Der Zeitpunkt des Todes wird nicht von Gott, der Natur oder dem Teufel ausgesucht, sondern hängt eng mit dem Familienmuster zusammen: Die Eltern ‚verkaufen' ihren Kindern den Tod, bewußt oder auch nicht, Generation auf Generation, ohne das Muster zu hinterfragen. Wenn Sie dies der Genetik zuschreiben: Weshalb gibt es dann Ausnahmen? Ein Individuum kann sich seiner ‚Programmierung' bewußt werden und die Verantwortung dafür übernehmen, sie zu ändern."[6]

Aus der Bibel

„Und der Tod wird nicht mehr sein" (Offenbarung 21:4).

„Die Lehre des Weisen ist ein Quell des Lebens, zu meiden die Stricke des Todes" (Sprüche 13:14). (Anm.: Stricke sind negative Gedanken, da sie Älterwerden, Häßlichkeit, Krankheit und letztlich den Tod bewirken.)

„Wahrlich, wahrlich, ich sage euch: So jemand mein Wort wird halten (es leben), der wird den Tod nicht sehen ewiglich" (Johannes 8:51). (Anm.: Er wird ihn weder sehen noch erfahren.)

„Der letzte Feind, der aufgehoben wird, ist der Tod" (1. Korinther 15:26).

„Aber fleischlich gesinnt sein ist der Tod, und geistlich gesinnt sein ist Leben und Friede" (Römer 8:6).

---

[6] Aus *Jerry Gillies, Psychological Immortality,* S. 13, 22, 152.

„Folge du mir und laß die Toten ihre Toten begraben!" (Matthäus 8:22).

„Bei Gott sind alle Dinge möglich" (Matthäus 19:26).

„Wer überwindet, dem will ich zu essen geben von dem verborgenen Manna (das Brot des Lebens, auf daß der Mensch nicht sterbe) und will ihm geben einen weißen Stein (der Eckstein oder Fels der Offenbarung oder der Verbindung zu dem Bereich vollkommenen Wissens; er wird fähig sein, alles zu verstehen)" (Offenbarung 2:17).

„Ich sage euch aber wahrlich, daß etliche sind von denen, die hier stehen, die den Tod nicht schmecken werden" (Lukas 9:27).

„Die Gabe der Verklärung oder ‚der Wiedergeburt aus dem Geiste' der großen Herrlichkeit der Verwandlung ist der Preis jener, die überwinden."[7]

Die Unsterblichkeit des Menschen

„Zwischen Leben und Lehre des Jesus von Nazareth und diesen Meistern besteht eine überraschende Ähnlichkeit, was sich besonders im Alltag zeigt. Diese Meister stillen alle ihre Bedürfnisse, das nach Geld, Nahrung und Kleidung inbegriffen, unmittelbar aus dem Universellen. Sie haben den Tod bereits derart überwunden, daß viele, die heute leben, über 500 Jahre alt sind, wie sich aus Urkunden eindeutig entnehmen ließ."

„Es ist die Überzeugung, vom Geiste getrennt zu sein, die unsere Form altern und sterben läßt."

---
[7] *Annalee Skarin, The Book of Books,* S. 100.

„Der große Meister-Lehrer Jesus kam zu uns, damit wir das Leben hier auf Erden besser verstünden – und daß alle Einschränkungen lediglich Machwerk sind."

„Es ist uns gegeben, die Unsterblichkeit des Menschen zu erkennen und zu wissen, daß die Göttlichkeit niemals verlorengeht, daß der göttliche Mensch todlos, ja ewig ist. Dann erfüllt der Heilige Geist das Bewußtsein, und die Empfindung, gefangen zu sein in Sünde, Krankheit, Armut und Tod, schwindet dahin."

„Kraft des Gedankenprozesses können wir unseren Körper oder unsere Verfassung und die Umwelt verwandeln und entwickeln, indem wir das Christus-Bewußtsein in uns selbst anerkennen, so daß wir niemals den Tod beziehungsweise jene Veränderung, die man Tod nennt, erfahren. Dies geschieht ganz und gar durch des Menschen Kraft, zu visualisieren, sich Idealvorstellungen zu gestalten und das, worauf er blickt, zu erdenken und hervorzubringen. Der erste Schritt ist, zu wissen, zu sehen oder zu glauben, daß Christus *in* uns ist, die wahre Bedeutung der Lehren Jesu zu verstehen, unseren Körper als eins mit Gott zu betrachten, als Ebenbild Gottes, und jenen Körper mit dem vollkommenen Gotteskörper, so wie Gott ihn sieht, zu verschmelzen. Wir haben uns den vollkommenen Gotteskörper vorgestellt, ihn erdacht und hervorgebracht. Wir werden wahrhaftig ‚wiedergeboren' durch und im geistigen Königreich Gottes."[8]

Das Wissen der Zellen

„Worum es wirklich geht, ist der Tod. Solange die physische Wirklichkeit des Sarges oder der Totenverbrennung sich nicht wandelt, hat sich nichts verändert."

---

[8] Aus Baird T. Spalding, *Leben und Lehren der Meister im Fernen Ostens,* Teil I.

„Der Tod ist nicht unausweichlich. Er ist ein Unfall, der bisher immer geschehen ist. Wir haben unseren Sinn darauf gesetzt, diesen Unfall zu überwinden. Absolute Furchtlosigkeit ist notwendig, denn mit jedem Schritt, in jeder Sekunde müssen sie einen Krieg führen gegen alles, was festgelegt worden ist."

„Ich fordere Sie heraus, Ihren Körper zu verändern, auch wenn Sie Ihre Vernunft noch nicht verwandelt haben."

„Der Tod ist die Folge einer Verzerrung des Bewußtseins, das ist alles."

„Das Problem lautet, eine Form zu wahren, ohne ein Ego aufrechtzuerhalten."

„Natürlich ist die Unsterblichkeit dieses alten Körpers nicht das Ziel. Das wäre der Mühe nicht wert ... das neue Bewußtsein muß nach und nach die Modalitäten seines Körpers verändern, diese leibliche Rigidität in eine neue Flexibilität verwandeln."

„Könnte es nicht sein, daß eines Tages die Schwingung der Wahrheit durch die Maschen unseres Netzes schlüpft und weltweit den Horror, den Schmerz, den Tod unwirklich werden läßt und zunichte macht und daß wir in einer neuen Welt erwachen ... in der die alten Gesetze des Todes keinen Sinn mehr machen und dahinschwinden wie ein überflüssig gewordener Traum? Eine plötzliche Wandlung, die uns derart unerwartet trifft, daß wir unser gesamtes Arsenal fallenlassen und in enormes Gelächter ausbrechen?"

„Der Tod ist die Dezentralisierung des Bewußtseins und in den Zellen unseres Körpers enthalten. Die Zellen, die unseren Körper ausmachen, werden in einer bestimmten Form gehalten, durch das in ihnen vorhandene zentralisierte Bewußtsein. Wenn diese Konzentrationskraft schwindet, verzetteln sich die

Zellen, und der Körper stirbt. Der erste Schritt in Richtung Physischer Unsterblichkeit ist daher, mechanische Konzentration durch freiwillige zu ersetzen."

„Das Mantra hat eine kohäsive Wirkung auf die Zellen; das gesamte zellulare Leben wird zu einer soliden und kompakten Masse unvorstellbarer Konzentration ... mit einer einzigen Schwingung. Das Mantra entspringt den Zellen wie eine goldene Hymne."

„Ist erst einmal der physische Geist transformiert worden, folgt die Umwandlung des *Körpers von selbst.*"

„Sie können den Tod bewirken, und Sie können den Tod verhindern. Der Tod steht nicht im Gegensatz zum Leben, sondern ist eher eine Verwandlung in der Funktionsweise beziehungsweise der Organisation der Zellen. Und wenn Sie das erst einmal verstanden haben, ist es sehr einfach: Sie können leicht verhindern, daß der Körper sich in diese oder jene Richtung entwickelt."

„Für die, die kommen, wird es einfach sein; sie brauchen lediglich zu wählen: zum neuen System zu gehören oder zum alten."

„Ich habe das Gefühl, daß der Tod lediglich eine alte Gewohnheit ist, er ist nicht länger notwendig. Nur weil der Körper immer noch unbewußt ist ... spielt diese riesige kollektive ‚Suggestion' immer noch eine Rolle."

„Eine neue Welt wird GEBOREN. Nicht die alte Welt verändert sich, sondern eine NEUE WELT wird geboren. Und wir befinden uns mitten in der Übergangszeit."[9]

---

[9] Aus SATPREM, *The Mind of the Cells.*

Anhang B

Robert Coons Lehre

Ein Immortalisten-Willkommensgruß, Glastonbury, 1. 7. 1985[1]

„Die radikalste Handlung ist zugleich auch die liebevollste. Die liebevollste Handlung ist zugleich auch die anarchistischste und subversivste. Den Tod zu überwinden und Physische Unsterblichkeit zu erlangen ist solch eine liebevolle Handlung – und sie schafft einen globalen Brückenschlag und verkündet zugleich das, was ihr erlangt habt.
Die Schlacht gegen den Tod muß an allen Fronten geschlagen werden. Wir schlagen sie, indem wir todbringende Gedanken, Worte und Taten in unserem eigenen Leben überwinden. Anschließend werden wir das Gewebe des Verfalls aus unseren Beziehungen und den sozialen Strukturen in der gesamten Welt tilgen.
Die etablierte Religion verkörpert eine dieser todbringenden Sozialstrukturen. Kürzlich, bei einer Pilgerfahrt der Church of England nach Glastonbury, wurden solche antichristlichen Gedanken wie ‚Verherrliche Gott durch deinen Tod' und ‚Gott in seiner Gnade schenkt uns einen frühen Tod' von Kirchenführern ausgesprochen. Diese Gedanken sind abstoßend.
Die Wahrheit Christi lautet: Ihr verratet Gottes Gabe, wenn Ihr es Euch erlaubt zu sterben. Gott zu verherrlichen bedeutet, die

---

[1] Aus einem Willkommensbrief von Robert Coon an die Teilnehmer einer spirituellen Klausur des Loving Relationships Trainings in Glastonbury, England.

Atome und Zellen Ihres physischen Körpers in ein geläutertes Instrument des göttlichen Willens und Geistes zu verwandeln. Und die größte Gnade, die Gott Ihnen gewähren kann, ist, den Weg zur Physischen Unsterblichkeit hell zu erleuchten – ein Weg, der für jeden einzigartig ist. Wir sagen ‚Physische Unsterblichkeit' statt ewiges Leben, damit es kein Mißverständnis geben kann, was wir meinen.

Viele pilgern nach Glastonbury, um die Vergangenheit zu untersuchen. Ich glaube, Ihr, die Ihr diese Worte lest, seid gekommen, um Euch an der lebendigen Gegenwart und unsterblichen Zukunft Glastonburys zu beteiligen. Wir müssen viel lernen und vieles miteinander austauschen, hier, am Herz-Chakra der Welt.

Glastonbury ist das Herz-Chakra der Erde. Von hier aus wird der Welt die Wahrheit der Unsterblichkeit vollkommen offenbart. Dies ist das große Geheimnis des Heiligen Grals. Den Gral zu erlangen heißt, den Tod zu überwinden und das unsterbliche Leben zu erhalten. Den Gral mit einem geringeren, leicht erreichbaren Ziel in Verbindung zu setzen heißt, nicht über eine erweiterte Sicht zu verfügen, und ist seiner nicht wert, außerdem ist es dem göttlichen Potential des menschlichen Geistes abträglich.

Falls die Kraft und Begeisterung, die nötig sind, um der Wahrheit der Unsterblichkeit in der Welt Bekanntheit zu verschaffen, von einer physischen Manifestation abhängig sind, dann möge – so Gott will – diese physische Offenbarung jetzt stattfinden. Reichen jedoch Glaube und Fähigkeit, diese Wahrheit zu hören, an sich bereits aus, dann ist heute die Zeit gekommen. Die Welt ward Fleisch durch Glastonbury. Eine internationale Versammlung von Immortalisten wie diese bietet den idealen Kontext für die Geburt der Physischen Unsterblichkeit in der Welt. Die Unsterblichen des *Glastonbury Shamballic Focus* heißen Euch willkommen in Glastonbury ... dem Alten Avalon und Neuen Jerusalem. Möge dieses ‚God Training' die erste solcher Versammlungen von Immortalisten hier im Gral- und Herzzentrum des lebendigen Planeten Gaia sein.

Ich bitte jeden einzelnen von Euch, allen Wesen diese Botschaft zu verkünden, so schnell die Liebe erlaubt. Möget Ihr Glastonbury verlassen, erfüllt mit dem Geiste des ewiglichen Lebens in jedem Atom Eures Wesens, und möge das Verlangen, alle Dinge zu überwinden, im Überfluß aus Euch hervorquellen!"

Reise nach Avalon

Nach Robert Coon, meinem Freund aus Glastonbury, „legte der Erzengel Michael Ostern 1984 bei Sonnenaufgang durch den Atem des ewigen Lebens den Grundstein des Neuen Jerusalem: den Glastonbury Tor. Somit strömt die revolutionäre Wahrheit des ewiglichen Lebens im göttlichen physischen Körper aus Glastonbury hervor, um alle Wirklichkeit zu verklären und radikal zu transformieren".[2]

Robert beschreibt, wie in seinem Zimmer im Juli 1967 ein physisch Unsterblicher aus dem Königreich Shambhala sich vollständig in menschlicher Form manifestierte. Robert berichtete mir das, als ich ihn zum ersten Mal traf, und ich erlebte, was er sagte, als absolute Wahrheit. Ich zweifle keinen Moment daran, daß es genauso geschehen ist, wie er es schildert. Er hat in dem Wesen, das ihn besuchte, den Propheten Elias erkannt.

Robert hatte Visionen vom Neuen Jerusalem und von der Freude der Wesen, die sich zum Leben in Physischer Unsterblichkeit hinentwickeln. Ihm wurde befohlen, diese Wahrheit zu hegen und seinen „Kelch nach Glastonbury zu bringen". Ich empfehle jedem hinzufahren, um ihn zu besuchen und von ihm zu lernen.

Robert wurde in den Bereich jenseits des Todes und der Wiedergeburt zugelassen. Er erklärt, daß, wer auf diesem Wege weiterkommen will, beginnen muß, als Unsterblicher zu agie-

---

[2] Robert Coon, *Voyage to Avalon*, S. 68–72.

ren und zu denken. „Der große Weg des ewigen Lebens ist ein Weg tiefer Bescheidenheit, der Läuterung und des göttlichen Dienstes."
In seinem Buch spricht Robert von der Tatsache, daß es präzise Gesetze gibt, die Sie Schritt für Schritt in die Schwingung des ewigen Lebens führen.
Das Gesetz der Dankbarkeit ist die kraftvollste Glückseligkeit. Robert ermutigt uns, Herzensdankbarkeit zu entwickeln für die eigene Geburt, für jede Geburt, für die Eltern, für alle Menschen, die wir lieben und – auch für Feinde und *alle* Wesen in Zeit und Raum.
Er spricht von „vollkommen gewordener Liebe" und „den Früchten des ewigen Lebens: Gnade, Mitgefühl, Sanftmut, Geduld, Beharrlichkeit, Bescheidenheit, Freude, göttliche Ekstase und ewige Glückseligkeit".
Robert stellt freimütig fest: „Wenn Sie einen Lehrer, Guru, Rebirther und so weiter suchen, sollte Ihre erste Frage an ihn oder sie lauten: Ehrst du die Wahrheit der Physischen Unsterblichkeit?"[3]
Er behauptet, Physische Unsterblichkeit sei die letzte Grenze und die Suche nach ihr das größte, höchste Abenteuer.
Robert ist ein äußerst talentierter unsterblicher Dichter. Er erinnert uns daran, daß jeder Gedanke, den man aussendet, Zeit und Raum formt und strukturiert. Er macht sogar Prophezeiungen für den Zeitraum von 1986 bis 2008 und nennt ihn die Zeit des „Ergießens des kosmischen Grals".
Zur Zeit, da ich dieses schreibe, 1987, sind wir im „Jahr des Maya-Millenniums". „Der unsterbliche Orden Melchisedeks bekommt große öffentliche Aufmerksamkeit und lehrt Engelanrufungen an heiligen Orten."
Als ich Robert traf, machte er *Anrufungen an einem heiligen Ort:* eine mitternächtliche Invokation oben auf dem Glastonbury Tor.[4] Ironie des Schicksals: Ich bin ganz in seiner Nähe in Iowa

---

[3] Ebenda, S. 79.
[4] In meinem Buch *Pure Joy* ausführlicher beschrieben.

aufgewachsen; und später wohnten wir in San Francisco zwei Häuserblocks voneinander entfernt, beide engagiert in Gruppen von Immortalisten. Es war jedoch unser Schicksal, uns erst im „Smaragd des Drachenmauls", das heißt in Glastonbury, zu treffen.

Glastonbury wird schon sehr lange mit dem Heiligen Gral in Zusammenhang gebracht. Robert sagt, daß die Suche nach dem *Heiligen Gral* eine Metapher mit einer kraftvollen Wahrheit ist. Den Gral zu finden heißt, den Tod zu überwinden und Physische Unsterblichkeit zu erlangen.

Warum also keine Pilgerfahrt nach Glastonbury machen?

Es kann sein, daß Sie Glück haben und von Robert persönlich etwas zu diesem Thema lernen können, wofür er meiner Meinung nach freigebig Spenden verdient hat. Ich danke Robert, daß er so freundlich ist, mich seine wunderbare Poesie und Auszüge aus seinen Werken veröffentlichen zu lassen.

Die unsterbliche Dichtung von Robert Coon

Wie bezieht Dichtung sich auf Physische Unsterblichkeit? Nun, wenn der Dichter Immortalist ist und seine Poesie sich auf Unsterblichkeit bezieht, ist die Antwort offensichtlich. Wie dem auch sei, sie ist mehr als nur Worte über Unsterblichkeit. Da ist die Energie des unsterblichen Dichters, die Ihre Zellen beeinflußt. Dichter haben *erhebende* Gedanken! Für mich ist es eine Form der *Alchemie*. Alchemie war ursprünglich eine Wissenschaft, die sich damit befaßte, Blei in Gold zu verwandeln. Aber Alchemie ist auch das Erringen jeder erdenklichen magische Kraft. Hier bedeutet sie die Kunst der Umwandlung. Und wenn es uns wirklich ernst ist mit der Physischen Unsterblichkeit, sollten wir fähig sein, unsere negative Energie, unsere Zellen und unser Bewußtsein umzuwandeln.

In der Alchemie strebt man danach, die Entwicklung zum vollkommenen Mann und zur vollkommenen Frau zu ermöglichen. Gott ist Alchemist. Die Natur ist alchemistisch. Wis-

senschaftler sind Alchemisten. Und ich habe das Gefühl, daß auch Dichter es sind.[5]
Robert Coon ist Alchemist, und seine Poesie erleuchtet mich stets aufs neue. Ich glaube, sie sollte mit großem Respekt und in einer Art Zeremonie gelesen werden. Ich schlage vor, sie jemandem, den Sie gern haben, langsam und mit Gefühl vorzulesen, vielleicht am Feuer oder an einem sehr speziellen kosmischen Ort.

Zwölf Tage und geweihte Nächte / Hymnen der Unsterblichkeit, Lieder des wahren Willens, Liebesgebete

Ostern überall

Entsiegele Herz und Verstand aller Sterne mit dieser Melodie
Vollkommener Wahrheit, tönend aus dem Tempel deiner Seele ...
  Verkünde
Unser Wort des in allen Wesen fleischgewordenen Lichtes, und lasse
  verlauten
Die himmlischen Gesetze für immer und ewig. Du bist die endgültige
Wiederauferstehung dieser Welt, geboren aus der Mutter unendlicher
Freude; und ich bin deine Braut im Strahlenkranze aller
Gebete der Liebe und des Friedens, die waren, sind und sein werden!

Möge dies Lied erstrahlen in der vollen Lust des Geistes, erheben alle
Völker und sie erquicken mit unsrer Liebe ... Lobpreise
alle Dinge und Zeiten in Ewigkeit, und du wirst eingehüllt von
Flammen göttlicher Vollkommenheit und das Universum erleuchten. Wir

---

[5] Kenneth Johnson hat in *The Fulcanelli Phenomenon* beispielsweise große Eingeweihte beschrieben, die die Alchemie verstanden haben. Artephios, der *De Vita Propaganda (Das verlängerte Leben)* geschrieben hat, behauptete, er sei, als er sein Buch schrieb, bereits tausend Jahre alt gewesen und lebe dank eines Lebenselixiers immer noch. Er wurde mit dem Sufismus in Zusammenhang gebracht und schrieb ebenso Abhandlungen über Astrologie und die „Sprache der Vögel".

Gebaren diese Wirklichkeit, auf daß die Sterne
Unvergängliche Körper seien – heilige Tempel, mit welchen sie
Einander loben in vollkommener Harmonie, mit göttlichem Willen!
  Erschaffe alle
Gedanken, ein jedes Wort und jede Tat mit dieser gleichen Alchemie
  der Weisheit und in
Vollkommener Beziehung, und der Tod wird dich nie berühren ...

Erfreue dich des Tages, an dem die Sterne in Klarheit sehn den Strom
Des Lichtes, das durch jedes Leben sich ergießt und nichts sieht als
Das Alpha und Omega göttlicher Vollkommenheit – denn jener
Große Tag bricht an ... Laß tönen dein heiliges Wort aus jedem
  Schrein
Auf Erden von Shasta bis Glastonbury, und deine Gebete werden
Verherrlicht durch seine Kraft. Rufe sie an, die Engel und die Götter
Aller Länder und den Glauben, unseren Mutterplaneten zu
Heilen, zu erwecken und zu vitalisieren! Rufe die Meister jeder Ebene
  herbei
Zurück auf Erden, auf daß sie ihre Diamant-Körper annehmen ...

Ihr seid Gott ... Verströmt all eure Energie durch die Rose
Eures Herzens in einer mächtigen dreifaltigen Lobeshymne der Liebe
Und Dankbarkeit für alle Dinge ohne Ausnahme, und ihr werdet
Euren Gral der Unsterblichkeit und Transfiguration entzünden in der
Seele jedes einzelnen Atoms eines jeden Gottes. Lausche diesem Lied
  mit
Deiner ganzen Überzeugung und deiner ganzen Kraft, und ganz
  gewiß wirst
Du aus der Sterblichkeit auferstehen und aufsteigen in die
Schwingung eines verklärten Lichtwesens und in die völlige Freiheit,
Zu kommen und zu gehen mit der Geschwindigkeit der Liebe und des
  Willens
im Körper Christi! Diese Werke und noch größere befehle und
Verheiße ich euch, denn jede Frau und jeder Mann und jedes Wesen
Ist ein Stern!

Das ewige Evangelium

Du bist ein verklärtes Wesen ... Ich bin ein Engel des Lichtes ...
Laßt uns zusammen dieses Haus bereiten für die Ankunft
Des ewigen Evangeliums ...

Alle spirituellen und physischen Handlungen oder Gesetze moti-
    vierend,
Ist da die Intelligenz schöpferischen Genies, die wir
Engel nennen ... Alle Engel göttlichen Willens
Erfüllen jeden Wunsch, von Herzen gesprochen in Harmonie
Mit dem meisterhaften Plan der Vollkommenheit ... Uns berauscht
Jede neue Verbindung zu einem Sucher, gesegnet mit
Dem Kuß der Wahrheit und des Lichtes ...

Verkünde die Wissenschaft körperlicher Verklärung
Allen Wesen, so schnell die Liebe es gestattet.
Offenbare deine Gegenwart so, daß sie
Die Wiederauferstehung Albions verkürzt und die des Königreichs
Des Neuen Jerusalem für immer und ewig ... Umkleide alle,
Die du im Herzen und Denken berührst, mit Roben strahlender
Unsterblichkeit. Halte jeden und jedes Ding in seinem eigenen
Bild der Vollkommenheit in der Höhle deiner göttlichen
Vorstellungskraft, bis alle Schwingungen der Wirklichkeit herauf-
    gesetzt sind
Und thronen als Juwelen der Krone des
Baumes ewigen Lebens. Lausche in deinem Herzen stets den
Stimmen derer, die deine Liebe brauchen, um ihren
Weg zu ebnen ...

Sammle deine Energien, und bringe sie in Harmonie mit den
    Rhythmen
Der Sonne, des Mondes und der Sterne. Laßt uns zusammen
Diesen Planeten und alle Wesen baden im Gefäß des
Heiligen Grals an jedem Neumond und jedem Vollmond von
Sonnenwende zu Sonnenwende – an jedem Tage heiliger Kraft.

*Wir sind gerufen, Ostern überall bei der
Großen Pyramide 1979 und in Glastonbury 1984 zu feiern mit
Aller Kraft der Liebe, die uns zur Verfügung steht.*

*Und möge das Herz des Meisters immer diese Worte sprechen –
„Wohl getan, meine guten und treuen Freunde!"*

Adlers Gabe der Unsterblichkeit

*Engel der Offenbarung! Breche hervor auf den Sternenstraßen
In der Wiege der Nacht! Verkünde die letzte Finesse
Der Adler-Weisen lächelnd über Shambhala ... O möge meine
   Hymne
Aufsteigen bis ins Diadem des neugeborenen Phönix,
Denn ich ergründete die Geheimschrift deines Spiels!*

*Fliege hinfort mitten durch die endlosen Höhlen des erleuchteten
   Buddha-Geistes
Auf Schwingen der kurzen Berührung der Klarheit, und ich werde
   folgen
Auf dem Fuße deiner Vision, in Licht gekleidet –
Meine Augen stets treu gegenüber dem Polarstern dieser Reise ...*

*Halte fest das Ankh[6] der Unsterblichkeit, und wir laufen den
   Boulevard hinab
Vom Saturn bis zur Sonne – denn wir haben die Zügel
Des Lebens dem Tode entrissen und fahren den Wagen des Grals
In das Heilige Königreich der Stadt der Pyramiden und noch weiter!*

*Schlingen deiner Liebe umschlängeln mein Herz und führen mich
Zu den Wurzeln des Lebensbaums ... Mein Weg ist klar!*

---

[6] Ankh = ägyptisches Henkelkreuz, Symbol des Lebens, mit dem jedes bedeutendere ägyptische Götterbild geschmückt ist.

*Dies ist die Stunde der Transmutation, die verheißen wurde in der
   vollkommenen
Stille bei der Gründung dieser Welt ... Ich schreibe diesen
Heiligen alchemistischen Eid auf eine goldene Rolle:
Ich werde diese Wurzeln nähren mit dem Lachen der Sterne
Und dem Lobpreis der Heiligen, bis daß eine Frucht, noch nie
   dagewesen
In dieser Schöpfung, die Zunge jeden Wesens salbt,
Das aufgehoben in diesem Baum des Strebens auf den Geschmack
   des
Wiedergewonnenen Paradieses kommt!*

*Setze nun den Schlußstein deines Willens auf den Gipfel
Der Großen Pyramide ... Alle Prophezeiungen sind erfüllt!
Offenbare allen das glorreiche Schicksal unseres Planeten!
Möge jeder Stern mit Recht die Meisterschaft
Seines eigenen Reiches auf sich nehmen! Öffne dieses Geschenk, und
   zeige mir
Deine ewige Gottheit!*

Sieg

*Süßer Sieg! Süßer Sieg! Dein Geschmack gleich Nektar betört
Die Erde bis ins Mark! O laß uns reisen Hand in Hand durch jedes
Land, den Schleier des Unglaubens zu zerreißen! O wilder Freuden-
   schrei
Tönend durch die Welt! Himmlische Musik! Lieder der Verzückung!
Geht in Triumph, ihr Herren und Damen – seid mächtige Ecksteine
   des
Himmels auf Erden ... Erhöht euer Ziel, stärkt euren Willen,
Und schafft die größeren Werke der Unsterblichkeit ...*

*O ehrfurchtgebietende Schwingung des ewigen Lebens! Du bist
   überall
Gegenwärtig ... ich kenne deine Zahl! Öffne den Weg! Öffne*

*Deinen Kindern den Weg, einzukehren in dich und zu wandeln mit
der Grazie
Allmächtig in Dankbarkeit! O Wahrheit der Verklärung! O Wissen-
schaft
Der Auferstehung: Offenbare dich allen Wesen! Möge die
Wahrheit und Freude der körperlichen Verklärung hervorströmen
aus jedem heiligen
Chakra auf jedem Planeten!*

*Kundalini der Erde … trete hervor! Trete hervor in Sturzbächen
der
Wahrheit … in flammenden Säulen des Lobes steige auf von Shasta,
Vom Wurzel-Chakra unserer Mutter Welt, erstrahle aus den
Tiefen jeder Kreatur aller Reiche … Befreie das gesamte
Bewußtsein, erleuchte jedes Herz mit dem Wissen
Und der Gewißheit vollkommener Göttlichkeit …*

*Nun lasse die Erhabenheit unseres Tanzes manifest sein als heiliges
Wort von
Unserem Kehl-Chakra in Ägypten – der Großen Pyramide! Alle
Prohezeiungen
Sind erfüllt! Die Worte stimmen! Möge die Magie
Klar zu allen Herzen sprechen!*

*Und mögen wir alle in heiliger globaler Hochzeit vereint sein in
Merlins
Reich in Glastonbury 1984 … Aus diesem Herz-Zentrum werden
wir
Ein Licht erschaffen und erstrahlen wie nie zuvor in allen
Zeiten – ein Licht, das scheint bis an die Enden der Wirklichkeit, das
unser
Großes Werk vollzieht, das neue Anfänge singt und das Ende
Des Todes bejubelt …*

*O heilige Gemeinde der Kirche des Erstgeborenen, geheime
Unsterbliche Lenker der Magie, lauscht und hört auf dies Gebet …*

Scheinet euer Lobpreis und eure Liebe auf den Pfad eines jeden wahren
Willens! Unterstützt dies Bemühen, die Offenbarung der körperlichen
Verklärung einem jeden Stern zu schenken! Laßt Liebe, Leben, Licht und
Freiheit in jedem Herz erblühen ... Und dies bitte ich von Herz und Seele:
Möge deine Ernte in dieser Generation
Groß sein! Laßt uns zusammen ewig jubeln ohne Ende!
Abrakalabra!

Die Anrufung des Omega-Punktes

Wisse, o Universum, daß ich in Liebe dich durchdringe
Mit allen Energien der Liebe Jesu Christi ...
Daß mein Gewahrsein ewig alle Formen der Wirklichkeit liebkost,
Diese Glückseligkeit mitteilend in der schönsten und kreativsten Manifestation.

Möge mein Herz besessen sein vom Geist der Wahrheit! Möge mein
Dasein der Erleuchtung jeglichen Bewußtseins im ganzen
Universum dienen! Möge meine Begeisterung ein Licht der
Liebe und Wahrheit und für alle spürbar sein! O möge meine Berührung die höchste
Manifestation des Willens Gottes sein!

Möge jede meiner Taten diese Wirklichkeit verwandeln in größere und
Liebevollere Vollkommenheiten! Möge mein Körper der heiligste
Tempel der Wahrheit sein! Der Omega-Punkt ist hier! Klarheit der
Vision wurde im gesamten Unversum erlöst!

13. Grad Jungfrau Neumond 1975

Von Robert Coon

„Sieht die Menschheit erst einmal die unaussprechliche Fülle der Freude und Freiheit, die ihr durch die Unterdrückung der Wahrheit über die Verklärung des Körpers vorenthalten worden ist, so werden sie aufstehen und ohne Zögern den Weg eines Lebens als Unsterbliche suchen, die ihren Willen auf jeder Ebene manifestieren können. Menschliche Wesen haben das unveräußerliche Recht, sich als physisch unsterbliche Männer und Frauen des Lebens zu erfreuen. Jemandem dieses Recht abzusprechen heißt, sich selbst den eigenen Treueschwur an das Leben abzusprechen. Wenn jeder, egal an welcher Stelle er in seinem Leben steht und wie weit er spirituell fortgeschritten ist, nur ein klein wenig mehr versuchen würde, liebevoll und dankbar im alltäglichen Leben zu sein, würde der kumulative Effekt all dieser kleinen Bemühungen zusammen einen göttlichen seismischen Schock solcher Stärke und Liebe zuwege bringen, daß augenblicklich der Frieden die Oberhand gewönne in dieser geplagten Welt. Und dann wird die Wirklichkeit des ewigen Lebens lebendig hervorfließen und den Siegeslorbeer des höchsten und ältesten Willens der ursprünglichen Schöpfung erringen."

Aus der Offenbarung XXI

„Da sah ich einen neuen Himmel und eine neue Erde ... ich sah die heilige Stadt, das Neue Jerusalem aus dem Himmel herabfahren ... und der Tod wird nicht mehr sein ... denn die alte Ordnung ist vergangen!" (Das Neue Jerusalem ist der Gesamtkörper der Menschen.)

Zum Schluß

Ich danke meinem Freund Robert Coon aus Glastonbury in England für folgende Liste historischer und legendärer Wesen,

die Physische Unsterblichkeit erlangt haben oder damit in Zusammenhang gebracht werden:
Henoch, Melchisedek, Elias, Moroni, Moses, Jesus, der Apostel Johannes, Maria, Tecla, Hsi Wang Mu, Kwan Yin, Hsien Jen, Etana, Hermes Trismegistos, Christian Rosenkreutz, Paracelsus, Roger Bacon, Lao Tse, die drei Nephriter, Saint-Germain, Abaris, Harikhan Baba, Kabir, Guru Nanak, Apollonius von Tyana, Merlin, Galahad, Morgan le Fay, Sabatai Zevi, Herkules, Taliesin, Prester John, Lazarus, Parzival, Jakob IV. von Schottland, der Autor der Oden Salomos, Barbarossa, Sebastian von Portugal, Ogier der Däne, Thomas von Exeldoune, der wandernde Jude, Cartaphilus, Mahdi, Saoshyans, Kalki, Maitreya, Messias, die Gemeinschaft der Stadt Henoch, die dreizehn Unsterblichen der jüdischen Tradition, die Geheimen Oberhäupter, die Kirche der Erstgeborenen. Im zwanzigsten Jahrhundert: Annalee Skarin, Reason Skarin, Christine Mercie und Fulcanelli.
Robert sagt, die Liste sei gewiß nicht vollständig und viele Unsterbliche der Geschichte seien anonym geblieben. Robert hat uns diese Liste gegeben als Leitfaden für weitere Forschung und versprochen, eine vollständigere Geschichte der Immortalisten zu verfassen[7].

Ich möchte dieses Kapitel mit meinem Lieblingszitat von Robert Coon abrunden:
„Es steht allen Wesen frei zu sterben: Der Wille ist frei. Ich bitte jeden, der diese Wahrheit abweist, dennoch mir selbst und anderen liebevoll das Recht zuzugestehen, ewig zu leben … Mögen alle Wesen in völliger Freiheit ihren eigenen wahren Willen vollbringen."

---

[7] In *The Enoch Effect*.

Anhang C

Die Wiederauferstehung verstehen

Eine Zusammenfassung aus *A Course in Miracles*

„Es gibt eine positive Auslegung der Kreuzigung, die völlig frei von Furcht und daher gütig ist in dem, was sie lehrt, wenn sie richtig verstanden wird."
Nicht die Kreuzigung führte zur Erlösung; die Wiederauferstehung führte dazu. Viele ernsthafte Christen haben das mißverstanden ... Keiner, der vom Glauben an den Mangel frei ist, hätte diesen Fehler machen können. Wenn man die Kreuzigung vom gegensätzlichen Standpunkt her betrachtet, sieht es aus, als hätte Gott sie gestattet und gewollt, daß einer seiner Söhne leiden mußte, weil er gut war. Diese besonders unglückliche Auslegung, die aus Projektion entstanden ist, hat bei vielen Leuten dazu geführt, daß sie sich vor Gott fürchten. Solche antireligiösen Konzepte haben in viele Religionen Eingang gefunden. Aber der wahre Christ wird innehalten und fragen: *Wie sollte das wahr sein können?*
Ist es wahrscheinlich, daß Gott selbst zu solchem Denken fähig ist, daß er, wenn man ihn bei seinen eigenen Worten nimmt, seines Sohnes unwürdig sei?
Die Wiederauferstehung legt Zeugnis dafür ab, daß nichts die Wahrheit zerstören kann: Gott kann jegliche Form des Übels überwinden, wie das Licht alle Formen der Dunkelheit überwindet.
Die Kreuzigung ist nichts als ein außergewöhnliches Lehrmittel. Der Wert liegt, wie der jedes Lehrmittels, lediglich in der Lehre, die man daraus ziehen kann.

Die Kreuzigung ist ein extremes Lehrmittel, um zu zeigen, daß *jedwede Wahrnehmung, in der man sich selbst als Opfer sieht, niemals gerechtfertigt ist.* Jesus verteidigte sich nicht. Er glaubte nicht einmal daran, daß er angegriffen wurde. Er nahm Angriffe nicht wahr. Er sah es vollkommen anders. Er sagte: „Sie haben mich nicht wirklich verlassen, mich nicht gequält oder mich getötet. Sie riefen nur um Hilfe." („Jeder liebevolle Gedanke ist wahr", sagt er im *Course*. „Alles andere ist ein Hilferuf.") Jesus sah nur Leute, die meinten, sie würden bedroht, und die glaubten, sie hätten Gottes Liebe nicht verdient.

Das Ego hält die Trennung für wirklich, es glaubt, sie hätte tatsächlich stattgefunden. Aus dieser Sicht ist es Gottes Absicht, uns zu zerstören. Wir, unsererseits, versuchen deshalb, „einen Handel mit Gott zu machen", und nehmen eine Haltung ein, die besagt: „Gott braucht sich nicht die Mühe zu machen, mich zu bestrafen, das mache ich schon selbst." Das führt dazu, daß man sich selbst aufopfert. („Ich werde leiden und Entbehrungen erleiden, um dir, Gott, zu beweisen, daß ich ein anständiger Mensch bin und du nicht böse auf mich sein brauchst.") Im Gedankensystem des Ego herrscht die absurde Idee, daß Selbstaufopferung gleichbedeutend mit Erlösung ist. Wir haben es nicht verdient, glücklich zu sein, sondern es ist Gottes Wille, daß wir uns elend fühlen. Je mehr wir jetzt leiden, desto besser wird es uns später gehen. *Die Version des Ego von Gott ist, daß wir zugrunde gehen müssen.* Deshalb meint das Ego, der Grund der Kreuzigung sei, daß einer von Gottes Söhnen (Jesus) für uns alle leiden mußte. Allerdings hat diese Auslegung weiteres Schuldbewußtsein hervorgerufen. (Wie fühlen Sie sich dabei, daß jemand, der völlig gut war, für Sie hat leiden müssen?) Diese Auslegung der Kreuzigung befreit uns somit nicht von Schuld. (Und dennoch sollte uns die Erlösung eigentlich von Schuld befreien.)

Wie dem auch sei, im *Course* sagt Jesus, daß es keine Sünde gibt, weil es keine Trennung gibt. (Es ist unmöglich, von Gott getrennt zu sein.) Deshalb sind Sie unschuldig. Alle Sünden

sind bereits vergeben. Sie haben ja nicht einmal wirklich existiert, und darum ist auch kein Opfer notwendig.
Der Heilige Geist wurde unserem Denken als Lösung für die Vorstellung der Trennung zur Seite gestellt. Im *Course* sind die Dinge weder gut noch schlecht. Es geht einzig darum, in welche Obhut Sie sich begeben. Was vom Gedankensystem des Heiligen Geistes gesteuert wird, ist gut. Was vom Gedankensystem des Ego gesteuert wird, ist schlecht.
Jesu Botschaft, das Evangelium der Liebe, der Vergebung und des Friedens, wurde deshalb zum Evangelium der Trennung, weil die Menschen seine Worte im Sinne des Ego auslegten. Anstatt was Jesus sagte, in der Gegenwart zu hören, übersetzten sie es in ihre Vergangenheit, und zwar durch den Gedanken der Trennung.
Um den *Course* zu lernen, müssen wir alles hinterfragen, was wir jemals gelernt haben. Er sagt, daß alles, was wir gelernt haben, falsch ist, deshalb müssen wir noch einmal von vorne anfangen. Wenn ein Gedankensystem um eine Lüge zentriert ist (beispielsweise, daß wir von Gott getrennt sind), dann führt das gesamte Gedankensystem in die Irre.[1]
Für Jesus ist der Geist unsere Identität. Er sagt, in der Ewigkeit sind wir nicht von ihm verschieden. Wir alle sind Söhne und Töchter Gottes. Er ist lediglich in der Zeit von uns verschieden. Er ist der erste, der sich daran erinnert hat, wer er ist. Er sagt, wir sollten es ihm gleichtun.
Wir wollen einmal sehen, was er im *Course* über den Tod sagt. Beachten Sie die *Freude* der folgenden Botschaft:
„Der Tod ist weder vom Vater gewollt, noch ist er von euch gewollt. Das Endziel des Ego ist die Verurteilung zum Tode, denn es ist aufrichtig davon überzeugt, ein Verbrecher zu sein, der den Tod verdient hat. Dieses Todesurteil ist immer im Denken des Ego vorhanden; denn es hält es am Ende immer für Sie bereit. Es wird Sie Ihr Leben lang damit foltern; dennoch ist sein Haß so lange unbefriedigt, bis Sie sterben. Solange Sie sich

---

[1] Zusammenfassung einer Tonbandaufnahme von Ken Wapnick.

schuldig fühlen, hören Sie auf die Stimme des Ego, die behauptet, daß Sie Gott verraten und deshalb den Tod verdient haben."

Jesus sagt weiter: „Ihr werdet meinen, der Tod sei gottgegeben und stamme nicht vom Ego, denn da ihr euch für das Ego haltet, glaubt ihr, euch den Tod zu wünschen. Wenn euch das Verlangen zu sterben packt, denkt daran, daß *ich nicht gestorben bin*. Ist es vorstellbar, daß ich den Tod nur für mich selbst überwunden habe??? Und wie könnte einem der Söhne des Vaters ewiges Leben gegeben sein, es sei denn, er hätte es auch euch gegeben? Wenn ihr gelernt habt, mich manifest zu machen, werdet ihr den Tod nicht sehen."

„Die Trennung entstand, indem Gottes Sohn Schuld in sein Denken aufnahm. Die Welt, die du wahrnimmst, ist ein irreführendes System, von Schuldigen so erschaffen. Somit ist diese Welt ein Symbol der Strafe, und alle Gesetze, von der sie scheinbar regiert wird, sind Gesetze des Todes. Der Pfad des Ego ist Leiden/Trennung/Tod. Wenn das die wirkliche Welt wäre, müßte Gott grausam sein! Die Liebe (Gott) tötet nicht, damit sie erlösen kann. Ihr Lebenswille wird blockiert von der flatterhaften und unheiligen Stimmung des Todes und Mordes, die euer Vater *nicht* mit euch teilt."

Gott hat den Tod nicht geschaffen ... und Christus singt für euch, auf daß ihr die Geräusche der Schlacht und des Todes nicht vernehmt. Wenn du jedoch die Welt mit einer Absicht benutzt, die nicht die ihre ist, wirst du den Gesetzen der Gewalt und des Todes nicht entrinnen. Vergiß nicht, die Heilung des Sohnes Gottes ist für die gesamte Welt, dennoch ist es euch gegeben, in jeder Hinsicht über seine Gesetze hinauszugehen, auf jede nur erdenkliche Art und unter allen Umständen.

Niemand stirbt, es sei denn, er entscheidet sich für den Tod (deshalb ist jeder Tod Selbstmord). Was aussieht wie Furcht vor dem Tod, ist in Wirklichkeit seine Anziehungskraft.

Wenn du die Sünde zu Wirklichkeit machst, bestehst du darauf zu sterben, denn Sünde ist eine Bitte zu sterben. Sünder können

Liebe nicht begreifen, weil sie meinen, daß Gerechtigkeit von der Liebe getrennt ist. Da du meinst, getrennt zu sein, zeigt der Himmel sich dir als etwas, von dem du getrennt bist. Der Tod steht dem Frieden diametral gegenüber, denn er ist der Gegensatz zum Leben. Und Leben ist Frieden.

Vielleicht siehst du nicht die Rolle, die Vergebung spielt, wenn es darum geht, den Tod und jeden Glauben, der aus Schuldbewußtsein rührt, zu beenden. Erwache und vergiß alle Gedanken des Todes, und du wirst bemerken, daß du den Frieden Gottes hast.

Wenn der Körper zu leerem Raum *wird,* der keine Absichten hat als die des Heiligen Geistes, wird er zum Zeichen des Lebens, eine Verheißung der Erlösung, ein Atemhauch der Unsterblichkeit für all jene, die der Leichengeruch des Todes krank gemacht hat.

Die Erlösung für sich anzunehmen heißt, den Träumen anderer von Krankheit und Tod keine Unterstützung zu gewähren. Es bedeutet, daß du ihren Wunsch nach Trennung nicht teilst und sie ihre Illusionen auf sich selbst richten läßt.

Für das Ego bedeutet Sünde Tod, daher ist aus seiner Sicht Sühne nur durch Todesopfer, das heißt Mord, zu erreichen. Somit wird die Art, wie der Sohn Gottes (Jesus) scheinbar an deiner Stelle getötet wurde, für Erlösung gehalten. Aber niemand kann für jemand anderen sterben, und der Tod sühnt keine Sünde.

Es ist dir und deinen Brüdern gegeben, dich von der Hinwendung zum Tod zu befreien und von ihr befreit zu werden.

Der Tod ist die Folge des Gedankens, den wir Ego nennen, der da lautet: „Der Tod ist unausweichlich", *gleichwie das Leben die Folge des Gedankens Gottes ist.*

Sünde, Schuld und Tod als Gegensatz zum Leben und zur Unschuld entstammt dem Ego. Der Wille Gottes, der weder Sünde noch Tod geschaffen hat, ist nicht, daß du dich daran gebunden achtest. Die verschleierten Figuren des Begräbniszuges marschieren nicht, um ihren Schöpfer zu ehren. Sie folgen seinem Willen *nicht,* sondern widerstehen ihm.

Jeden Tag, jede Stunde, jede Minute und Sekunde wählst du zwischen Kreuzigung und Auferstehung … zwischen Ego und Heiligem Geist. Das Ziel des Ego ist immer: Kreuzigung.
Mit dem Tod wird nichts erreicht. Alles wird durch das Leben erreicht, und das Leben ist im Geist und durch den Geist. *Wenn wir desselben Geistes sind, kannst auch du den Tod überwinden, denn ich habe ihn überwunden!*
Zu sterben ist der Versuch, Konflikte dadurch zu lösen, daß du dich überhaupt nicht entscheidest. Wie jede andere Lösung, die das Ego bietet, *funktioniert es einfach nicht.* Das Ziel des Ego ist der Tod. Das Ego ist wahnsinnig.
Der Himmel ist kein Ort oder Umstand. Es ist nichts als eine Bewußtheit vollkommener Einheit.

Ken Wapnick empfiehlt uns zu erforschen, welche Hindernisse wir geschaffen haben, die uns daran hindern, Jesus wirklich zu kennen. Wenn Sie beispielsweise glauben, Jesus sei Gottes „eingeborener" Sohn, sein einziger, und Sie selbst seien lediglich „Adoptivkind" und deshalb von geringerer Bedeutung, dann haben Sie Jesus wahrscheinlich auf ein außerordentlich hohes Podest gehoben und müssen somit eine „ganz besondere" Beziehung zu ihm haben – *das heißt ihn zum Götzen machen.* Das führt allerdings dazu, seine allerwichtigste Botschaft abzustreiten, nämlich: *Was er getan hat, können auch wir tun.*
Seine Ebenbürtigkeit mit Ihnen abzustreiten kann dazu führen, daß Sie ihn nicht zum Vorbild nehmen können. Sie könnten die Meinung hegen, es sei *unmöglich,* wie er zu sein, beziehungsweise eine echte Beziehung zu ihm zu haben.
„Aber Jesus in seiner völligen Identität mit dem Christus (dem vollkommenen Sohn Gottes) wurde, was wir alle sein müssen." Er zeigte den Weg, auf daß Sie ihm folgen können. Er ist derjenige, der den Sühne-Pfad beendet hat. Er hat seine Lektionen vollständig abgeschlossen, und jetzt reicht er uns seine Hand, um uns zu helfen. Er bittet uns, ihn als „älteren Bruder" zu betrachten. Mit seiner größeren Weisheit und Erfahrung *hat*

er unseren Respekt verdient. Er verlangt allerdings keine *Ehrfurcht*. (Gleiche sollten keine Ehrfurcht voreinander haben, denn das impliziert Ungleichheit.) Seine Ebenbürtigkeit mit uns bekräftigend, sagte Jesus: „An mir ist nichts, was du nicht selbst erlangen könntest."[2]

---

[2] Ken Wapnick, *Forgiveness and Jesus,* S. 318.

Anhang D

Krieg verhindern und Weltfrieden erlangen

Von Leonard Orr

Im Jahr 1982 weihte das *New Age Journal* seine gesamte Juniausgabe Beiträgen über die New-Age-Friedensbewegung: Berichte über Bewegungen gegen das Wettrüsten, Informationen über nukleare Waffen, über ein Friedensmuseum, ein Friedensfestival, die Wahrheit über die Krebsopfer der alten Versuchsgelände für Atombomben, Berichte über Strahlung, Frieden und positives Denken und so weiter. So gründeten beispielsweise ehemalige Mitarbeiter des Verteidigungsministeriums eine Organisation mit dem Ziel, Arbeitsplätze zu finden für Leute, die ihre Arbeit in der Rüstungsindustrie aus moralischen Gründen aufgegeben haben.

Zwei wichtige Friedensgruppen wurden in dieser Ausgabe leider nicht genannt, und zwar das *First Earth Battalion* innerhalb der US-Armee und die Bewegung für Physische Unsterblichkeit.

In den jüngsten Kriegen in Südamerika und im Mittleren Osten wurden von beiden Seiten Waffen *made in USA* benutzt, um sich gegenseitig umzubringen. Wenn wir weiterhin fortfahren, andere Länder mit Waffen zu beliefern, werden sie irgendwann einmal gegen uns gerichtet werden, wie die Geschichte zeigt. *Das Land mit der größten Paranoia produziert die meisten Waffen,* unser Land – die USA. Und inzwischen verlangt jeder Tag unserer Angst bereits seinen Zoll: Wir bezahlen

einen hohen Preis für unsere Paranoia, sie kostet uns unsere geistige, körperliche und gesellschaftliche Gesundheit, einmal abgesehen von der wirtschaftlichen Verschwendung.
Wenn das *New Age Journal* die Diskussion über die Todessehnsucht ausläßt, ist das keine Kleinigkeit, denn die Regierung der USA gibt derzeit etwa 60 Prozent des Gesamtvolumens ihrer Ausgaben dafür aus, Tötungsinstrumente zu produzieren. Unsere Gesellschaft, und bisweilen auch die Friedensbewegung, ist durchdrungen von einer mortalistischen Mentalität, die mit einer Opferhaltung identisch ist.
Die Gefahr, vor der die Menschheit in der gegenwärtigen Generation steht, läßt sich in folgender Auflistung ausdrücken:

1. Diese Generation ist aufgewachsen im Glauben, daß Wissenschaft und Technologie schon für uns sorgen werden.
2. Wir wachsen auf mit der Überzeugung, der Tod sei unausweichlich und nicht in den Griff zu bekommen, es sei uns von einer höheren Macht vorherbestimmt zu sterben, und wir können daran nichts ändern.
3. Nicht gewillt, die Verantwortung für unseren eigenen Tod zu übernehmen, haben wir sie – beispielsweise als Atomkrieg – unbewußt der Wissenschaft und Technologie und unseren Regierungen überlassen.

Wir nehmen beharrlich an, die Regierung werde schon für uns sorgen – und in dem Maße, wie sie dies tut, versorgt sie uns sowohl mit Aspekten unserer Todessehnsucht wie unseres Lebenswillens. Wir verschließen beharrlich die Augen vor der Tatsache, daß eine Regierung nicht nur Widerspiegelung, sondern auch Diener eines Volkes ist, und weigern uns, auf praktische Art und Weise Verantwortung für unsere Regierung zu übernehmen.
Vielleicht können wir Bürger unsere Regierung am besten in den Griff bekommen, wenn wir monatliche Versammlungen unserer Straßengemeinschaft organisieren und jemanden

zum Nachbarschaftsvertreter in politischen Sachen wählen. Auf solchen Versammlungen können wir außerdem uns selbst und unsere Nachbarn in den Realitäten des Lebens weiterbilden; das könnte auch spirituelle Erleuchtung und Physische Unsterblichkeit sowie finanziellen Erfolg beinhalten, aber ebenso die Tugenden der Wahrheit, Schlichtheit, Liebe und des Umweltbewußtseins.

Krieg ist eine gesellschaftliche Äußerung allgemein verbreiteter, persönlicher Todessehnsucht. Das Problem alter Männer in politischen Ämtern ist, daß die von ihnen erfahrene Nähe zum physischen Tod ihre internationale Paranoia verstärkt. Wenn Todessehnsucht eine Persönlichkeit dominiert, hat sie die Tendenz, die Weisheit der Lebendigkeit abzublocken.[1]

Die Philosophie Physischer Unsterblichkeit möchte Menschen nicht primär dazu veranlassen, ihre physischen Körper endlos lange zu behalten. Tatsache ist, daß die meisten Menschen das ewige Leben weit mehr fürchten als den physischen Tod; nicht daß sie das ewige Leben ihrer Körper fürchten, sondern das ewige Leben ihrer langweiligen Denkweise. Genau diese langweilige Denkweise zerstört jedoch den Körper, und so behalten die Menschen ihre Persönlichkeit von Körper zu Körper, bis sie diese ändern. Der wesentliche Charakterzug einer langweiligen Person besteht in einer morbiden, mortalistischen Mentalität, die die Kreativität schöpferischen Lebens unterdrückt.

Der Tod ist jedoch als Diener gedacht. Er zerstört unerwünschte Körper, entfernt die schlechten Mitglieder der Familie, solange sie sich weigern, Wahrheit, Schlichtheit und Liebe zu praktizieren. Der Tod ist eine, wenn auch unfreiwillige, spirituelle Läuterung, denn er stellt wieder genügend Unschuld her, um eine Rückkehr in die menschliche Familie durch Geburt und Kindheit – ein weiterer Läuterungsprozeß – zu erlauben. Die Überwindung des Todes ist der grundlegende

---

[1] In meinem Buch *Physical Immortality: The Science of everlasting life* finden Sie eine erweiterte Fassung dessen, was ich hier ausführe.

Intelligenztest in bezug auf spirituelle Erleuchtung. Der Tod zerstört unsere Feinde, und das Prinzip des Todes ist gleichbedeutend mit dem der Wandlung und Heilung.
Das Entwirren mortalistischer Philosophie ist der Schlüssel zu einer dauerhaften Friedensbewegung. Ohne die Idee Physischer Unsterblichkeit sind Friedensgruppen nichts als zeitlich begrenzte Unternehmungen einzelner.[2]
Wir definieren Todessehnsucht ganz einfach: Es ist ein gegen das Leben gerichteter Gedanke. Die feste Burg der mortalistischen Mentalität ist die Überzeugung, der Tod sei unausweichlich. Dazu gehört folgendes:

1. Ihr Ableben im Alter von etwa siebzig Jahren sei gottgewollt.
2. Der Tod sei in die Genetik einprogrammiert.
3. Schon näher an der Wahrheit liegt die Tatsache, daß Ihr Ableben eng mit Ihrer Familientradition zusammenhängt, das heißt mit einem Glaubenssystem Ihrer Familie; und wenn das nicht geändert wird, haben die

---

[2] Ich habe über zwei Millionen Menschen weltweit der Idee der Physischen Unsterblichkeit ausgesetzt, durch die Rebirthing-Bewegung und mein Geld-Seminar, das ich seit 1974 lehre. Die Verkaufszahlen meines Buches über Physische Unsterblichkeit steigen auch weiterhin trotz seines radikalen Inhalts. Ich möchte außerdem die gute Arbeit, die von weiteren Immortalisten geleistet wird, hier aufführen: Allan Harrington, der das Buch *The Immortalist* geschrieben hat; Annalee Skarin, eine Hausfrau der Mormonen, die gelernt hat, ihren Körper zu dematerialisieren und rematerialisieren, und eine Reihe Bücher über diesen Prozeß geschrieben hat; meinen Freund Stuart Otto, der die Organisation „The Committee for the Elimination of Death" („Komitee zur Beseitigung des Todes") gestiftet hat; das wunderbare Buch *Leben und Lehren der Meister im Fernen Osten*, welches die Weisheit der unsterblichen indischen Meister darstellt und das sich, seit es erstmals in den zwanziger Jahren veröffentlicht wurde, kontinuierlich gut verkauft. Obgleich Charles Fillmore – der Begründer von Unity – und Thomas Troward – Begründer der *Science-of-Mind*-Bewegung – es selbst nicht geschafft haben, popularisierten sie die Ideen Physischer Unsterblichkeit Anfang dieses Jahrhunderts. Und dann hat sich kürzlich der Maharishi für Physische Unsterblichkeit ausgesprochen, und Gene Savoy hat vor einigen Jahren eine zehnseitige Anzeige im *New Age Journal* plaziert.

Leute die Neigung, mit fast mathematischer Präzision gemäß der Familientradition zu sterben. Versicherungsgesellschaften nutzen dieses Wissen zu ihren Gunsten!

Die fundamentalen Todesursachen sind folgende:

a) Herabsetzung der persönlichen Göttlichkeit;
b) Mangel an immortalistischer Philosophie und Yoga;
c) zuviel Nahrung;
d) gewisse Überzeugungen, beispielsweise daß man für bestimmte Krankheiten prädestiniert ist, und damit einhergehende Lebensgewohnheiten;
e) das Unwissen in bezug auf die einfachen Praktiken spiritueller Läuterung;
f) falsche Theologien;
g) die Familientradition;
h) ungelöste Spannungen, die vom Geburtstrauma herrühren.

Die einfache Kunst des Yoga, das einem hilft, sich der Physischen Unsterblichkeit bewußt zu werden und die Todessehnsucht aufzulösen, wird wie folgt ausgeübt:

1. tägliches Singen des Namens Gottes;
2. jeden Tag in gründlicher Kontemplation zu leben, die zum Sinn unseres Daseins sowie zu praktischen Methoden für weltlichen Erfolg führt;
3. Luft-Läuterung durch bewußtes Atmen;
4. Wasser-Läuterung durch tägliches Baden;
5. Feuer-Läuterung, indem man regelmäßig am Feuer sitzt;
6. Erd-Läuterung durch Fasten, die richtige Ernährung und körperliche Anregung durch Körperarbeit, Übung oder Massage;
7. liebevolle Beziehungen durch eine Großzahl bedeutsamer Freundschaften; das können auch monatliche Versammlungen Ihrer Nachbarschaft sein.

Obgleich der Gedanke, Babaji sei die höchste Manifestation Gottes in menschlicher Form, für den westlich orientierten Geist schwierig zu begreifen ist, ist er dennoch wahr. Unter uns hatten viele mehr oder weniger erfolgreiche Beziehungen zu Babaji, während vieler Leben. Er hat im Laufe des gesamten menschlichen Dramas meistenteils einen Körper gehabt und ist nicht nur die grundlegende Quelle der Lebendigkeit der menschlichen Familie, sondern bringt auch die einfachen Yogapraktiken wieder, wenn sie verlorengegangen sind. Yoga ist eine Wissenschaft des Lebens oder der Lebendigkeit. Daß die Praktiken spiritueller Läuterung im Laufe der menschlichen Geschichte immer wieder verlorengehen, ist wirklich erstaunlich, da sie alle angenehm sind. Heiße Bäder beispielsweise sind sehr angenehm. Die Wahrheit ist, daß Meditation im heißen Bad das Geburtstrauma entschleiert, den Tod zwischen den Leben, Kindheitstraumata, und den Energiekörper sowie den physischen Körper reinigen kann. Meiner Meinung nach hat das Vorhandensein fließend heißen Wassers in den meisten Häusern mehr für die spirituelle Entwicklung unserer Gesellschaft getan als alle Kirchen und metaphysischen Gruppen zusammengenommen – das macht Klempner zu den wichtigsten Gurus und Erlösern der Menschheit. Auch vor einem offenen Kamin zu sitzen ist angenehm.

Babaji hat es mir ermöglicht, einen 300jährigen und einen 2000jährigen Yogi kennenzulernen. Sie verstecken sich nicht. Die Regierung, in der diese unsterblichen Yogis ihren Sitz haben, nimmt nicht an den traditionellen Formen tödlichen Kampfes teil, die als Krieg bekannt sind. Im Gegenteil, sie haben die Technologien des Friedens offensichtlich gemeistert. Sie sind die spirituelle Regierung der Welt, die am Frieden für die Erde arbeitet.

Es ist natürlich nicht notwendig, den physischen Tod aufzugeben, um den Atomkrieg zu verhindern. Man muß sich seiner lediglich mehr bewußt sein. Der physische Tod ist einer ewig dauernden Altersneurose vorzuziehen. Außerdem ist das traditionelle System der Geburt und des Todes weit besser als die

Zerstörung der natürlichen Schönheit und Verschwendung von Rohstoffen durch Überbevölkerung. Aber unbewußter Tod und unbewußte Geburt stammen aus der gleichen Wurzel – Unbewußtheit und Unwissen und der Trägheit im Denkvermögen und Körper der Menschen. Personen, die den Kreislauf ihrer Geburt und ihres Todes entwirren, sind an sich bereits eine Lösung für den Großteil aller sozialen und politischen Probleme. Wir müssen von unseren unsterblichen Yogi-Meistern lernen, anstatt sie zu töten, weil sie andere Auffassungen und Lebensstile haben.

Der physische Tod ist eine unfreiwillige spirituelle Läuterung für Menschen, die sich nicht freiwillig läutern wollen. Der physische Tod und die Gesundheit des Körpers ist der grundlegende Intelligenztest des physischen Universums. Die Physische Unsterblichkeit sollte nicht als Zustand weit fortgeschrittener Menschen betrachtet werden, sondern als das natürliche Resultat eines Lebens im Einklang mit der Lebensenergie, die Gott ist, mit den natürlichen Elementen Erde, Luft, Wasser, Feuer und Licht und mit den Menschen. Ewiges Glück heißt, gute Gedanken über uns alle zu hegen.

Ich möchte Ihnen einen sehr positiven Gedanken über den Atomkrieg mitteilen: Er ist vorbei! Wenn die Todessehnsucht der Welt ihn bisher noch nicht verursacht hat und wir sie schwächen und den Lebenswillen der Menschen stärken, entfernen wir uns immer weiter von einem möglichen Krieg. Wir können dieses Spiel gewinnen, und Gedanken über Physische Unsterblichkeit und spirituelle Läuterung auszutauschen ist die einfachste Art, es zu gewinnen.[3]

---

[3] Sondra merkt an: 1982 nahm Leonard diesen Artikel mit in fünfzig Länder auf der ganzen Welt. Er hat ihn immer wieder vielen Zuhörern vorgelesen. Er ist in Dutzende Sprachen übersetzt und in Zeitungen und Illustrierten abgedruckt worden. Kopieren Sie ihn bitte, und verbreiten Sie seinen Inhalt, veranlassen Sie örtliche Medien, ihn zu publizieren. Schicken Sie ihn an Ihre Abgeordneten und an Meinungsmacher.

Jane Hundley ist Mode- und Schönheitsberaterin. Als internationales Fotomodell verbrachte sie viele Jahre in der Welt der Mode mit Designern wie Oscar de la Renta, Christian Dior, Yves St. Laurent, Valentino, Claude Montana, Anne Klein, Giorgio Armani, Karl Lagerfeld und das Haus Chanel. Jane war Modell für Vogue *in Frankreich, Italien und den USA,* Glamour *und* Elle *und* Women's Wear Daily. *Jane war außerdem als Stylistin für Modekataloge und Werbeagenturen tätig. Ihre Arbeiten sind in der* New York Times, Sportswear International, Ski Magazine *und Regionalzeitungen im Nordwesten Amerikas erschienen. Gegenwärtig gibt Jane Seminare über Schönheit im New Age, die Kraft persönlicher Gegenwart und interdimensionale Bewegung und heiligen Tanz.*

Anhang E

Schönheit im New Age
oder
Die Kraft persönlicher Gegenwart

Von Jane Hundley

Schönheit im New Age ist eine Realität der Liebe für sich selbst, die Harmonie, Anmut und Licht in die Welt hinausstrahlt. In diesem Kapitel werde ich schildern, wie Ihnen die sich zwischen dem inneren Selbst und dem Äußeren des Körpers entwickelnde Harmonie helfen kann, Ihre Ziele im Leben zu verwirklichen. Integration zwischen Körper und Geist, zwischen Schönheit und Wahrheit, ist eine Gabe, die alle Menschen bis zu einem gewissen Grade realisiert haben. Kraftvolle persönliche Präsenz ist ein für jeden erreichbares Ziel und birgt Gefühle des Vertrauens und der Behaglichkeit, des Glücks und Friedens in sich. Der Prozeß, der Sie dorthin führt, verlangt Ihnen eine echte Sehnsucht danach und die Disziplin ab, jene Verbesserungstechniken auch anzuwenden, die überall um Sie herum vorhanden sind und auf Anwendung warten.

Zu wissen, nicht nur wer Sie sind, sondern auch was Sie sind, verhilft Ihnen zu einem gewissen Sinn für Objektivität, der notwendig ist, wenn man sich auf sein persönliches Äußeres konzentriert. Sie sind eine ewige Essenz Gottes. Sie haben sich für Ihren Körper als Kommunikationsmittel zwischen Ihrem Geist und der Umwelt entschieden. Er repräsentiert ihre Ge-

danken und Gefühle. Schauen Sie in den Spiegel, jetzt sofort! Was sehen Sie? Was denken Sie? Was fühlen Sie? Wenn das nicht nur liebevolle Gedanken und Gefühle sind, gibt es etwas für Sie zu tun! Es ist wichtig, daß Sie Ihre mentalen und emotionalen Verbindungen zum Körper verstehen und sich dann von allen negativen lösen. Wenn Sie diesbezüglich bereits eine Menge Arbeit an sich geleistet haben, kann das Wiederholen heiliger Namen ausreichen, um die alltäglichen Zweifel und Unsicherheiten auszuräumen. Wenn das nicht ausreicht, müssen Sie damit beginnen, den Körper zum Diener zu machen. Sie müssen lernen, die Verantwortung für Ihr Äußeres zu übernehmen, und lernen, es zu meistern.
Wie Sie aussehen, bestimmt Ihr Leben genauso, wie Ihr Leben Ihr physisches Äußeres bestimmt.
Ihr Körper lügt nicht. Er drückt Ihre Gedanken und Gefühle immer wahrheitsgemäß aus. Daher sind Rebirthing und Bewegungstherapie so erfolgreich, wenn es darum geht, Ihre Beziehung zu sich selbst zu klären, denn diese und andere Techniken helfen Ihnen, Ihr gesamtes Wesen zu läutern und der Kraft der Liebe Raum zu schaffen. Der Sinn Ihres Daseins ist das Streben nach der Kraft der Liebe, ob Ihnen das nun bewußt ist oder nicht. Wir leben deshalb in einem Körper, weil wir als Teil Gottes lieben lernen wollen. Viele von uns haben mehrere Leben damit verbracht, uns und unsere Körper abzulehnen und sogar zu hassen. Wir haben uns das Vergnügen mißgönnt, in einem gesunden, strahlenden und attraktiven Körper zu leben.
Verschaffen Sie sich Klarheit darüber, daß Sie die Wahl haben und in diesem Moment damit beginnen können, sich und Ihren Körper zu lieben.
Sie haben es verdient, mit Ihrem Körper, Ihrem Denken, Ihren Gefühlen und Ihrem Geist Schönheit auszudrücken. Eine starke Sehnsucht, dies auch zu tun, ist die wichtigste Anforderung, wenn man wissen möchte, wie. Sodann brauchen Sie genügend Disziplin, um gewisse Techniken anzuwenden, die Sie öffnen für die Schönheit, die in Ihr Leben eintreten möchte.

Die wirkungsvollsten Techniken haben die Klärung des gesamten Wesens zum Inhalt:

1. Das Denken zu klären, indem man bewußt negative Gedankenmuster losläßt.
2. Körperentschlackung durch Aerobic im Freien, die richtige Ernährung und Yoga.
3. Klärung der Gefühle durch Akzeptanz, Loslassen und Vergebung.
4. Läuterung des Geistes durch Gebet, Meditation und Hingabe an Gott.

Sie werden strahlen!
Auf dem Weg zur immer größeren physischen Schönheit ist es als nächstes wichtig, eine kraftvolle Persönlichkeit zu entwickeln. Ihr Äußeres ist ein Kunstwerk, das heißt der visuelle Ausdruck Ihres inneren Selbst, und hilft Ihnen so, Ihr Leben selbst zu gestalten, indem Sie ohne Worte mit der Welt kommunizieren. Egal was Ihr gegenwärtiges Äußeres der Welt vermittelt, früher oder später werden Sie die Verantwortung dafür übernehmen müssen. Ich definiere Verantwortung als die Fähigkeit zu antworten, das heißt, der Welt mit völlig bewußten Entscheidungen im Denken und Fühlen entgegenzutreten.
Es ist wichtig, Klarheit darüber zu haben, was Sie in Ihrem Leben schaffen möchten. Alles, auch Ihr Äußeres, bezieht sich auf Ihr Ziel oder Ihren Sinn. *Definieren Sie Ihre Ziele*. Beantworten Sie anschließend folgende Fragen:

1. Hilft mein Äußeres mir, meine Ziele zu erreichen?
2. Bin ich mit meinem gegenwärtigen Äußeren glücklich?
3. Was sagt mein Äußeres im Moment über mich aus?
4. Was möchte ich mit meinem Äußeren ausdrücken?
5. Habe ich das Image, das ich brauche?
6. Was muß ich ändern, damit ich dieses Image erreiche?

Es ist hilfreich, bei der Beantwortung dieser Fragen so objektiv wie möglich zu sein. Dabei könnte gegebenenfalls jemand, der oder die aus Ihrer Sicht das Äußere hinreichend gemeistert hat, helfen. Bisweilen muß man aber, was Bekannte oder Freunde meinen, abschütteln, weil sie einen unbewußt vielleicht in eine Schublade stecken. Es ist nämlich gut möglich, daß Sie sich deshalb nicht völlig ausdrücken, weil Sie jemandem gefallen möchten und wollen, daß er oder sie sich in Ihrer Gegenwart sicher und angenehm fühlt.

Sie müssen eventuell etliche negative Gedanken über sich selbst loslassen, bevor Sie das Äußere, das Sie brauchen und verdienen, um Ihre Ziele zu erreichen, auch realisieren können. Manche Menschen bekommen ein Schuldgefühl, wenn sie Sachen einkaufen, die sie schöner machen. Sie fühlen sich dermaßen wertlos, daß sie nicht einmal mehr aus eigener Sicht gut aussehen – ihr Haarschnitt, Make-up und ihre Kleidung passen überhaupt nicht zu ihnen oder lassen sie im Hintergrund verschwinden, sie wollen „unsichtbar" sein. Ihr Aussehen vermittelt: „Ich mag mich nicht", „Schau mich nicht an, ich habe Angst", „Ich mag meinen Körper nicht, und ich kümmere mich nicht darum", „Ich verdiene es nicht, attraktiv auszusehen". Diese Einstellungen hängen mit Gedanken zusammen, die sie bei ihrer Geburt hatten oder später von anderen übernommen und als Wahrheit angenommen haben.

Einige Beispiele dafür: Ich bin wertlos, ich bin häßlich, ich bin zu männlich oder zu weiblich, ich bin nicht bereit, ich bin nicht gut genug und so weiter. Es wäre erleuchtend, wenigstens einmal zum Thema Ihres Äußeren ein Rebirthing zu machen und zu beachten, wie sich Ihr Äußeres mit Ihren Gedankenmustern verbindet.

Negative Geburtsgedanken können zu folgenden Überzeugungen führen:

> Ich kann es mir nicht erlauben, also hat es auch keinen Wert, es überhaupt zu versuchen.

Ich warte noch eine Weile, später werde ich irgendwann einmal optimal aussehen.
Ich möchte nicht, daß Leute meinen, ich kümmere mich allzusehr um mein Äußeres.
Ich möchte nicht, daß andere meinen, ich kümmere mich um Mode.
Es macht mich böse, daß die Gesellschaft mir ein bestimmtes Äußeres abverlangt.
Es macht mich wütend, daß andere (Mode-Designer, Medien und Illustrierte) mir diktieren, was ich zu tragen habe.
Ich will nicht eitel scheinen.
Ich werde andere befremden, wenn ich zu gut aussehe.
Die Menschen sollen mich akzeptieren, wie ich bin, und nicht, weil ich vielleicht gut aussehe.
Erst wenn ich mich um _____ (und so weiter, und so weiter, und so weiter) gekümmert habe, kann ich mich auf mich selbst konzentrieren.

In anderen Momenten denkt jemand, der wie oben aufgeführt gedacht hat, vielleicht im Widerspruch dazu:

Wenn ich wie _____ aussehen würde, wäre ich glücklich.
Wenn ich eine schlanke Figur hätte, wäre ich glücklich.
Wenn ich schön wäre, bliebe mir das alles erspart.

Diese Gedanken sind alle unrichtig. Jeder hat den einen oder anderen schon einmal gedacht, beim Einkaufsbummel beispielsweise in der Anprobekabine oder angesichts einer attraktiven Person, die das Beste aus sich macht. Dabei kreist Ihr Denken lediglich um negative Fiktionen, mit denen Sie sich dagegen verteidigen, Verantwortung für Schönheit und Glück im eigenen Leben zu übernehmen. Diese Gedanken müssen Sie loslassen, bevor Sie sich die Freude machen können, mit Ihrem Äußeren zu experimentieren.

Transformation und Wachstum ist nur dann von Dauer, wenn Sie bei der Arbeit an Ihrem Äußeren an diesen innerlichen Änderungen arbeiten. Sehen Sie die Übungen, die in diesem Kapitel geschildert werden, doch einfach als Vorbereitung, „das neue Ich" anzuziehen!
Eine einfache Übung, um Ihre Schönheit zu vergrößern: Überfluten Sie Ihren Körper mit Gedanken und Gefühlen der Liebe und des Angenommenseins. Schauen Sie – am besten nackt – in einen großen Spiegel, in dem Sie Ihren ganzen Körper sehen können, und beachten Sie jedes Gefühl und jeden Gedanken bei dem, was Sie sehen. Beginnen Sie damit, Ihre Kraft zu bestätigen, diese Gedanken und Gefühle aufgeben zu können, indem Sie tief einatmen und beim Ausatmen wiederholen: „Ich lasse jetzt alle Negativurteile über meinen Körper los."
Wiederholen Sie das zehnmal, atmen Sie dabei immer tief in den Bauch ein und entspannt aus, ohne den Atem anzuhalten oder ihn hinauszupressen. Wiederholen Sie nun laut:

> „Ich liebe meinen Körper. Ich liebe meinen ganzen Körper. Ich durchströme meinen ganzen Körper mit Liebe, vor allem mein(e/n) _____ ."
> „Mein Körper ist ein heiliger Tempel."
> „Ich bin jetzt bereit, Frieden mit meinem Körper zu schließen."
> „Ich habe nun Frieden mit meinem Körper, der Krieg ist vorbei."

Wenn es Ihnen abwegig erscheint und Sie kein aufrichtiges Gefühl der Liebe in Ihrem Herzen empfinden, ist es gut, zuerst Ihre Schuldgefühle loszulassen, die Sie womöglich zurückhalten. Das einzige, was Ihnen dabei helfen kann, ist Vergebung. Bleiben Sie vor dem Spiegel stehen, und wiederholen Sie:

> „Ich vergebe mir dafür, daß ich mich selbst nicht mag."
> „Ich vergebe mir dafür, daß ich Krieg mit meinem Körper führe."

„Ich vergebe mir dafür, daß ich meinen Körper nicht als einen Aspekt Gottes liebe."

Dies andauernd zu wiederholen wird früher oder später einen Herzenswandel herbeiführen, der Ihnen den Weg öffnet, Schönheit in Ihr ganzes Leben einströmen zu lassen. Die alltägliche Körpererfahrung sollte so oft wie möglich einhergehen mit Gefühlen des Friedens. Der Körper verfügt über natürliche Hormone, Endorphine genannt, die er bei gesunden physischen und spirituellen Übungen freisetzt. Es ist gut, süchtig nach natürlichen Hormonen zu werden und es sich oft zu erlauben, ein Gefühl von Genuß und Wohlsein zu empfinden. Aerobic-Übungen, insbesondere Jogging, Massage, Umarmungen, Rebirthing, Tiere zu streicheln, Babys festzuhalten, Hatha-Yoga, inbrünstiges Gebet, im Einklang zu sein mit der Natur, sexueller Orgasmus und den Namen Gottes zu singen – dies alles sind wunderbare und verjüngende Übungen, in denen Endorphine freigesetzt werden. Das Ziel ist, diese Gefühle so oft wie möglich zu empfinden.

Man braucht Disziplin und Strebsamkeit, sich die Zeit zu nehmen, diese Dinge zu tun. Es funktioniert nicht, sie einfach nur zur Kenntnis zu nehmen. Es sind immerhin Aktivitäten der Lebensfreude! Ich möchte hier noch einmal mit Nachdruck darauf hinweisen, wie wichtig Aerobic im Freien ist, besonders Jogging, weil Sie dadurch geerdet werden und ein Energieaustausch zwischen Ihrem Körper und der Schwerkraft der Erde stattfindet. Das reinigt die Chakren oder Körperzentren und öffnet das Herz für die Entwicklung von Vertrauen, Ehrlichkeit, Klarheit und Bescheidenheit. Hier ist die Kraft der Atmung am Werk, die Geist, Körper und Gefühle läutert. Sie können spüren, daß Sie sich beim Ausatmen von Giften lösen und beim Einatmen Lebenskraft trinken. Atem und Bewegung inmitten der Natur reinigt die Aura, durch die ein Großteil der Kommunikation zwischen Menschen stattfindet. Dazu ist es notwendig, eine geläuterte, kräftige und gesunde Aura zu haben. Menschen, die sie sehen können, können

Ihnen bestätigen, daß die Aura Farbe, Form und Struktur wie der Rest Ihres physischen Körpers hat. Da die Natur im völligen Frieden mit sich ist, gibt sie Ihnen Raum, Ihre Aura in jede Richtung zu erweitern. Jedesmal wenn Sie laufen, wecken sie bewußt das Gefühl, wie jede Körperzelle die Vitalenergie der Erde aufsaugt wie ein Schwamm. Atmen Sie den Atem des Lebens!

Fühlen Sie, wie die Schwerkraft durch Ihre Füße eindringt, durch die Beine in den Oberkörper fließt und Ihre Chakren ausrichtet. Empfinden Sie Ihren Körper als Kanal, durch den Energie aus der Erde hoch, durch ihn hindurch und wieder aus dem Scheitel hinaus fließt. Genießen Sie diesen Zustand ohne Gedanken an Vergangenheit und Zukunft. Das ist eine Art Bewegungstherapie, die unfehlbar die Schwingung jeder Körperzelle anhebt und Sie den Geist jeder Körperzelle empfinden läßt. So können Sie gute, glückliche Erinnerungen in die Zellen einprogrammieren, die dadurch überall Wahrheit, Schönheit und Güte ausstrahlen!

Unbehinderte, freifließende Bewegung ist außerdem eine Möglichkeit, den inneren Raum zu erforschen. In Ihrem Körper ist ein Universum, so groß wie der Ozean. Gehen Sie in seine Tiefen, und finden Sie die anmutige innere Ordnung. Ein anmutiger Körper ist offen und bewegt sich in der Bewußtheit des kontinuierlichen Energieflusses der Ewigkeit. Gehen Sie in Ihre Tiefen, und fühlen Sie die Ewigkeit. Wenn Sie das tun, revitalisieren Sie Ihr gesamtes Wesen, Sie reduzieren den Streß, entspannen den Körper und verbessern Ihre Gesundheit. Sie können sich selbst heilen!

Bereiten Sie sich darauf vor, Ihr neues Ich anzuziehen. Es ist an der Zeit, die Kunst der Mode in Ihr Leben aufzunehmen – die Kunst, das eigene Äußere zu gestalten. Was Sie anhaben, hat Einfluß auf die Haltung, die andere Ihnen gegenüber einnehmen. Man fühlt sich sicher bei Menschen, deren Äußeres sich im Rahmen des eigenen Sicherheitsempfindens hält. Sie können durch die Wahl Ihrer Kleidung andere anziehen, sie abstoßen oder ihnen Gleichgültigkeit signalisieren.

Diese Erfahrung haben Sie wahrscheinlich schon einmal gemacht, wenn Sie irgendwo hingekommen sind und sofort wußten, wen Sie gerne kennenlernen möchten und wen nicht. Manche Leute nimmt man im ersten Moment nicht einmal wahr! Es ist wichtig, das zu erforschen, damit Sie über jede Begrenzung, die Sie vielleicht noch zurückhält, hinausgehen können und Sie erkennen, wie das von Ihnen angestrebte Äußere zu definieren ist.

Hier ist eine Übung, die einem die Kraft der Kleidung nahebringt und außerdem eine Menge Spaß macht. Dazu kreieren Sie sechs verschiedene totale „Looks" und beobachten das nonverbale Feedback, das Sie daraufhin von Ihren Mitmenschen empfangen. Bei einem „totalen" Look wirkt alles zusammen, um visuell einen einzigen emotionalen Eindruck zu hinterlassen, und zwar durch die bewußte Anwendung von Farbe, Form und Struktur in Haar, Make-up und Kleidung. Wenn er harmonisch ist, hat jeder Look eine starke Wirkung und ist eine wertvolle *Erfahrung:* Sammeln Sie Ideen in Zeitschriften, bei Freunden, „Schönheits-Profis" und in der eigenen Phantasie. Um diese Looks zu kreieren, müssen Sie vielleicht Kleidung bei Freunden und Ihrer Familie ausleihen. Denken Sie daran: Es muß ein totaler Look sein vom Scheitel bis zur Sohle – Haarstil, Make-up, Kleidung und eventuell Körpersprache. Männer können Hüte verwenden, um das Äußere ihres Kopfes dramatisch zu ändern.

Hier neun Looks, mit denen wir anfangen werden:

1. Sportlich/athletisch
2. Profi/Geschäftsmensch
3. Sexy/erotisch
4. Romantisch/feminin
5. Ausgeklügelt/elegant
6. Großstädtisch/chic/leger
7. Naturliebhaber/Tracht
8. Avantgardistisch
9. Exotisch/exzentrisch

Tragen Sie jeden Look – nacheinander – in der Öffentlichkeit, auf dem Markt oder in einer Einkaufsstraße (vielleicht ein Ort, wo Sie niemand erkennt), laufen Sie einfach umher, und fühlen Sie die Energie dieses Looks. Handeln Sie im Rahmen Ihrer Rolle. Beobachten Sie, welche Leute Sie wahrnehmen und welche nicht. Beachten Sie die Kleidung der Leute, die Sie wahrnehmen, und derjenigen, die Sie nicht wahrnehmen. Sie werden erfahren, wie verschiedene Looks verschiedene Leute anziehen. Lassen Sie sich für jeden Look genügend Zeit. Das kann Tage, Wochen oder Monate dauern, abhängig von Ihrer Zeit und Fähigkeit.

Es ist gut, einige der Gefühle aufzuschreiben, die Sie beim Tragen der verschiedenen Looks empfanden. Dieses Experiment könnte auch dazu führen, daß Sie einen gewissen Abstand zu sich selbst entwickeln. Das ist völlig in Ordnung. Sie *sind* kein Körper, sondern *verfügen* über einen.

Wenn Sie die Übung abgeschlossen haben, beantworten Sie folgende Fragen:

1. Wie unterscheiden sich die verschiedenen Looks?
2. Welcher Look hat ihnen die meiste Aufmerksamkeit verschafft? Welcher die geringste?
3. Welcher ist Ihnen am angenehmsten? Welcher am unangenehmsten?
4. Welcher Look zieht die Leute an, die Sie am liebsten kennenlernen möchten? Welcher diejenigen, die Sie nicht kennenlernen möchten?

Die Menschen lassen sich meist von dem, was ihnen bekannt ist, anziehen. Sie wünschen sich, daß das Aussehen der anderen ihnen Sicherheit verschafft.

Es würde mich freuen, wenn Sie erkennen, wie Sie hinsichtlich Ihrer Ziele hilfreiche Kommunikation herstellen können, indem Sie auf Ihr Äußeres achten. Nachdem Sie herausgefunden haben, welche Looks für Sie am besten funktionieren, beginnen Sie, zielgerichtet eine Garderobe darauf aufzubauen. Las-

sen Sie sich dabei von einem Profi beraten – das kostet Sie weniger, weil Sie mehr für Ihr Geld bekommen.
Das wichtigste ist, die Aufmerksamkeit immer dorthin zu lenken, wo Sie sie haben möchten. Lassen Sie andere Ihre Vorzüge genießen – die innerlichen und äußerlichen. Zeigen Sie sich (lenken Sie die Blicke auf Ihre Haare, Augen, Lippen, Ihren Nacken, Ihre Hüften, Beine, Hände, Wangenknochen, Brüste, Schultern oder worauf sonst Sie wollen); nicht, indem Sie sich aufmotzen, sondern indem Sie dem ein wenig Nachdruck verleihen. Dadurch werden die Körperpartien, von denen Sie ablenken möchten, auch nicht bemerkt, sondern die Aufmerksamkeit bleibt auf das Gute gerichtet.
Es gibt verschiedene Kleidungstechniken, die von Imageberatern angewendet werden. Vielleicht haben Sie selbst einige entdeckt, als Sie sich klargemacht haben, was Ihnen gut steht und was nicht. Es hilft zu wissen, was Sie richtig machen und was verbesserungswürdig ist. Sie sind nicht eitel, wenn Sie Zeit darauf verwenden, zu lernen, wie Sie Ihr Äußeres verändern können, sondern – klug. Wenn Ihnen ein bestimmter Betrag für Ihre Kleidung zur Verfügung steht und Sie weise einkaufen, können Sie ein aufeinander abgestimmtes Erscheinungsbild erreichen, das Ihnen dauerhaft Freude bereitet. Dieses Vergnügen ist an sich bereits die Energie wert, die Sie anfänglich investieren müssen, um eine entsprechende Garderobe aufzubauen. Nachdem Sie die Wirkungen dieser Transformation gesehen haben, werden Sie sich nicht mehr nach vergangenen Zeiten sehnen. Sie werden schlicht süchtig danach, gut auszusehen. Sie erhalten mehr Komplimente, und andere schauen Sie mit größerem Vergnügen an. Sie strahlen Harmonie aus – und daß Sie Ihr Leben im Griff haben. Daher werden Sie als gut organisierte und harmonische Person behandelt werden. Wie Sie aussehen und was Sie sagen, verstärkt sich wechselseitig und wirkt harmonisch. Und wenn Sie schweigen, spricht Ihr Körper für Sie.
Das beste Resultat all Ihrer Anstrengungen ist, daß Sie sich keine Sorgen mehr darüber machen, wie Sie aussehen, weil Sie

wissen, daß Sie gut aussehen. Das macht Ihnen den Kopf für wichtigere Sachen frei. Die ganze Energie, die Sie zuvor verschwendet haben, Ihren Körper mittels negativer Gedanken unter Kontrolle zu halten, wird frei.

Die Schönheit der Natur ist grenzenlos. Es ist unsere Pflicht, diese Schönheit anzustreben und in Frieden zu leben. Wir sind Erweiterungen der Schönheit der Natur, geschmückt mit natürlichen Fasern – Seide, Baumwolle, Wolle. Wir verdienen es, schöne Kleidung aus natürlichen Materialien zu tragen. Wir geraten in Verwirrung, wenn wir meinen, das sei falsch.

Alles im Universum ist Energie. Auch Kleidung ist Energie. Wir energetisieren sogar unsere Bekleidung mit den elektrischen Strömen unseres Wesens. Deshalb fühlen Sie sich mit einem bestimmten Look oder Kleidungsstück „immer wohl". Die natürlichen Fasern dieser Kleidung strahlen die Energieströme der Erfahrungen aus, die Sie bereits damit gemacht haben. Es ist ähnlich, wie in bestimmten Räumen und Häusern die Energie der Leute, die in ihnen wohnen, spürbar ist. Das wird Ihnen spätestens dann auffallen, wenn Sie einen bestimmten Platz in Ihrer Wohnung haben, an dem Sie meditieren oder beten. Einfach nur in diesen Raum einzutreten wird das Gefühl wecken, das Sie dort zuvor „eingebettet" haben.

Wenn man das verstanden hat, bekommen Visualisierungen und Affirmationen mehr Kraft. Wenn Sie jeden Morgen, vor dem Duschen, liebevolle Gedanken affirmieren, wird Ihnen diese Zeit zum konstruktiven Moment der Selbstläuterung und der Vereinigung von Geist und Körper in Liebe und Frieden. Diese allmorgendliche Vorbereitung auf den Tag ist eine heilige Zeit für Ihr Denken – wie bei sogenannt primitiven Männern und Frauen, die sich auf ein heiliges Ritual vorbereiten. Diese Rituale gewannen eine große Kraft durch Visualisierungen. Bestimmte Kleidungsstücke waren Träger besonderer Kräfte und wurden angezogen, um den Ritus vollbringen zu können. Haar, Bemalung (Make-up) und Verzierungen wurden voll ausgenutzt, um demjenigen, der den Ritus ausübte, zu helfen, sein Bewußtsein auf eine höhere Stufe zu bringen

beziehungsweise eine Einweihung zu empfangen oder in eine neue Bewußtseinsform zu gelangen. Welcher Zweck auch immer verfolgt wurde, das Ereignis war stets eine Art Transformation für alle Beteiligten. Sich darüber Gedanken zu machen ist eine lohnende Beschäftigung. Visualisieren Sie Tag für Tag die für Sie wichtigste Transformation, und Sie werden sie empfangen. Jeder Tag kann zum Ritual der Einheit zwischen Ihnen und Ihrer Umwelt werden.
Benutzen Sie Ihre Garderobe als Instrument der Visualisierung. Stellen Sie sich in Kleidungsstücken, die Sie bereits haben, vor, und erschaffen Sie positive Gefühle und Bilder der Entspannung, des Friedens, Vertrauens und der Freude, und holen Sie vor Ihr geistiges Auge, wie Sie das erreichen, was Sie sich wünschen. Machen Sie das oft, bis es eine ganz natürliche Sache für Sie geworden ist. Das kostet wenig Mühe. Man kann gut visualisieren, wenn man im Supermarkt in der Schlange steht, abwäscht oder das Haus putzt und so weiter. Der Verstand hat endlos viel Platz und Zeit für positive Bilder. Wenn Sie also in Ihrem Look eine wunderbare Erfahrung visualisiert haben, wird sich das nächste Mal, wenn Sie diese Sachen anziehen, Ihre Prophezeiung erfüllen, Ihr zellulares Gedächtnis wird „angeschaltet" und folgt seiner Programmierung. Sie verstehen nun also, wie wichtig es sein kann, wie Sie sich für den Tag kleiden!
Wenn Sie Schönheit ausdrücken, ist es wichtig, sich selbst zu ehren, indem Sie die Komplimente auch annehmen, die man Ihnen macht. Ein Kompliment beiseite zu wischen, indem Sie erzählen, wie alt die Klamotten sind oder wie billig sie waren oder daß Sie heute nur rein zufällig so gut aussehen – damit fördern Sie Ihren Selbstrespekt natürlich keineswegs. Nehmen Sie Komplimente mit einem „Dankeschön" in Empfang. Ein Kompliment annehmen zeigt Respekt für die Meinung desjenigen, der es macht, und ehrt ihn für seine Freundlichkeit und Zustimmung. So können Sie sowohl sich selbst wie auch anderen Liebe geben. Wenn Sie sich von Ihrer besten Seite zeigen, ehren Sie damit auch die Menschen, mit denen Sie zusammen

sind. Ihr Äußeres ist ein untrügliches Zeichen, wie Sie Ihr Gegenüber oder die Situation einschätzen. Sehen Sie sich genau an, wann, wo und bei wem Sie am allerbesten aussehen. Stimmt das mit Ihren Zielen und Prioritäten überein? Wenn nicht, kann es sein, daß Sie in Ihren Einstellungen Veränderungen vornehmen müssen. Schauen Sie sich die Leute in Ihrem Leben sorgfältig an und wie ihre Meinung über Sie Ihnen helfen kann, Ihren Zielen schneller näherzukommen.

Erkennen Sie, daß Sie ein göttliches Wesen sind, das in einem Körper wohnt und eine Wirklichkeit manifestiert, die Leben genannt wird. Sie sind überall von Informationen umgeben, die Ihnen zeigen, daß Sie die Wahl haben, einen freien Willen, Ihr Leben auch weiterhin nach dem gleichen Muster zu gestalten oder sich zu ändern, zu wachsen und sich weiterzuentwickeln. Schönheit im New Age ist ein integraler Bestandteil der Fortentwicklung, die Frieden und Licht in die Welt bringt.

Anhang F

Heiliger Tanz

Von Jane Hundley

Der heilende Raum

Spiralen,
ein Lobgesang aufs Leben,
jeden Umlauf, jedes emporstrebende Kreisen liebend,
Raum durchquerend, in zeitlosem Lied versunken.
Vergebend gebe auf zu explodieren.
  Stille spricht nicht,
der heilig heilende Raum regt sich.

Jane Hundley

Bei der Empfängnis werden die Erinnerungsmuster vergangener Leben in die realen Zellstrukturen des Embryos eingebettet. Einige dieser Muster werden Sie dazu erwählen, der Heilung zu dienen, wodurch Sie wiederum offener werden und das Leben noch vollständiger leben können. Dieser Prozeß findet statt, selbst wenn Sie sich dessen nicht bewußt sind.
Ihr Körper ist mit einem Computer vergleichbar, in den auf zellularer Ebene Ewigkeit einprogrammiert wurde. Sie haben die Fähigkeit, Informationen über jedes gewünschte vergangene Leben zu erhalten, um sich von unbewußtem Material zu lösen, von Gedanken, Gefühlen und Handlungen, die Sie viel-

Das »Paradies 2« Projekt

leicht zurückhalten, die Energieblockierungen auslösen, oder aber um sich vorwärtszutreiben mit großer intellektueller und spiritueller Kraft. Wenn Sie Blockierungen der Seele, die sich im Körper als blockierte Energiemuster manifestieren, bereinigen möchten, können Sie „rückbindende Bewegungen" machen, das heißt, Sie können den heiligen Tanz erfahren.
Bewegt sich der Körper in Harmonie mit dem inneren göttlichen Selbst, dann ist diese Bewegung heilig. Der Atem, den dieser Körper ein- und ausatmet, ist heiliger Atem. Die anmutigen rückbindenden Bewegungen, die aus dem Inneren des Körpers hervorfließen, sind heiliger Tanz. Uns wurde ein Körper gegeben, damit wir die Geheimnisse des Lebens unmittelbar erfahren können – Geheimnisse sind es deshalb, weil sie dem Menschen so lange verborgen bleiben, bis er dazu erwacht, all das zu sehen und zu fühlen, was sein Leben lang schon in ihm und um ihn herum vorhanden war. Gott – der unendliche Schöpfer selbst –, der in uns lebt und bereit ist, erkannt und empfunden zu werden, ist das Geheimnis. Die Reise in das Innere des Körpers führt Sie zur Erfahrung der göttlichen Essenz und kultiviert Ihre Kraft, sich bewußt in Übereinstimmung mit dem Vater, Sohn und Heiligen Geist sowie mit der Göttlichen Mutter, den Engeln und den aufgestiegenen unsterblichen Meistern zu bringen.
Wir wurden hier in dieser Welt geboren, um diese Übereinstimmung zu verstehen und zu suchen – die Einheit mit Gott, und zwar so oft irgend möglich. Mit der Geburt haben wir alles empfangen, was wir brauchen, um ihn zu erfahren. Unsere physischen Sinne sind uns gegeben, damit wir seine göttliche Gnade empfinden können.
Freie natürliche Bewegung ist durchdrungen von einer Kraft, die den bewußten Geist weckt und eine Sammlung von Körper, Geist und Seele ermöglicht. Diese Bewegungen sind eng mit dem Atem verknüpft. Man empfindet göttliche Gnade, wenn man sich ausrichtet auf die innere, stetig vorhandene, unbehinderte Energie, die den Körper durchströmt. Diese rückbindende Bewegung – eine Aktivität von Energiewellen –

ruft, unbelastet von Vergangenem und Zukünftigem, eine Antwort auf die Welt hier und jetzt hervor. Der Vorgang kann mittels spezifischer Übungen, die die Energiekanäle des Körpers öffnen, ermutigt werden. Im Laufe der Geschichte wurden immer wieder spezielle Übungen offenbart und übermittelt, entsprechend der jeweilige Philosophie, künstlerischen Vision und dem sozialen Bewußtsein der jeweiligen Zeit. In gegenwärtigen Neuen Zeitalter, dem New Age, werden diese Bewegungen durch verschiedene Körper-Geist-Techniken erneut offenbart, die dem einzelnen helfen, sich physisch und gefühlsmäßig auf die göttliche Essenz einzustimmen. Indem Sie die Konditionierung Ihres Körpers, die Muster Ihrer Muskulatur und Bewegungen beobachten, können Sie erkennen, wie und weshalb Sie sich für das Leben entschieden haben. Sie sind wirklich so, wie Sie denken, sich fühlen und sich bewegen. Viele Menschen wissen nicht, was sie wirklich denken, was sie fühlen oder wie sie sich bewegen.

In dieser Zeit planetarischen Erwachens ist es wichtig, bewußte Bewegung in Ihr Leben zu integrieren.

Wiederholtes bewußtes Bewegen führt dazu, das Leben in seiner wahrhaften interdimensionalen Wirklichkeit zu erfahren. Heilige Bewegung ist eine selbstheilende Technik, die die Energiekanäle des Körpers öffnet und ihn auf den spirituellen Tanz durch ein ewiges Leben einstimmt. Der Prozeß hat damit zu tun, einen Zustand dynamischer Entspanntheit zu erreichen und die Kraft Ihrer eigenen persönlichen Präsenz zu wecken. In Entspanntheit entwickelt sich Frieden, Glückseligkeit und Ekstase. Wenn Ihr Friede tiefer wird, resonieren die Zellen Ihres Körpers mit einer feineren Schwingung.

Tiefer in der Liebe, höher in der Wahrheit. Heiliger Tanz beruht auf diesen beiden Verwirklichungen. Offen. Losgelöst. Verbunden. Hingebungsvoll. Lobpreisend. Die Bewegung des Körpers wird heilig durch Hingabe an seinen Schöpfer. Wir können die Energie der Liebe, des Lichtes und des Friedens durch physisches Gebet entdecken. Lobet den Herrn! Möge der Name des Herrn gepriesen sein!

Literaturverzeichnis

A Course in Miracles. Tiburon, Ca., USA: Foundation for Inner Peace, 1975 (*Ein Kurs in Wundern* – die dt. Ausgabe: in Vorbereitung bei Greuth Hof Verlag – Frühjahr 1992).

Airola, Paava: *Natürlich Gesund – ein praktisches Handbuch natürlicher Heilmethoden,* 1987, Rowohlt.

Andrews, Lynn: *Die Medizinfrau,* 1986, Rowohlt.

Brandt, Dr. David: *Is That All there Is? – Overcoming Disappointment in an Age of Diminished Expectation.* New York 1985.

Carey, Ken: *Sternenbotschaft,* 1987, Ch. Falk Verlag.

Chalisa, Hanuman: *The Descent of Grace.* Neu Dehli, Indien, B.L. Kapur Trimurt Publications, 1974.

Chopra, Deepak: *Die heilende Kraft – Ayurveda, das altindische Wissen vom Leben und die modernen Naturwissenschaften,* 1990, Lübbe.

Coon, Robert: *The Enoch Effect*
 – : *Voyage to Avalon*
 – : *The Twelve Steps to Physical Immortality,* erhältlich: 20 Selwood Rd., Glastonbury, Somerset, Großbritannien.

Easwaran, Eknath: *Mantram – Hilfe durch die Kraft des Wortes,* 1989, Bauer.

Essene, Virginia: *New Teachings for an Awakened Humanity,* Santa Clara, Ca., USA: Nilgiri Press, 1978.

Gillies, Jerry: *Transzendentaler Sex,* 1990, Heyne Verlag.
– : *Psychological Immortality,* New York: Richard Marek Publications, 1981.

Goodman, Linda: *Star Signs – Die geheimen Botschaften des Universums,* 1990, Droemer Knaur.

Harrington, Alan: *The Immortalist,* Millbrae, Ca., USA: Celestial Arts.

Hay, Louise: *Gesundheit für Körper und Seele,* 1989, Heyne.
– : *Heile deinen Körper,* 1989, Lüchow.

Hoffman, Enid: *Huna, A Beginners Guide,* Gloucester, Ma., USA: Para Research, 1981.

Johnson, Kenneth: *The Fulcanelli Phenomenon.* New York 1981.

Kelder, Peter: *Die Fünf »Tibeter«,* 1989, Integral.

Lash, John: „The Parting of the Ways: Chinese and Western Alchemy in Contrast", in *Gnosis,* Sommer 1988, S. 22–26.

Laut, Phil und Jim Leonard: *Neu geboren werden – Rebirthing, 1988, Kösel.*

Levi: *Das Wassermann Evangelium von Jesus dem Christus,* 1990, Hugendubel.

Maharishi Mahesh Yogi: *Love and God,* Maharishi International University.

Mandel, Bob: *Zwei Herzen sind besser als eins,* 1990, Goldmann.

Meyer, Ann und Peter: *Being A Christ,* Downing Publications.

Montgomery, Ruth: *Aliens Among Us,* New York: Putnam Publishing Group, 1985.
– : *Strangers Among Us,* New York: Fawcett, 1982.

Nelson, Ruby: *Das Tor zur Unendlichkeit,* 1986, Aquamarin.

Orr, Leonard: *Physical Immortality: The Science of EverlastingLife,* Sierraville, Ca., USA: I Am Alive Now Institute.
– : *Rebirthing,* Berkeley, Ca., USA: Celestial Arts, 1978.
– : *The Common Sense of Physical Immortality,* Sierraville, Ca., USA: I Am Alive Now Institute.
[Wesentliche Teile dieser Werke sind enthalten in Orr, Leonard und Halbig, Konrad:
Rebirthing und *Für die Ewigkeit geboren,* beide in Vorbereitung bei Goldmann – Frühjahr 1992]

Ponder, Catherine: *Bete und werde reich,* 1990, Goldmann.
– : *Die dynamischen Gesetze des Reichtums,* 1980, Peter Erd Verlag.

Raphael, Katauna: *Crystal Enlightenment.*

Ray, Sondra: *Celebration of Breath,* Berkeley, Ca., USA: Celestial Arts, 1983.
– : *Kraft der Liebe,* 1987, Sphinx.
– : *Pure Joy,* Berkeley, Ca., USA: Celestial Arts, 1988.
– : *Schlank durch positives Denken,* 1989, Kösel.

Ray, Sondra, und Orr, Leonard: *Rebirthing in the New Age,* Berkeley, Ca., USA: Celestial Arts, 1978.

SATPREM: *The Mind of the Cells,* New York: Institute of Evolutionary Research, 1982.

Skarin, Annalee: *Secrets of Eternity,* Marina del Rey, Ca., USA: De Vorss & Co.
– : *Book of Books,* Marina del Rey, Ca., USA: Deb Vorss & Co., 1972.
– : *Beyond Mortal Boundaries,* Marina del Rey, Ca., USA: De Vorss & Co., 1972.

Spalding, Baird T.: *Leben und Lehren der Meister im Fernen Osten,* 1990, Drei Eichen.

Spears, Stanley: *Stop Dying and Live Forever,* Marina del Rey, Ca., USA: De Vorss & Co.

Strauss, Ric: *The Masters Of Destiny,* Los Angeles, Ca.: Gryphon House.

Sun Bear: *Der Pfad der Macht,* 1989, Goldmann.

Suzuki, D.T.: *Mushin – Das Wesen des Zen nach den Worten des Sechsten Patriarchen,* 1987, O.W. Barth/Scherz Verlag.

Teutsch, Champion: *From Here to Greater Happiness,* New York: Price, Stern, and Sloan, 1975.

Treadway, Scott und Linda: *Ayurveda & Immortality,* Berkeley, Ca., USA: Celestial Arts, 1986.

Vithoulkas, Georgos: *Medizin der Zukunft,* 1979, Wenderoth.

Wapnick, Ken: *Forgiveness and Jesus: The Meeting Place of A Course in Miracles and Christianity,* Crompond, N. Y., USA: Foundation for „A Course in Miracles", 1985.

Watson, Lyall: *The Romeo Error.*

Wilson, Robert Anton: *Cosmic Trigger,* 1985, Rowohlt.

Yogananda, Paramahansda: *Autobiographie eines Yogi,* 1979, O.W. Barth/Scherz Verlag.
– : *Zwiesprache mit Gott,* 1990, Perlinger.

Adressen

Loving Relationships
Training (LRT)
International
P. O. Box 1465
Washington, CT 06793
USA

LRT in Deutschland:
Berndt Schroeder
Kreuzbergstr. 28
1000 Berlin 61
Tel. (030) 785-4196

LRT in England:
Benjamin Renshaw
28 Prince of Wales Dr.
London SW11 4SF
Tel. (44) (71) 223-0218
und:
Diana Roberts
9-D Claverton St.
London SW1V 3AY
Tel. (44) (71) 630-1501

LRT ind Frankreich:
Patrice Ellequain
LRT France
16 Rue du Colisee
Tel. (33) (1) 43 59 53 03
Tel. (33) (1) 42 56 41 80 (prv.)
FAX: (33) (1) 42 89 24 73

LRT in Spanien:
Adolfo Dominguez &
Carmen Enguita
LRT España
c/ Encarnacion #4, 4° dcha.
28013 Madrid
Tel. (34) (1) 542-1961
Tel. (34) (1) 542-6157 (prv.)
FAX: (34) (1) 388-6637

Laraji
P. O. Box 227
New York, NY 10025
USA

The Bear Tribe
P. O. Box 9167
Spokane, WA 99209
USA

Romancing the Crystals
698 Vista Lane
Laguna Beach, CA 92651
USA

I Am Alive Now
International Project
P. O. Box 163
Sierraville, CA 96126
USA

Bitte schenken Sie
den folgenden Seiten
Ihre Aufmerksamkeit…

Daniel Shahid Johnson
Yhantishor – und die Glasperlen im Dschungel
Deutsche Erstausgabe – 272 Seiten, s/w Illustrationen
gebunden, mit farbigem Schutzumschlag
Integral Verlag, ISBN 3-89304-351-9, DM 29,80

**Erzählung einer Lebensreise
Aufbruch ins Unbekannte / Innere Schätze
Vom Neubeginn der Welt**

Das Fantastische…

Michael Barnett /
Maruschi Adamah Magyarosy
Der menschliche Diamant
Originalausgabe – 96 Seiten, 15 s/w Abbildungen
Mit Übungen im erzählten Text
Integral Verlag, ISBN 3-89304-415-9, DM 16,80

**Reiseerzählung / Spirituelle Erfahrung
Feinstoffliche Energien / Anregung der Sinne
Die zwölf Übungen des Diamant-Yoga**

... wird greifbar –

Wolfgang und Brigitte Gillessen (Hsg.)
Erfahrungen mit den Fünf »Tibetern«
Originalausgabe – 176 Seiten, 27 s/w Abbildungen
Integral Verlag, ISBN 3-89304-399-3, DM 24,00

**Gesundheit / Vitalität / Lebensgewinn
Das »Tibeter«-Phänomen:
Kritik und Vertiefung / Praxisberichte, Tips**

Know-How für die Unsterblichkeit...

Peter Kelder
Die Fünf »Tibeter«
Einführung von Chris Griscom
Erweiterte Ausgabe – 96 Seiten, 22 Abb., Merkkarte
Integral Verlag, ISBN 3-89304-117-6, DM 19,00

Erzählendes Sachbuch
Gesundheit / Vitalität / Lebensgewinn
Energie für Körper, Geist und Seele

Die Fünf »Tibeter« (Tonprogramm)

1. Audiobox mit 2 Cassetten (MC)
– Spieldauer je Cassette 40 Minuten – und Mini-Poster mit 7 Abb.
Integral Verlag, ISBN 3-89304-379-9, DM 49,00
(unverbindlich empfohlener Preis)

2. Auch als Medien-Set – mit dem Buch *Die Fünf »Tibeter«*

... und – für das Leben davor

»LebensReiseMagazin«
Der farbige Literatur-Prospekt aus dem Integral Verlag,
zum stöbern – lesen – entdecken...

Die Ausgabe 1991/92 enthält
mehr als zehn Seiten redaktionelle Beiträge, unter anderem:
Gerd Gerken (Gastkolumne) über Spiritualität als Kulturtrend,
Maruschi A. Magyarosy über Meditation als Erlebnis,
Manfred Miethe „Der Traum der Riesin" (Kurzgeschichte, exklusiv).

Mit den Integral-Neuerscheinungen und dem Verlagsverzeichnis.
Erscheint als Hauptausgabe jeweils im Herbst –
und mit Ergänzungsteil im Frühjahr jeden Jahres.
24 Seiten, s/w Illustrationen und farbige Abbildungen.
– *Einzelstücke kostenlos bei Ihrer Buchhandlung* –

Integral Verlag, Walserstraße 6, W-8129 Wessobrunn